유아교육사상사

- 이해를 돕기 위한 역사와 사상적 접근 -

구 경 선 지음

교육아카데미

머 리 말

교육은 인류가 존재하면서부터 시작되었고, 인류는 교육을 통해 성장하고 발달해 왔다. 인류의 역사란 역사를 바라보는 관점에 따라 다르게 정의되겠지만, 교육학자들은 인류의 역사를 교육의 역사로 파악한다.

일반적으로 교육학자들이 교육의 역사를 기술할 때, 그리스-로마시대를 기점으로 시작한다. 이 시대 이전에도 우수한 문명을 자랑하는 민족들이 존재했고 그들의 전통을 유지하기 위해 후손들을 교육해왔다. 그럼에도 불구하고 그리스 로마시대를 교육사의 출발점으로 삼는 이유는 그리스-로마시대에 이르러야 비로소 인간을 이성적 존재로 파악할 수 있었고, 인간은 진리를 인식할 수 있을 뿐 아니라 인식의 대상과 내용 그리고 인식의 참됨과 거짓됨을 판단할 수 있는 존재라고 생각하면서 후손들을 교육했기 때문이다. 그 결과 이 시기에 철학, 즉 인간이 진리를 연구하고 분석하고 응용하는 학문이 시작되었고, 서양 사상의 큰 흐름을 좌우할 만한 기초를 세우게 되었다.

이 책은 십년 이상 대학에서 '유아교육사상사'를 강의하면서, 좀 더 구체적이고 정확한 역사적 사실에 근거한 유아교육의 역사를 정리하고 싶다는 생각에서 집필하게 되었다. 이 책은 사상가 중심의 내용뿐만 아니라, 유아교육 사상가가 그렇게 주장하게 된 시대적 배경과 당시의 교육적 배경이 기술되어 있다. 학생들이 사상가들의 교육론을 부분적으로 알기 전에 전체적 이해가 선행 된다면 유아교육의 역사를 이해하는데 더 도움이 될 것이라는 생각에서 집필하게 된 것이다.

이 책은 유아교육적 관점에서 서양 교육의 역사를 기술하였다. 코메니우스(J. A. Comenius)에 이르러서야 비로소 영유아기를 인생의 중요한 한 부분으로 인식하게 되었고, 영유아기의 특성에 맞는 교육과정이 제시되었다. 그러나 코메니우스 이전의 사상가들에게서도 부분적으로나마 영유아 교육에 대한 관심을 유추해내기에 충분하다. 따라서 소크라테스의 교육부터 루터의 교육까지는 이들이 제시한 교육내용에서 영유아교육의 내용을 유추하여 기술하였다.

이 책은 모두 7장으로 구성되어있다. 1장은 고대 그리스와 로마시대의 교육, 2장은 중세의 교육, 3장은 르네상스와 종교개혁기의 교육, 4장은 실학주의 시대와 교육, 5장은 계몽주의 시대와 교육, 6장은 신인문주의 시대와 교육, 마지막 7장은 현대의 교육으로 나누어 정리하였다. 또한 각 시대의 사회, 문화적 배경과 교육적 배경 그리고 유아교육사상가들의 교육론을 함께 기술하였다. 흔히 유아교육분야를 공부하는 학생들이 유아교육철학이나 사상은 어렵고 까다롭다고 생각한다. 바라기는 이 책을 통하여 유아교육사상을 좀 더 쉽게 이해하는데 도움이 되었으면 한다.

이 책은 서울신학대학교 연구 기금으로 쓰여진 것임을 밝혀둔다. 이 책이 나오기까지 도움을 주신 서울신학대학교 총장님과 가족들에게 지면으로 감사의 말씀을 전하며, 수고해주신 교육아카데미 관계자 여러분께 진심으로 감사드린다.

2008년 4월

구 경 선 씀

차 례

chapter 01 고대의 교육

chapter 02 중세의 교육

chapter 03 르네상스와 종교개혁기의 교육

chapter 04 실학주의 시대와 교육

chapter 05 계몽주의 시대와 교육

chapter 06 신인문주의 시대와 교육

chapter 07 현대의 교육

chapter

01

고대의 교육

1. 그리스의 유아교육사상

1) 시대적 배경

발칸 반도 남쪽에 위치한 그리스는 수 백 개의 도시국가[1])로 이루어져 있다. 각 도시국가는 외세 침입에 대비한 전사 공동체인 동시에 정치, 경제 공동체였다. 시민들은 국가 공동체를 위한 군복무의 의무와 시민으로서의 권리를 동시에 부여받았다.

대표적인 도시국가는 아테네, 스파르타, 코린트, 테베, 밀레투스 등이 있으며, 그 중 스파르타와 아테네는 교육의 형태나 사회체제에 있어서 대조를 이루고 있다.

도시국가들은 각기 고유한 문화를 형성하고 있었으나 호머의 서사시를 바탕으로 국가의 기틀과 교육의 체계를 잡았다. 호머 시대의 교육은 영웅과 무사를 양성하는 교육이었다.

호머의 교육은 기술적 교육과 윤리적 교육으로 구분하고 있지만 궁

---

1) 도시국가(폴리스)는 성, 성 밖에 있는 거주지인 마을을 의미하며, 폴리스의 시민을 politai라고 하였다. 도시국가는 도시와 농촌으로 구성되어 있었다. 도시는 높은 언덕에 아크로폴리스(Acropolis; 성채)와 시민들의 생활중심지인 아고라(Agora; 시장을 포함한 광장) 그리고 아고라 주변에 집들이 산만하게 에워싸고 있다. 아크로폴리스는 구릉형으로 된 언덕의 요새이며 언덕에는 신전이 있었다. 그리스 도시국가의 시민들은 아고라를 중심으로 생활했다. 아고라에서 시민들은 종교, 정치, 경제적 활동과 정보교환 등의 모든 사회활동이 이루어졌는데, 특히 아고라 근처 언덕에 파놓은 원형 토론장은 민주주의적 토론을 가능케 했던 장소였다. 도시 국가는 기원전 700-350년 사이에 존재했다.

극적으로 두 교육의 조화를 추구하였다. 기술적 교육은 무기 다루기, 스포츠와 경기, 노래와 춤추기, 시 짓기, 말 잘하기 등의 훈련을 의미한다. 그러나 영웅과 무사는 기술적 탁월성과 더불어 윤리적 조화가 최고의 수준에 이른 사람을 일컫는다.

『오디세이』에서 최고의 영웅은 이상적인 전투능력[2]의 소유뿐 아니라 어떤 상황에서라도 적절한 언어 구사능력과 적절한 조언 능력을 갖춘 자로 묘사된다. 아름다움과 선함의 조화가 이루어진 미선성(美善性)[3] 즉, 인간의 신체는 그의 내면에서 나오는 절도와 극기 그리고 귀족적 영혼의 표현으로 균형을 이룬 인간을 추구한다. 이는 체육과 음악이 조화롭게 연결됨으로 가능하다고 보았다.

2) 교육적 배경

(1) 스파르타와 아테네의 교육

◉ 스파르타

스파르타는 북으로는 험한 산맥과 남으로는 암벽 해안으로 둘러 싸여 지리적으로 외부와 단절된 위치에 있었다. 이들의 조상은 도리아인들로 라코니아 지역을 점령 하고 도시국가의 기반을 닦은 후 다른 지역들을 정복하면서 급격히 발전하게 되었다. 스파르타는 크게 노예, 자

2) 이를 위해 무기 다루기, 무사적 스포츠와 경기, 음악적 기예인 노래하기와 춤추기, 칠현금을 타며 시 짓기, 말 잘하기, 익숙하게 세계 인식하기, 지혜롭고 멋있는 생활방법 연습하기 등의 교육을 받는다.

3) 미선성이란 그리스 Kalosagathos로 kalos(아름다움)와 agathos(선함)의 합성어다. 이는 인간이 자아를 실현할 수 있는 최선의 상태를 의미한다.

유민, 스파르타 시민들로 구성되었다.[4)]

스파르타에서는 국가가 엄격하게 신생아를 선발하였다. 아버지는 '라케스'라는 곳으로 아이를 데려가 원로들의 검사를 받고, 건강한 아이일 경우 아이 양육을 위한 땅을 배당받지만, 허약할 경우에는 국가에 유익이 되지 않는다는 이유로 유기되었다.

스파르타의 교육은 국가에 의해 이루어졌다. 건강한 아이는 6살까지 가정에서 훈련 받다가 "국가의 취학의무에 따라 공교육에 종속되었다"(A. Reble, 2002: 28). 남자는 전투기술, 군인으로서의 명예, 국가에 대한 무조건적 복종과 신체의 수행능력을 키우고, 여자는 가정보다는 국가의 목적에 부응하기 위하여 남녀가 서로 다른 교육기관에 들어갔다.

이들은 7세에서 20세까지 교육장인 아고게(agoge)에서 단체로 교육받았고, 연령에 따라 교육내용이 달랐다. 첫째, 7세에서 11세 사이의 소년들은 맨발로 다니고 더위와 추위를 이기며 극한상황에서도 극기할 수 있는 고된 훈련을 받았고, 음악과 춤, 시, 설화 등과 운동 시합을 시켰다. 특히 군사적 목적이 있는 음악과 무용을 중시하였고, 도덕적인 주제의 시나 음악을 가르쳤다. 이들의 훈련교사로는 20세의 청년(에이렌, eiren) 중에서 선발하여 교육하게 하였다.

둘째, 12세에서 15세의 청소년(adolescent)들은 11세가 지나면 속옷 입기 금지되고 적은 양의 식사를 제공받았다. 강인한 체력을 키우는 것이 주목적이었고, 공동식당에서 원로들의 경험과 국정에 관한 것을 들었다.

셋째, 16세에서 20세에 본격적인 군사훈련과 병영생활(에이렌; eiren

---

4) 도리아인들은 메세니아(Messenia)를 정복하여 메세니아인을 노예(heilotai; 헤일로타이)로 만들었고, 외국에서 이주해 왔지만 시민권을 얻을 수 없었던 자유민(perioikoi; 페리오이코이)들이 있었는데 이들은 토지경작이 가능했던 것으로 보인다. 마지막으로 스파르타 시민(spartiates)은 정복자의 후손들로 전체 인구의 5%에 불과하였고 정치적 특권을 지녔다.

또는 에페베; ephebe)을 하게 된다. 19세에서 20세의 남자는 실전에 가까운 군사훈련을 받았다. 그 후 10년간은 집단 병영생활이 이루어졌다. 남자뿐 아니라 여자들도 벌거벗고 달리기와 씨름, 승마, 권투, 창던지기와 원반던지기 경기를 하였다. 왜냐하면 스파르타의 여자들은 전쟁시에 노예들을 관리하고 감독해야 했기 때문이다.

스파르타인은 30세가 되어야 완전한 시민의 자격을 얻어 민회 참석 및 참정권이 주어지며, 20세에서 60세까지 군복무를 하게 된다. 이들은 혹독한 훈련을 통해 강인한 무사로 성장하며, 훌륭한 무사로서 필요한 읽기와 쓰기, 음악과 춤 그리고 도덕적 가치 등을 제한적으로 배우게 되었다.

◉ 아테네

아티카 지역의 좋은 항구를 갖고 있던 아테네는 상업과 교역활동이 활발하여 도시문화로 발전하기에 좋은 조건을 갖고 있었다. 특히 기원전 479년 페르시아 전쟁에서 승리를 거둔 이후 화폐경제 출현으로 인한 귀족층의 동요와 모든 자유 시민들이 동등한 권리를 갖게 되는 민주국가로 발돋움하게 되었다.[5] 스파르타가 폴리스 중심의 인간 이해를 바탕으로 도시국가에 의한 전체주의적 무사교육을 실시하였다면, 아테네는 폴리스 중심의 인간이해가 바탕이 되지만 개인의 차원에서 교육이 이루어졌다.

아테네에서는 7세가 되면 모든 계급의 부모가 자녀들에게 음악과 체육교육을 의무적으로 시켜야 한다. 국가가 신체훈련 연습장을 제공했

5) 당시 아테네는 교역과 산업의 최강국이 되었다. 시민들은 정치적이고 문화생활에 다양하게 참여하였다. 예를 들어 200개 이상의 도시를 지배했던 아테네의 시민 2만여 명이(성인 인구의 약 1/3) 관직을 갖고 있었다. 또한 거대한 공연과 무술시합, 특히 문학, 음악, 춤, 체조가 있는 다양한 축제에 도시국가 구성원 모두가 참여하였다.(A. Reble, 30f. 참조)

으나 음악과 체육교육은 부모가 책임져야 했다.

음악학교에서 어린이는 노래와 현악기로 서사시 연주하기를 배우는데, 서사시를 노래하기 위해 읽기가 필요했다. 따라서 음악교사(Kitharist)는 읽기, 쓰기와 셈하기, 현악기 연주와 함께 서사시 노래하기 등을 가르쳤다. 아동은 음악을 통해 리듬과 화음에 익숙해지고 부드러움과 절제, 조화, 절도 있는 언행과 교양을 익히게 된다. 음악교육의 목적은 음악이나 문자교육 자체가 아니라 윤리교육이며[6] 균형 있고 조화로운 정신을 기르는데 있었다.

체육학교에서 소년들은 높이뛰기, 달리기, 원반던지기, 창던지기, 씨름 등 5종 경기와 춤과 수영을 배웠다. 체육교사(Paidotriebes)는 강인한 신체훈련이나 전쟁기술 뿐 아니라 포괄적인 신체교육을 실시하였다. 즉 신체훈련을 통하여 조화롭고 아름다운 신체의 최고의 경지까지 끌어올릴 뿐 아니라 격정을 이성적으로 통제하는 도덕적 가치에 이르도록 한다. 그리하여 신체와 영혼의 조화와 아름다움을 지닌 미선성에 교육의 목적을 두었다.

16세가 되면 공공 체육관인 김나지움(gymnasium)[7]에서 국가 관리인 훈련교관에게서 2년간 교육을 받았다. 이 시기의 청년들은 에페비아(청년 군사단)에 가입하고 전사로서의 선서를 한 후 훈련을 받는다. 처음 1년은 야영생활을 하면서 실제 군사훈련을 받고, 다음 1년은 변방에서 군인으로 근무한다. 2년간의 근무를 마치고 나서 도키마시아라는 시험을 거쳐 시민이 된다. 그 이후에는 삶의 현장에서 비형식적인 교육이

---

6) 프로타고라스는 "...우리는 학교에 아이를 보낼 때, 아이들이 문자나 키타라(고대 그리스의 현악기로 수금으로 번역한다)에 능숙해지는 것보다 올바른 태도를 가르쳐 달라고 교사에게 요청 한다"고 서술하였다.

7) 김나지움은 연습장, 목욕탕, 주랑현관이 있는 국가시설로 처음에는 단순히 체육연습장이었으나 기원전 4세기부터 정신을 도야하는 장소로도 사용되었다. 국가가 인문 및 군사교육을 직접 주관하였고 이에 아테네의 일반교육이 완성되었다.(A. Reble, 33. 참조)

평생 동안 이루어진다. 특히 비판의식이나 추리능력의 계발은 아고라(Agora) 광장에서의 논쟁이나 의회에서의 토론 등을 통해 배워나갔다. 기원전 5세기경부터 그리스는 다수의 시민을 설득할 수 있는 말의 능력이 성공의 열쇠가 되면서 소피스트들이 등장하게 된다.

아테네는 스파르타와는 달리 소녀들을 학교교육에서 제외시켰다. 소녀들은 가정에서 어머니를 통해 교육 받았다. 남성들은 자유로운 정신과 조화로운 신체를 추구하는 생활을 하였지만, 여성들은 이러한 생활에서 완전히 배제된 삶을 살았고 거의 수도원적 은둔생활을 하였다고 한다. 결국 아테네의 교육은 자유시민 중 남성에게만 해당되는 교육이었다고 해도 과언이 아니다.

(2) 소피스트의 교육

기원전 5세기 말엽 아테네는 패권 확장으로 삶의 정황들이 확대되고 복잡해지면서 개인이 성공해 나갈 수 있는 능력 계발을 중요하게 여겼다. 도시국가 질서의 위기는 전통적인 도시국가 시민이 되는 폴리스 중심의 교육에서 벗어나 시민으로써 갖추어야 할 유용한 지식 전달의 수단으로 교육이 변하기 시작했다. 절대 진리의 추구보다는 민회나 법정에서 민중을 설득할 수 있는 능력이 성공의 열쇠가 되었다. 개인은 공적 생활을 위해 더 많은 지식과 언어적 기술이 필요했다. 이를 충족시키기 위해 아테네를 중심으로 활동하던 직업적인 교사들이 소피스트였다.[8)]

---

8) 소피스트는 그리스어로 sophistes로 본래 현인이나 생각이 깊은 사람을 부르는 호칭이었다. 이것이 지혜 있는 교사, 그 다음 솜씨 있는 화술과 대화의 방법을 돈을 받고 가르치는 교사를 의미하게 되었다. 플라톤에 의하면 소피스트는 1) 젊고 부유한 사람을 쫓아 다니며 돈을 버는 사람, 2) 영혼을 위한 학문의 도매상인, 3) 행상인처럼 지식을 파는 사람, 4) 정신적인 산물을 파는 사람, 5) 웅변술의 대가, 6) 참된 인식에

소피스트는 여러 각도에서 비판[9]을 받았지만, 16세가 지나면 특별한 공적 교육이 없던 아테네 교육에 고등교육의 발판을 만들어 놓았다. 소피스트들의 교육내용은 오늘날 보편적 고등교육의 기본 골격이 되었다 (A. Reble, 2002: 36f). 이들은 다음과 같은 교육과정을 개발하여, 플라톤 이전에 이미 학교를 세워 가르쳤다.

* 모든 것의 기초인 문법, 즉 언어와 언어 구조에 대한 지식
* 말하고 대답하는 것으로서의 변증법, 즉 말을 활용하는 연습
* 수사학, 즉 어떤 사실을 설득력 있게 설명하고 관철시키기 위해 말하는 기술
* 시민생활에 필요한 과목들, 즉 중요한 영역들의 심층적 전문 지식으로서의 산술, 기하, 지리, 천문 그리고 음악

위의 과목에서 핵심은 언어였다. 아테네의 청년들은 정치적 출세를 위한 교양이나 웅변술, 처세술 등을 배우기 위해 소피스트를 찾았다. 그러나 대부분의 소피스트들은 말의 진리 여부보다는 논쟁에 도움이 되거나 대중을 설득할 수 있다면 허위 지식도 관계없다고 여겼다. 이들은 전통적인 절대적 신념이나 가치들을 비판하고 허무주의와 도덕적 상대주의를 확산시킴으로써 많은 비난을 받기도 하였다. 예를 들어 주관적 가치는 객관적 사실과 차이가 있으며, 선악의 판단은 자연의 사실 문제가 아니라 개인이 결정해야 할 문제라고 보았다. 절대적 능력의 부정과 상대주의는 절대적 진리와 지식 추구 보다는 실제적인 목적 즉, 생활의 기술과 통제를 목적으로 삼게 하였다. 지금까지 유용했던 광범위한 지식 뿐 아니라 다양한 생활 속에서의 태도와 행동 예의바른 행

대한 억견(doxa)으로부터 영혼을 순화시키는 사람을 지칭하는 말이었다(Soph. 23d -e). 대표적인 소피스트로는 프로타고라스(Protagoras), 고르기아스(Gorgias), 히피아스(Hippias), 프로디코스(Prodikos) 등이 있다.

9) 이 시기 소피스트에 대하여 '헐뜯는 사람, 돈을 받고 가르치는 사람, 옛 귀족 정치에 반대하는 교육의 보편화를 표현하고 제도를 위협한 사람들'이라고 비난했다.

위의 실제적인 교육을 추구하였다.

이러한 비판점에도 불구하고 소피스트 교육활동이 오늘날 우리에게 주는 공헌점은 첫째, 교육을 예술의 형식으로 끌어 올려 문화활동으로 받아들인 점, 둘째, 가장 쉽게 가르치도록 교수기능을 합리화 한 점, 셋째, 교육을 과정(Process)로 파악한 점, 넷째, 교육을 국가의 시녀로서가 아니라 개인의 자아실현으로 이해한 점이다. 따라서 소피스트의 교육은 현대적 의미의 교육학의 성격을 띠고 있다.

(3) 헬레니즘[10] 시대의 교육

기원전 338년에 마케도니아가 그리스의 도시국가들을 정복할 때부터 로마가 그리스를 정복한 2세기 말까지를 헬레니즘 시대라고 한다. 이 시기의 특징은 그리스 문명이 한 국가의 경계를 넘어 모든 나라가 공유하는 공동의 문명이 되었고, 그리스 언어는 세계 언어가 되어 일반 교육의 기초를 다진 것이다.

펠로폰네소스 전쟁에서 패한 아테네는 그리스 내에서 통치능력을 잃게 되었다. 그리스 도시 국가 중 하나인 마케도니아의 알렉산드로스 대왕이 기원전 338년 그리스를 통일하고 원정 10년 만에 지중해 동쪽부터 아시아에 이르기까지 영토를 확장하였다. 알렉산드로스는 그리스 문화를 세계 문화로 보급함으로써 헬레니즘 시대를 열게 되었다.

헬레네인이란 그리스 교육을 받은 사람 모두(덕성)를 의미하며, 그렇

10) 헬레니즘 문명은 각 민족이 가진 종교적·문화적 특성이나 특수한 태도를 무시하고, 그 대신 모든 인류에게 합당한 학문과 예술, 생활태도를 숭상하는 보편적 문명의 성격을 가졌다. 헤브라이즘 문명은 유대교와 기독교에 의해 이루어진 종교적 성격을 가진 문명이다. 즉, 헤브라이즘 문명은 신의 말씀, 신앙, 양심, 고백, 참회, 정신적 평안, 구원 등을 중요시하는 문명이다. 헬레니즘 문명은 이성을 중요시하는 인간 중심적 • 현세적 문명이고, 헤브라이즘 문명은 신앙을 중요시하는 신 중심적·내세적 문명이다.

지 못한 사람은 야만인(악덕)으로 구분하였다. 헬레네인은 더 이상 도시국가의 시민이 아닌 '세계시민(Kosmopolitan)'으로 느끼게 되었다.

세계 정복과 함께 세워진 도시는 그리스의 학교제도를 받아들여 학교를 세우고 언어와 문학 중심의 지적 교육을 중시하였다. 특히 자연과학, 수학, 의학과 문헌학과 같은 개별과학에 대한 관심이 높았는데, 이를 위한 창조적 작업보다는 수집과 백과사전적 지식을 위한 거대한 학술기업이 생겨났다. 이집트의 알렉산드리아에는 오늘날까지도 대도서관, 학사원, 신전과 궁전 등이 알려져 있다.

이 시기에는 전반적인 학교제도가 발달하였다. 학교에서는 그리어와 그리스식 교육을 전제로 학교제도가 정립되었다. 도시에는 도시 자체적으로 초등학교를 조직하여 읽기, 쓰기, 셈하기 능력을 기르는 기초교육을 하였다. 기원전 3세기에 초등교육의 상급과정이 분화하기 시작하여 문법학교로 확장되었다. 약 3년간 그리스어와 고전시대 작가들의 저술을 통해 문법지식을 심화시키고 훌륭한 문체를 가르치고자 했다. 고등교육 또한 번창하여 대부분의 김나지움이 고등교육기관으로 정착되었다. 교육의 주안점은 언어와 문학 분야였으며, 기원전 200년경부터는 형식적-수사학적 내용을 강조하여 우아하고 노련한 웅변가를 양성하는데 목표를 두었다. 이를 위해 수사학 전문학교가 설립되었다.

3) 교육사상가

(1) 소크라테스(Sokrates, 기원전 ?470~?399)

소크라테스는 석공인 아버지와 산파인 어머니에게서 아테네의 하류계층 시민으로 태어났다. 기원전 399년 신성을 모독하고 청소년들을 오도하였다는 죄목으로 사형선고를 받고 독배를 마심으로 사망하였다. 그는 일평생 자신의 사상을 글로 남기지 않았다. 따라서 그의 사상을 체계적으로 연구하기란 어려움이 있다. 단지 플라톤의 저서를 통해 소크라테스의 철학을 추측할 수 있을 뿐이다.

소크라테스는 자신의 철학을 끝없는 대화를 통해 가르쳤고, 이러한 대화가 그에게는 철학하는 것이며 동시에 삶의 행동이었다. 그의 좌우명은 델포이 신전에 새겨진 '너 자신을 알라!'였으며 이것을 실제적 삶과 끊임없이 연결시키려 했다. 따라서 그는 그리스 사유의 중심이었던 신들과 자연에 대한 관심에서 인간에 대한 관심으로 철학의 중심을 바꿔놓았다. 당시 소피스트에게서도 볼 수 있는 관심이지만, 한 걸음 더 나아가 그는 소피스트들의 회의론과 상대주의가 초래하는 파괴적 결과들에 대해 맞서 싸운 마지막 소피스트요 교사였다(오인탁, 1994: 61).

소피스트나 소크라테스 모두 인간의 정신적 자유와 개인적인 삶을 형성하기 위해 노력하였고 사유하지 않는 것에 대해 저항하였다. 이러한 사유의 중심은 인간이었다. 소크라테스는 미덕 즉 용기, 분별, 정의, 경건, 지혜 등을 '가르칠 수 있는 것'으로 보았다. 이들은 자유시민에게 수준 높고 판단능력이 탁월한 인간을 양성하는 일반교육(Allege-meine Pädagogik)을 실시하였다.

그러나 소크라테스는 소피스트들의 주관적이고 상대주의적 윤리관과 수사학 중심의 교육에 반대하며 그의 독특한 대화법으로 상대방의 무지를 드러냈다. 소피스트들은 각 개인에게 유리하도록 이성을 사용함으로 도덕적으로 무관심한 지성주의를 추구하였다. 이들에게 지식은 개인이 주관적으로 사용하는 소유이며 개인의 영달을 위한 것이었다. 교육은 개인의 지적 능력을 기계적으로 훈련하고 연습시킴으로 출세와 권력을 위해 필요한 모든 몰가치적 지식을 주입하는 것이었다. 그러나 소크라테스에게 있어 지식은 주관적 소유가 아니라 모두에게 통용 가능한 보편성이다. 참된 지식이란 합리적 무장이 아니라, 말과 행위의 규범들이며 동시에 실천적 삶을 살게 하는 힘이다. 이성의 사용은 개인의 이해뿐 아니라 누구에게나 적용되는 보편적 선을 만족시키는 보편적 도덕 원리와 사실의 법칙에 근거해야 한다. 따라서 보편적 원리가 없는 인간의 행위는 정당화될 수 없으며, 보편적 이성에 근거한 객관적 사실의 법칙에 따라 스스로 사유하여 도덕적 통찰력을 형성해 내고 행위를 통해 나타내 보여야 한다(오인탁, 1994: 87).

소크라테스는 이론적 인식보다 인간의 도덕적·인격적 행위와 삶에 대한 숙고를 중시했다. 이러한 삶을 살기 위해 필요한 조건 중의 하나가 '너 자신을 알라'는 것이었다. 그리스 지혜와 관련된 이 격언을 그는 "인간 자신에 대한 진정한 이해와 특히 인간 자신의 이해의 한계를 아는 것이 인간의 참된 의무"(조경원 외, 2005: 63)라고 이해했던 것이다. 최고선에 도달하기 위한 출발은 나의 자각에서 시작되어야 한다. 나의 자각에서 도덕적 자각이 이루어지며 이는 내가 아무 것도 모른다는 무지의 세계에서 애지(愛知)의 세계로 나아가게 하는 기틀이 된다. 최고선에 도달하게 하는 교수방법에는 반어법(Ironie), 대화술(Dialektik) 그리고 산파술(Mäeutik)[11]이 있다.

소크라테스가 이렇게 모든 교육의 핵심을 도덕적이며 자립적 인격에 둠으로써, 인간을 도시국가의 시민으로서가 아니라 우선 인격적 인간을 강조하게 되었다. 이런 의미에서 교육은 국가나 법률 기능이 아니며 개인의 권위나 권력 행사의 차원도 아니다. 그에게 있어서 교육은 인간에 대한 봉사이며 동시에 신에 대한 예배였다(오인탁, 1994: 83).

11) 반어법은 무지함을 알 때까지 자기 자신의 고유한 생각을 유보하고 스스로 진리를 터득하도록 질문하여 나가는 방식이다. 대화술은 나와 너 사이에서 진실한 대화를 가능케 하는 개방적 의사소통의 방법이다. 대화의 상대자를 어려운 문제와 결단의 상황에 빠지게 하는 대화 기술이다. 산파술이란 질문을 통해 대화의 주체가 생산적 사고를 먼저 배태하도록 만드는 방법이다. 왜냐하면 "오직 스스로 자기 자신으로부터 많은 아름다운 것을 발견해 내고 그것을 확고하게 간직" 할 수 있기 때문이다. (오인탁, 1994: 89)

(2) 플라톤(Platon, 기원전 427~347)

가. 생애와 업적

플라톤이 태어나기 전 아테네는 펠로폰네소스 전쟁이 발발하여 30년간 지속되었다. 따라서 그는 유년기, 청년기 그리고 성인 초기를 전쟁 중에 보내게 되었다. 아리스톤(Ariston)의 아들인 플라톤은 귀족의 가문에서 태어났다. 그의 가까운 친척들의 사회적 지위와 정치적 관심은 플라톤을 자연스럽게 정치와 군사에 관심을 갖게 하였다.[12] 플라톤 가문 중 30인 통치자가 있었는데, 이에 영향을 받아 과두정을 통한 급진적인 정치, 사회개혁을 꿈꾸었다. 정치에 관심을 갖던 플라톤은 그러나 당시의 정치가의 부도덕함, 파당 정치, 선동과 테러의 난무함을 보고 정의로운 사회 구현의 기대를 버렸다. 아테네에 30인 과두정치가 끝나고 민주 정치체제가 들어섰지만, 민주정에 의한 소크라테스의 사형은 플라톤의 민주주의에 대한 태도를 근본적으로 바꾸게 되는 계기를 만들었다(E. A. Wyller, Plato/Platonismus, 1996: 677f.).

플라톤은 당시의 모든 정치 질서에 대한 믿음을 잃어버렸기 때문에, 정치에서 교직으로 전향했다. 그럼에도 불구하고 교육을 통해 아테네가 필요로 하는 선한 정치 지도자를 길러 새로운 정치질서 확립을 추구하였다. 폴리스 중심의 생각을 극복하고 진리와 정의에 기초한 이상국가를 실현코자했다. 이상국가에서 교육은 인간의 사적 생활뿐 아니라 공적 생활이 함께 보장되는 선과 진리를 지향하는 길을 모색 (J. Hirschberger, 1976: 73)하는 중요한 끈이다.

---

12) 그의 작품에서 플라톤 자신의 이름은 『변명에』에 단 한번 나오지만 그의 형제들인 글라우콘(Glaukon)과 아데이만토스(Adeimantos)는 소크라테스와의 대화하는 주요 인물로 등장하며 삼촌들인 크리티아스와 카르미데스 또한 대화편에 등장하고 있다. 그의 삼촌들은 특히 30인 과두정치인에 속했다.

플라톤은 시실리아 여행 후 아테네의 아카데모스 숲 속에 교육 공동체이며 철학 학교인 '아카데미'(Akademie)를 설립하여 그의 철학 정신을 생활과 연결시켰다. 아카데미는 기원 후 529년 유스티안 황제에 의해 문을 닫게 될 때까지 약 900여년 존속되었었다.

플라톤은 소크라테스 사망 후 여러 대화편들을 썼는데, 이 대화편을 세 시기들로 정리할 수 있다. 첫째, 플라톤이 젊은 시절에 쓴 대화편들로 『이온』(Ion), 『히피아스』(Hippias), 『프로타고라스』(Protagoras), 『변명』(Apologie), 『크리톤』(Kriton), 『라케스』(Laches), 『카르미데스』(Charmides), 『리시스』(Lysis), 『오이티프론』(Euthyphron), 『고르기아스』(Gorgias)가 있다.

두 번째, 첫 번 시실리아 여행(기원전 389-388)을 마친 후에 쓴 『메넥세노』(Menexenos), 『메논』(Menon), 『오이디뎀』(Euthydem), 『크라틸로스』(Kratylos), 『파이돈』(Phaidon), 『향연』(Symposion), 『국가론』(Politeia), 『파이드로스』(Phaidros)가 있다.

세 번째는 노년기에 쓴 것으로 『테 에테트』(The ätet), 『파르메니테스』(Parmenides), 『소피스테스』(Sophistes), 『폴리티코스』(Politikos), 『필레보스』(Philebos), 『티메오스』(Timäos), 『크리티아스』(Kritias) 그리고 『법』(Nomoi)이 있다.

나. 교육사상

가) 인간과 국가

플라톤에게 있어 인간은 단순한 개체적 존재가 아니라 국가의 정의라는 큰 틀 속에서 그와 유사한 모습이 있는 존재이다. 즉 인간의 본질법칙은 국가의 본질법칙과 유사하기 때문에 이를 유추할 수 있다고 본다. 인간은 작은 규모의 국가이며 국가는 큰 규모의 인간이다.

플라톤은 『국가론』에서 국가의 올바른 질서를 유지할 때 정의로운 국가가 만들어진다고 보았다. 국가의 정의는 국가의 존재 규범을 따를 때, 개인의 정의는 개인의 존재 규범을 따를 때 실현가능하다. 그러나 정의로운 국가는 정의로운 개인 상태를 기초로 설립되어야 한다. 즉 '정의로운 사회'에 필요한 '정의로운 인간'을 길러냄으로 이상국가를 건설할 수 있다고 생각했다(R. Barrow, 1987: 53 비교).

인간의 존재 규범에 대한 플라톤의 이해를 살펴보자.

인간은 영혼이다. 이 말의 본래적 의미는 무엇일까? 첫째, 인간의 영혼은 초월적 운명을 지니고 있어 불멸한다. 따라서 교육은 영혼의 도야를 본질적 과제로 삼아야 하며, 교육의 최고 목적은 본래적이고 불변적이며 신적이고 우주적인 완전성을 지향해야 한다. 둘째, 인간의 영혼은 서로 얽혀진 개인생활, 공동체의 생활 그리고 우주적 생활 영역이라는 세 영역을 배회하고 있다. 셋째, 인간의 영혼은 감각세계와 정신세계, 형성과 존재의 두 대립적 세계를 배회하고 있다(오인탁, 1994: 117).

이러한 존재 규범에 대한 사유는 플라톤에게 이원론적 세계상을 설계하게 하였다. 그는 『파이돈』(Phaidon)에서 인간을 육체적 실존과 정신적 실존으로 나눔으로 존재의 이원론[13]을 명백히 제시하고 있다.

"참으로 존재하는 것으로 간주하고 있는 이 본질은 언제나 그대로 있는 것일까? 또는 그렇지 않다면 변화하는 것일까? 내가 말하려는 것은 '같은 것' 자체, 또는 '아름다움 자체' 그리고 이 밖의 어떤 것이나, 그 자체에 있어서 존재하는 본질을 가리키는 것일세. 이와 같은 것들은 언제나 본래대

---

13) 플라톤의 이데아론에 영향을 준 사람은 파르메니데스, 헤라클레이토스 그리고 소크라테스로 보고 있다. 파르메니데스는 실재는 불변의 영원한 것이요 변화하는 사물은 우리의 감각의 불완전성에 기인된 환상에 불과하다고 하였다. 헤라클레이토스는 '만물은 유전한다'고 하면서 현상계의 모든 것은 하나도 제자리에 있지 않고 부단히 변한다고 하였다. 소크라테스는 인간 행위의 준칙이 되고 있는 지식은 상대적인 것이 아니라 절대적인 것이라고 했다. 여기서 플라톤은 감각은 불완전하며 현상계의 모든 것은 변하기 때문에 지식은 이성에 의해서만 획득 가능하다고 보았다.

로 있으며, 또한 언제나 변하지 않는 모습으로 존재하며 어느 모로 보든지, 때를 가릴 것 없이 달라지는 일이 없는 것이 아닐까? ... 사람, 말, 옷 그 밖에 무엇이든지 아름답다는 말을 듣는 것들은 언제나 불변하며 그대로 있을까? 그렇지 않으면 그것들은 그 자체에 있어서나 혹은 상호간에 있어서 언제나 변하여 그대로 있는 것이 거의 없을까? ...

그것들을 손으로 만져 보거나 눈으로 바라볼 수 있고, 또 다른 감각 기관으로도 느낄 수 있지만, 변치 않는 것들은 오직 이성의 사유에 의해서만 파악할 수 있으며, 어떤 모양을 가지고 있지 않기 때문에 눈으로는 볼 수 없는 것이 아닐까? ... 무릇 존재하는 것에는 두 가지 종류가 있네 ... 즉 눈에 보이는 것과 보이지 않는 것 말일세. 눈에 보이는 것은 변하고 보이지 않는 것은 변하지 않겠지? ... 그러면 영혼은 형체가 없는 것에 더 가깝고, 육체는 형체가 없는 것에 더 가깝단 말인가?"(플라톤. 2003: 92~94)

여기서 플라톤은 미(美)의 이데아와 아름다운 사물을 구분한다. 미의 이데아는 유일하며 영원하고 변하지 않는다. 아름다운 사물은 많이 있지만 변하는 것으로 감각으로 느끼는 것이다. 인간에 있어서도 보이는 육체는 감각을 통해 감각적 대상과 부딪히는 것이기에 변하는 것이며, 인간의 영혼만이 불변하는 존재 세계에 살고 있는 것으로 확고한 개념을 형성할 수 있다고 확신했다.

인간은 이성과 지혜, 의지와 용기 그리고 감각적 욕망과 절제의 세 부분으로 구성된 영혼이다. 그러나 이러한 덕성(Arete)[14]을 초월하는 최고의 덕성을 '정의'라고 하였다. 정의는 각 부분의 영혼이 그에 해당되는 덕성을 올바른 방법으로 사용하여 자신과 국가에 기여할 때 실현되는 것이다. 플라톤에게 있어 국가는 거대한 인간이다. 따라서 인간의 영혼으로부터 국가의 구조를 추론해 내었다. 인간 영혼의 세 부분은 국가의 세 집단과 일치한다. 개인의 정의는 이 세부분이 그 기능을 수행

14) 아레테는 일반적으로 덕성으로 번역하지만, 그 본뜻은 사물이나 생명체가 실현할 수 있는 최고 가치의 수준과 상태를 의미하는 말이다.

하는 것이다. 정의로운 사람은 이성이 최고 우위에 있으면서 다른 전체를 지배하는 사람이다. 이와 같은 방식으로 국가도 조직된다. 개인은 온전한 인간이어야 하지만 국가 체제에 모두 편입시켜 일을 배분하는 방식으로 조직하였다. 영혼의 이성 부분에 해당되는 지배자 계급, 영혼의 의지 부분에 상응하는 전사 계급, 마지막으로 욕구 부분에 해당되는 생산자 계급으로 나누었다. 지배자 계급과 전사계급은 통치와 방위에만 전념하면서 교육을 받았고 세 번째 계급은 생산활동에 참여하도록 하였다. 이렇듯 각각의 계급이 적재적소에 배치될 때 국가는 정의롭다.

나) 교육이론 : 전환으로서의 교육

인간의 영혼은 태어나기 전 불변의 존재 세계에 살았기 때문에 진리의 세계의 모든 이념들을 분명하게 형성해 낼 수 있다. 감각적 대상과 감각적 현상과 부딪히는 세계(모사)에서 인간은 영혼을 통해 원형이 존재하는 세계를 상기해야 한다. 영혼은 교육과 사유를 통해 잊어버린 원형을 상기해 내야 한다. 즉 생성하는 것에서 실재하는 것으로의 전환을 해야 한다. 교육이란 인간의 전체를 전환(R. Lassahn, 1983: 15)시키는 것이다.

"우리들의 영혼 속에는 학습에 필요한 능력과 기관이 이미 내재하고 있다고 보아야 하네. 그리하여 그 기관은 어둠 속에 있던 눈을 밝은 데로 전향시키기 위해서는 몸 전체의 기능을 전향시켜야 하는 것과 마찬가지로 영혼 전체와 함께 생성하는 것으로부터 실재하는 것에 도달하여 그 가장 밝은 부분을 관조하면서 능히 견디어 낼 수 있을 정도가 되어야 한다는 것이네."(플라톤, 1995: 295)

플라톤의 동굴의 비유(플라톤, 1995: 289~294)는 인간 본성의 상태를 교육과 무교육의 상태로 설명한다. 교육 '동굴의 비유'에서 아직 형성되지 않은 인간 존재를 동굴 안에 갇혀있는 죄수의 삶으로 비유한다. 이 포로는 사물 세계를 제대로 인식하기 위해 묶임의 상태에서 벗어나 빛으로 인도되어야 하는데, '동굴의 비유'에서 교육의 과정을 잘 묘사하고 있다.

첫째, 교육의 과정은 혼자 힘으로 실행할 수 없다. 동굴 안에 묶인 죄수는 누군가의 도움이 필요하다. 죄수는 묶인 상태에서 스스로 벗어날 수 없다. 사물의 세계를 이미 경험하고 묶인 상태에서 풀려난 사람이 죄수를 사슬에서 풀어 동굴 밖의 지상으로 올라갈 수 있도록 인도하는 것을 도와야 한다.

둘째, 동굴의 어둠에 익숙한 사람도 이제는 동굴에서 나와야 하며 그로 인해 느끼는 눈의 고통을 감내하고 진리의 밝은 빛을 바라보아야 한다. 눈은 서서히 태양 빛에 익숙해 질 것이다(플라톤, 1995: 291). 그러나 죄수는 익숙해지는 과정에서 빛에 익숙한 사람의 도움이 필요하다. 빛에 익숙해지는 과정에서 눈의 고통 때문에 동굴의 세계로 다시 돌아가려고 하기 때문이다. 이런 의미에서 교육은 원초적 성향에 대한 훈육이며 새로운 것에 대한 익숙해짐이다.

셋째, 동굴에서 벗어나 지상으로 올라가라는 요구는 동굴에서 풀려난 자 조차도 원하지 않는 것이다. 왜냐하면 지상에 올라갔다 다시 동굴로 내려온데 대하여 죄수인 친구들의 비웃음을 살 것이기 때문이다. 동굴에 있는 죄수들은 그들의 제한적 감각인식을 옳게 여기면서 지상에 다녀 온 사람이 눈을 버렸다고 생각하고 그를 비웃을 것이다. 그럼에도 불구하고 최고의 지식에 도달한 자(태양과 실재 사물을 본 자)는 동굴의 세계로 돌아가서 죄수들을 교육해야 할 의무가 있다.

넷째, 동굴에서 나와 지상에 올라가는 것은 갑작스레 일어나는 일이 아니다. 지상으로 올라가는 것은 하나의 과정으로 시간이 필요하다. 죄수는 맨 처음 동굴 안 쪽 벽에 비친 그림자를 보게 된다. 지상으로 올라오면 먼저 거울이나 물속에 비친 그림들을 본 다음 자기 자신을 인식하게 된다. 그리고 마지막으로 태양을 포함한 실재적 사물을 보게 되는 과정을 거친다.

다섯째, 인간의 영혼을 최고의 수준으로 끌어 올리는 것은 '가르침'을 통해서 이루어지는 것이 아니다. 플라톤은 교육(도야)을 지식과 동일시하지 않았다. 지식은 악한 일에 봉사할 수 있기 때문이다. 인간이 획득하고 도달할 수 있는 최고의 수준은 가르침을 통해서가 아니라 영혼 전체의 방향 전환(periagoge), 즉 영혼을 다른 방향으로 돌려놓음으로서만 가능하다.

여섯째, 지상으로 올라가기 위해 전환한 영혼을 훈련시킬 대상이 필요하다. 즉 우리의 영혼은 훈련받기 적합한 인식 대상을 필요로 한다.

동굴의 비유에서 교육은 물질의 세계에서 태양으로 비유되는 선의 이데아로 옮겨 놓는 과정으로 잘 묘사하고 있다.[15]

---

15) 플라톤은 선분의 비유에서 우리의 지식과 그 대상들을 네 종류로 구분하고 하나의 선 위에 차례로 나열하였다.

세 계:	감각의 세계		지적 세계	
지식의 대상:	이미지	사 물	수학적 대상	이데아
	--------->----------->----------------->---------->			
지식탐구방법:	상 상	믿음(경험)	사고(추론)	사색(변증법)
지 식:	예 술	자연과학	수 학	철 학

- 선분의 오른쪽으로 올라갈수록 더 많은 이데아가 들어있다. (더 변하지 않는 것, 더 완전한 것, 더 단일하다는 것)
- 세상의 모든 것은 그 가치가 단계적이다.
- 인간의 삶의 목적은 덜 가치 있는 것에서 더 가치 있는 것으로 나아간다.
- 모든 어린이는 단계적으로 교육시켜야 한다.

다) 교육의 대상

국가의 첫 번째 기능은 정의로운 사회에 필요한 정의로운 인간을 양성하는 교육이다. 당시 그리스는 출생신분과 성(性)에 따라 교육 수혜의 제한을 받았다. 그러나 플라톤은 도시국가에 태어난 사람이라면 누구나 의무적으로 일정기간 교육을 받아야 한다고 하였다. 인간은 타고난 소질에 따라 국가에 봉사해야 하며 이러한 능력의 소유자를 적재적소에 배치하기 위해 엄격한 체제 속에서 교육을 시켰다. 타고난 능력에 따라 세 계급으로 구분[16]하고 가장 선한 천성을 지닌 사람을 지도자로 세우려고 했다. 이러한 교육에 남녀의 구분이 없었다. 이상국가에서는 남녀를 불문하고 모든 교육과 군사훈련 그리고 일상 업무까지도 함께 한다(플라톤, 1995: 329). 왜냐하면 많은 여자들이 여러 일에서 남자보다 뛰어난 기량을 보이기 때문이다. 따라서 같은 천성을 가지고 태어났다면 여자도 남자와 같은 직업을 주어야 하며 교육도 같이 받을 기회를 주어야 한다(플라톤, 1995: 327).

지배자 계급과 전사 계급은 국가 전체를 위한 업무를 제외한 다른 일은 하지 않아도 되었다. 이들에게는 일하는데 필요한 만큼의 식량 1년분이 지급되었고 국민들을 위해 봉사해야 했다. 남녀 모두가 집단 합숙소에서 공동생활을 하였고 사유재산의 소유와 가정생활이 금지되었다(플라톤, 1995: 153). 또한 건강한 아이들의 출생을 위해서만 성적 결합을 할 수 있는 성적 결합 규정이 존재했다. 의로운 국가를 세우기 위해 여성과 자녀의 공유가 필연적으로 요청되었다. 자녀가 학교에 들어가지 이전에 이루어지는 교육도 공동으로 받게 되는 것이다. 이는 가정 중심의 이기주의에서 벗어나 국가 중심의 이상사회를 그리기 위함이었다.

---

16) 이 계급은 세습에 의한 것이 아니라 그 인물이 어떠한 덕성(금, 은, 동의 영혼)을 지녔느냐에 따라 좌우된다. 즉 지배자 계급은 영혼의 이성 부분에, 전사 계급은 영혼의 의지 부분에, 생산자 계급은 영혼의 감성 부분에 해당된다.

라) 교육과정

플라톤의 교육과정은 자연의 법칙과 신의 법칙에 따르고 있으며 선의 이데아를 지향하고 있다. 소피스트가 가르쳤던 교육의 내용들을 자신만의 독특한 사고에 의해 체계화하여 의도적으로 교육과정을 설계하였다. 타고난 능력에 근거하여 예비교육, 기초교육, 1차 선발과 1차 실습교육, 전문교육 그리고 2차 실습교육을 받게 된다.

◉ 예비교육(propaideia: 유아교육)

7세까지 어린이 교육의 목적은 타고난 정신적이고 신체적 소질을 조화롭게 발전시켜 나가도록 돕고 시민으로서 갖추어야 할 공동체 생활 능력을 키우는데 있다. 이를 위해 고안된 교육과정은 음악과 체육이었다.

신체를 위한 체육과 영혼을 위한 음악의 기초를 가르침으로 지혜와 용기를 배우도록 하였다.

음악은 시문학 텍스트와 내용인 말과 리듬과 멜로디를 포함한다. 특히 음악에는 노래, 음률, 문학, 문법, 읽기와 쓰기 등을 문학 작품을 통하여 학습하는데 까지 이른다. 이 시기에 음악교육은 전설이나 신화 그리고 시문학의 이야기로 시작한다. 왜냐하면 어린이들은 이야기를 통해 영웅들의 삶을 존경하고 매력적으로 느껴 모방의 대상으로 삼기 때문이다.[17] 따라서 부도덕하고 존엄성을 상실할 위험이 있는 부분은 이야기에서 제외시킨다.[18]

---

17) 오늘날 유아교육에서 중요하게 여기는 원리 중 본보기와 모방이 있다. 플라톤도 모방을 유아기의 중요한 원리로 보고 있는데, 그리스어로 모방은 미메시스(mimesis)라고 한다. 미메시스는 표현과 몸짓으로 행동과 표현을 반복하는 것이다. 이는 놀이와 연습 그리고 학습의 형태로 일어나며 언어, 풍속, 예술 등의 보전과 발달을 가능케 한다.

노래는 가사와 곡조 그리고 율동으로 이루어져 있다. 음악에서 배워야 할 이 세 부분은 좋은 인품을 만드는데 필요한 것이다. 곡조와 율동은 우아함을 지니면서 영혼 속 깊이 들어간다. 영혼 안에 있는 아름다운 성품과 영혼 밖에 있는 모습이 일치하여 조화를 이루면 이 미(美)는 최선이 되는 것이다. 음악교육은 결국 "말이 멜로디와 리듬과 춤과 조화롭게 작용하여 정신을 도야하는 형식으로 확인"(오인탁, 1994: 199)되는 것이다.

체육교육은 음악교육을 받은 후에 실시한다. 가장 좋은 것은 음악과 연계된 교육이다. 즉 음악과 체육이 조화를 이루는 것이다. 체육에 힘이 기울어지면 필요 이상으로 거칠어지고, 음악에 힘이 기울어지면 사람이 연약해진다(플라톤, 1995: 144). 체육교육의 제 일 원리는 단순한 생활과 섭생이다. 이 때 체육교육은 스포츠 교육이 아니라 군사교육을 의미하며, 언제나 전투에 임할 준비태세를 갖추는 교육이다.

◉ 기초교육

이 단계는 10세에서 16세까지 실생활에 필요한 유용한 지식을 가르치는 시기이다. 직업과 관련된 지식과 기술을 가르침으로 교육 받은 후에 생활에 필요한 것을 가르친다. 이 시기에는 예비교육 단계보다 음악과 체육을 집중적으로 가르친다. 이 단계까지는 신분이나 성별과 관계없이 누구나 배운다.

---

18) 어린이들은 무엇이 비유적인 것이고, 무엇이 그렇지 않은가를 구별할 수 없다. 그러나 무슨 생각이든 그 시기에 마음속에 자리 잡게 되면 잊을 수도 바꿀 수도 없다. 따라서 어린이에게 처음 들려주는 이야기가 덕에 관한 공정한 학습이 이루어지도록 꾸몄는지 아닌지를 검열해야 한다고 주장한다.

◉ 제1차 선발과 1차 실습교육

1차 선발과정에서는 생산자와 구별되는 인간 유형을 결정하게 된다. 그러나 여기서 선발은 더 이상 교육이 필요 없는 학생들을 선발하여 사회로 내보내고 자기 영혼의 본성에 맞는 교육을 받게 한다는 의미이다.

1차 선발에서 남은 학생에게 20세가 될 때까지 1차 실습이 이루어진다. 약 4년간의 군사훈련을 받는 동안 국가 방위를 위하여 요구되는 군사적 덕목과 능력을 배운다. 약 20세에 2차 선발을 거쳐 더 이상 교육이 필요 없는 학생들은 낮은 직의 무사가 된다.

◉ 전문교육

교육이 더 필요한 학생들은 약 30세가 될 때까지 10년간 전문교육을 받게 된다. 선발과정은 엄격하게 이루어졌으며 남성 뿐 아니라 여성도 이 과정에서 같은 교육을 받았다. 전문교육은 이론 중심의 교육으로 문법, 수사학, 산술, 기하1, 기하2, 천문학, 화성학, 변증법을 배우게 된다(플라톤, 1995: 301~318 참조). 이를 크게 셋으로 나눠볼 수 있는데, 하나는 문법과 수사학이다. 문법과 수사학은 말의 능력과 지식을 다루는 것으로 오성과 지성의 능력을 향상시키기 위한 것이다. 학생들은 여기서 문법을 먼저 배우고 그 후에 수사학을 순차적으로 배운다.

둘째는 산수, 기하1, 기하2, 천문학, 화성학이다. 이 교과목도 순차적으로 배우는데, 먼저 사물의 수를 파악하는 산수(1차원적 인식방식)와 사물을 평면 개념으로 파악하는 평면기하(기하1: 2차원적 인식방식), 그 다음 사물을 입체 개념으로 파악하는 입체기하(기하2: 3차원적 인식방식)를 배우게 된다. 그리고 나서 물체들 사이의 운동법칙을 다루는 천문학(4차원적 인식방식) 내용을 습득한 후에 영혼을 선의 이데아로 향하도록 돕는 화성학을 배우게 된다.

세 번째는 철학적 문답법과 변증법이다. 이는 사유를 통하여 가지계(可知界)를 인식하는 방법을 익히는 것으로 어려서 가르쳐서는 안 되고 전문교육의 마지막 단계에서 가르쳐야 한다. 철학적 문답법은 순수한 사유 훈련으로 영혼이 선의 이데아까지 인식하도록 지성을 도야하는 일이다.

◉ 2차 실습교육

이와 같은 장기간의 전문과정이 끝나면 3차 선발을 통해 더 이상 교육받을 필요가 없는 학생들은 고급 방위직과 중간 관리직에 종사한다. 더 교육이 필요한 학생들은 2차 실습교육을 받게 되는데, 이 단계에서는 약 50세까지 변증법과 더불어 국가의 여러 직책을 두루 맡아봄으로 통치 실습을 하게 된다. 이 단계를 마친 사람은 50세부터 철인이 되어 국가를 다스리게 된다.

(3) **아리스토텔레스**(Aristoteles, **기원전** 384~322)

가. 생애와 업적

아리스토텔레스는 그리스 도시국가 마케도니아의 스타게이로스에서 궁중의사였던 니코마코스의 아들로 태어났다. 기원전 367년에 아테네로 건너가 플라톤의 아카데미에서 20여 년간(17세~36세) 공부했다. 플라톤이 죽자[19] 아테네를 떠나 소아시아와 마케도니아, 레스보스 섬 등을 돌아다녔다. 기원전 342년 경 마케도니아 왕 필립 2세의 초청으로,

---

19) 아리스토텔레스는 '아카데미의 정신'이라고 플라톤이 칭찬할 만큼 사랑을 받았다. 그럼에도 불구하고 아테네 시민이 아니었던 아리스토텔레스 대신 스페우시포스가 아카데미아의 후계자가 되었다.

후에 알렉산드로스 대왕이 된 13세의 알렉산드로스를 3년간 가르쳤다.

알렉산드로스가 대왕이 되어 세계 정복의 길을 떠나자, 아테네로 돌아가 기원전 335년에 아폴론 리케이오스 신을 모시는 신전 일부에 '리케이온(Lykeion)'이라는 학원을 세우고 12년 동안 가르치는 일과 연구에 몰두했다. 이곳에 그가 가진 책들로 도서관을 만들고 알렉산드로스 대왕의 지원을 받아 세계 최초의 동식물원도 세울 수 있었다. 아리스토텔레스가 제자들과 동·식물원을 산책하며 대화하고 토론하였다 하여 이들을 '소요학파(Peripatetiker)'라고 불렀다.

알렉산드로스 대왕이 죽고 아테네의 정치적 상황이 바뀌면서, 아리스토텔레스는 시민권이 없는 외국인으로 아테네에 대한 불경죄 즉, 기도와 제사를 쓸모없는 것으로 가르쳤다는 혐의로 대사제 에우리메논에게 고발당했다. 그는 "아테네 사람들이 철학에 대해 다시 죄를 저지르지 않게 하기 위해" 아테네를 탈출하여 칼키스 섬으로 망명하였고 이듬해인 기원전 322년 그곳에서 사망하였다. 그의 대표적인 저서로는 『오르가논』, 『형이상학』, 『정치학』, 『윤리학』, 『시학』, 『자연학』, 『천체론』, 『동물의 발생』 등이 있다.

나. 교육사상

가) 철학사상

아리스토텔레스는 거의 모든 학문 분야에 관심을 가져서 식물학, 동물학, 우주학, 정치학, 예술론, 웅변술 등의 연구를 했다. 그의 관심을 크게 나누어 보면 논리학, 자연과학, 형이상학, 윤리학, 정치학 그리고 예술론으로 정리할 수 있다. 그의 교육학적 사유는 정치학과 윤리학에서 잘 드러나고 있다.

(가) 형상과 질료

플라톤은 진리가 이데아에 대한 사색에서 얻어진다고 주장한다. 그러나 아리스토텔레스는 진리가 개별적 사물에 대한 지식이라고 한다. '정말 있는 것'은 세상 밖 어딘가에 있는 것이 아니라 이 세상에 있는 '개별적인 사물' 안에 있는 것이다. 어떤 사람이 아름다운 것은 그 사람에게 아름다움이라는 본질적 요소가 있기 때문이다. 아름다움의 본질적인 것은 우리가 볼 수 있는 실제 모습으로 표현된 각각의 '아름다운 것들'이다.

이 세상의 실제적 모습은 일정한 재료를 이용해 만들어진 형상[20]으로 되어 있는데, 예를 들어 철과 시멘트는 질료이고, 이 질료를 목적에 따른 일정한 모양으로 만들면 집이나 학교가 된다. 집이 되느냐 학교가 되느냐는 건물을 짓는 목적에 의해 결정된다. 우리의 지식은 질료이고, 이 지식을 어떻게 쓰느냐 하는 목적이 형상을 결정하게 된다.

이 세상은 이러한 질료와 형상이 계속적으로 합해져서 이루어진다. 그래서 이 세계는 질료가 목적에 맞는 모습을 갖춰 가는 끊임없는 운동 속에 있고, 이 운동의 최후 단계에는 질료를 전혀 갖지 않는 가장 순수한 형상이 있는데, 그 최고의 형상은 '신'이다. 따라서 신은 운동을 하지 않는 상태에 머물면서 이 세계의 만물을 움직이게 한다. 신은 '최초의 운동자'로 이 세계의 질료들이 순수형상인 신을 닮기 위해 그에게로 향한 운동을 계속한다. 결국 모든 존재는 단순히 기계적으로 움직이는 것이 아니라 거기에는 목적(telos)이 있다. 이러한 아리스토텔레스의 우주론을 목적론적 우주관이라고 한다.

---

20) 아리스토텔레스는 플라톤의 '이데아론'을 대신할 에이도스론 또는 형상론을 내세웠다. 예를 들어 눈앞에 있는 사과는 그것을 사과이게끔 하는 '사과의 에이도스'가 그 안에 들어 있기 때문에 사과로 있다. 이러한 의미에서 '에이도스'는 오직 우리가 볼 수 있고 만져볼 수 있는 개별적 사물들 안에 그것이 그렇게 있게 하는 '형상'으로 들어 있고, 동시에 우리의 정신 안에 '개념'으로 들어 있다.

(나) 중용과 균형의 윤리학

아리스토텔레스는 모든 것에는 그 자체 안에 형상과 내면에 목표추진력(Entelechie)[21]이 있어 내재된 합목적성과 목표지향에 적합하게 스스로 발전해 간다고 하였다.

인간은 사유하는 영혼을 지닌 존재로 이성의 기능을 최대한 스스로 발전시켜 나가야 한다. 왜 이성의 현명함을 위해 노력해야 하는가? 이는 행복 때문이다. 행복해지기 위해 이성을 바탕으로 생각하고 행동하며 도덕적 덕을 실천해야 한다. 사람이 스스로 행복하다고 느낄 수 있는 활동은 이성을 바탕으로 한 행동을 통해 스스로 만족을 느낄 때, 사람들은 즐거워진다. 이때의 이성은 중용[22]을 실천하는 합리적이고 조화로운 이성이어야 한다. 즉 옳은 일과 옳지 않은 일 사이의 중용은 두 가지를 적당히 섞어서 하는 것이 아니라, 옳지 않은 일을 거부하는 것이 중용에 따른 행동이며 이성적 활동이다.

『니코마코스 윤리학』에서는 도덕적 덕(실천 이성)과 지적인 덕(이론적 이성)에 관해 설명하고 있는데 도덕적 덕에 대한 설명이 대부분을 차지한다. 실천 이성이 감정과 욕망을 다스리는 기능을 온전히 수행할 때의 덕을 도덕적 덕이라고 한다. 도덕적 덕은 습관에 의해 계발된다. 인간의 품성은 습관 형성을 통해 윤리적 가치가 몸에 익어 덕성을 지니게 되어야 한다. 그러나 선함과 덕은 막연한 의미의 덕이 아니라 구

---

21) Entelechie는 그 안에 목적을 스스로 가지고 있다는 그리스어로 '완전한 성장을 이루다' 또는 '완전한 성장에 도달하다'라는 의미를 지니고 있으며 '내적 성장의 질서'로 번역하기도 한다. (오인탁: 1994: 288쪽 각주 5번 참조)

22) 중용은 일반적으로 더하거나 덜함이 없는 적당함을 취하는 행동의 지혜를 말한다. 동양에서는 공자의 손자인 자사가 『중용』이라는 책에서 행위의 최고 표준으로 중용을 제시했고, 서양에서는 아리스토텔레스가 『니코마코스 윤리학』에서 중용사상을 서술했다. 아리스토텔레스는 중용이란 양극단을 피하고 그 중간을 선택하는 것으로서 예를 들면 용기는 비겁과 만용의 중간, 절제는 무감각과 방탕의 중간에 취하는 것이다. 중용은 어떠한 행위가 상황에 맞는 것을 말하며, 그것은 끊임없는 훈련과 제자리를 찾으려는 노력에 의해 가능한 것이다.

체적 덕을 강조한다. 예를 들어 실천적 덕에는 건강과 부유함 그리고 자기 발전을 위한 교육도 속한다. 이 또한 행복의 조건이기 때문이다.

인간이 자기 발전을 위해 수준 높은 지적 활동을 하는 것이 중요하다고 보았기에 『니코마코스 윤리학』에서 이론적 이성을 높이 평가했다. 행복에 일치하는 활동은 수단이 아닌 그 자체가 목적이 되는 활동인데 이는 진리 자체를 추구하는 관조적 삶 속에서 가능하다. 따라서 최고의 행복은 사색적 활동을 통해 가능하며 가장 좋은 삶이다.

나) 인간 이해

◉ 영혼

모든 것은 자기 안에 형성의 원리를 지니고 있으면서 내재된 합목적성에 적합하게 스스로 발달해 간다. 모든 사물은 원소에서부터 식물과 동물을 거쳐 인간에 이르는 연속적 단계의 과정을 형성한다. 생물의 형성능력은 영혼이다. 식물에게 영혼은 단지 영양과 번식의 힘에 속하는 식물적 영혼(anima vegetativa)이, 동물에게는 식물적 영혼에다 감각과 추진력과 운동력을 지닌 감각의 영혼(anima sensitiva)을 지닌다. 영혼의 위계질서에서 최상의 위치를 차지하는 인간은 식물과 동물이 지닌 힘에다 오성의 사고력(dianoetikon)과 이성의 힘(nous)을 지닌 사유하는 영혼(anima rationalis)이 함께 주어져 있다.

인간의 영혼은 식물적, 감각적 그리고 지적인 존재의 원리 또는 삶의 원리이다. 식물적 영혼으로서의 인간은 육체적 삶을 가능하게 한다. 영양을 섭취하고 성장하며 번식하게 한다. 감각적 영혼으로서의 인간은 감각적으로 지각하고 추구하게 한다. 정신적 또는 지적 영혼으로서의 인간은 인식하고 의욕을 갖게 한다. 인간의 영혼은 세 계층을 총망라하면서 활동할 수 있으며, 정신적 영혼이 주도적인 힘을 발휘한다.

◉ 사회적 본성

아리스토텔레스는『정치학』첫 부분에서 사람의 본성에 대해 두 가지를 말하고 있다.

인간은 본래 정치적 동물(zoon politikon)이며 동시에 언어를 사용하는 능력을 갖는다. 인간은 자신이 가지고 있는 잠재력 능력을 사회 안에서 충분히 실현할 수 있어야 하며, 사회는 이것을 가능하게 해야 한다. 인간에게는 언어능력이 있다. 언어는 공동체 안에서 서로 의사소통할 수 있는 도구이다. 인간은 단순히 종족을 보존하는데 그치지 않고, 나아가 서로에게 더 유용하고 선한 것과 더 나은 것을 함께 생각하고 결정해야 한다.

인간의 본성은 사회를 통해서만 발현될 수 있다. 아리스토텔레스에게 있어 사회는 법질서에 의한 정의를 실현하며 사회 구성원들 사이의 행복한 생활을 가능케 하는 곳이다. 이러한 사회는 선하고 올바른 삶이라는 도덕적 목적을 추구해야 한다. 이러한 삶이 곧 교육의 목적이기도 하다. 인간은 사회성을 타고났지만 교육을 통해서만 그 사회성이 온전히 발현될 수 있다.

다) 교육론

(가) 교육목적

"인간이 선하고 유덕하게 되기 위해서는 세 가지 요소가 필요한데, 자연적 본성(physis), 사회적 습관(ethos) 그리고 이성적 정신(logos)이다. 우선 인간은 누구나 다른 동물이 아닌 인간으로 태어나지 않을 수 없으며 따라서 일정한 성질의 육체와 영혼을 지니지 않을 수 없다. 그러나 본성 가운데 어떤 것들은 습관에 의해 더 좋게 되거나 혹은 나쁘게 된다. 대부분의 동물들이 주로 본성에 따라 생활하지만 어떤 동물들은 몇 가지 점에서 습관에 따라 생활하기도 한다. 그러나 인간은 이성에 따라 생활하는데 그것은 인간만이 이성을 갖고 있기 때문이다. 따라서 본성, 습관 그리고 이성은 서로 조화를 이루어야 한다. 왜냐하면 인간이 이성적 숙고를 통해 달리하는 것이 더 낫다고 확신하는 경우에는 습관과 본성에 반하여 행위 하기 때문이다. (...) 그 밖의 다른 것은 이제 모두 교육의 일이다. 인간은 교육에 힘입어 어떤 부분은 습관에 의해 그리고 다른 부분은 수업을 통해 필요한 것을 배운다."(정치학, 1332a)

인간은 타고난 본싱과 사회적으로 습득되는 습관 그리고 정신적 동찰을 통해 선하고 도덕적인 존재로 성장한다. 본성은 양육을 통해 발달하고, 덕은 습관과 훈련을 통해 형성되며, 지식은 수업을 통해 획득한다. 교육은 개인적 활동인 동시에 사회적 활동으로, 공동체적 목적을 지닌 국가가 모든 사람에게 동일한 교육을 해야 한다. 왜냐하면 한 국가가 탁월하기 위해서는 국가라는 집합체의 구성원인 시민 모두가 탁월해야 하기 때문이다.

이런 의미에서 교육의 목적은 첫째, 개별적 인간을 훌륭한 시민으로 양성하는 것이다. 개인이나 국가의 행복을 위해 시민으로 자신의 의무를 수행하는데 적합한 인간을 길러내야 한다. 둘째, 인간만이 지닌 고유한 능력인 이성적 통찰력의 훈련을 통해 신적인 경지에 도달하여 완전한 행복을 누리도록 해야 한다. 그래서 교육자는 관조하는 삶을 영위하도록 준비시켜야 한다. 교육은 이러한 목표를 향해 어린이들을 가르치는 것으로, 그들이 교육을 필요로 하는 연령까지 이루어져야 한다.

(나) 교육과정

인간은 육체와 영혼의 통합체이며, 영혼은 비이성적인 부분과 이성적인 부분으로 구분할 수 있다. 교육은 이러한 타고난 능력을 점진적으로 발현시켜 나가는 것이다. 어린이의 삶에는 발달 단계가 있으며 이 발달 단계에 상응하는 교육을 해야 한다. 신체와 정신을 동시에 다루는 일은 원래 반작용을 일으킨다. 신체적 작업은 정신을 저해하고 정신적 작업은 신체를 저해한다고 보았다. 따라서 연령의 본성적 발달 단계에 맞추어 교육하는 것이 바람직하다.

그러나 교육은 개인을 사회의 일원으로 육성해야 한다. 그러므로 교육은 사적인 영역이 아니라 국가의 계획과 국가의 통제 아래 공적으로 이루어져야 한다.

첫째, 주로 출생에서 다섯 살까지는 신체적 성장과 발달이 이루어지는 시기로 신체교육에 역점을 둔다.

이 시기의 어린이들은 놀이를 통해 움직이면서 신체를 강화시킨다. 따라서 신체훈련을 통한 발육에 방해되지 않도록 지적인 공부나 노동을 요구해서는 안 된다. 가정교육이 중요한 이 시기에는 동화나 이야기 중심의 교육을 하되, 건전한 내용이어야 한다. 어린이가 저속한 언어 사용을 하거나 불경한 행동을 하면 처벌해야 한다.

다섯 살에서 일곱 살 사이에는 7세 이후 배워야 할 학과에 대한 수업에 참가하되 단지 청중으로 참가해야한다.

둘째, 7세부터 약 14세까지는 영혼의 비이성적 부분인 욕구와 열정을 사회적으로 표출시키는 것을 습득하는 시기로 도덕교육을 주로 한다.

7세 이후 약 7년은 실용적 교과목인 읽기, 쓰기, 셈하기 및 심신의 조화를 위한 음악과 체육을 배운다. 체육은 신체 단련을 통하여 용기를 기르는 것과 관련된 교과이며, 음악은 관조하는 삶을 준비하기 여가의 즐거움에 관련된 교과이다.

셋째, 14세부터 약 21세까지는 이성적 통찰력 훈련을 통해 이성적 진리추구 교육을 하는 시기이다.

그러나 아리스토텔레스는 14세 이후 두 번째 7년 동안의 교육내용을 자세히 기술하고 있지 않다. 단지 자유로운 시민에게 걸맞은 고상한 학과목들에 대해 나중에 언급하겠다고 하였을 뿐이다. 그러나 후대 사람들이 추측하기로 처음 3년 또는 4년의 기간은 수학과 기하학 그리고 천문학 및 이론 위주의 음악[23]교육이 이루어졌을 것이라고 본다. 이러한 이론 수업이 끝난 후 병역의 의무를 수행하기 위한 신체 단련이 실시되었을 것으로 본다.

2. 로마의 교육

1) 시대적 배경

로마는 기원전 753년경에 이탈리아 반도 티베르 강기슭에서 이탈리아-라틴 민족을 중심으로 건국되어 왕정시대를 열었다. 그 후 기원전 509년에 왕정을 폐하고 공화제를 수립하였다. 이 시기에 로마는 국내적으로는 시민의 권리를 신장시키고, 밖으로는 영토를 확장시켜 대제국을 건설함으로써 강한 정치력을 갖추게 되었다. 기원전 146년에는 그리스를 정복했으며 기원전 64년에는 오리엔트의 관문인 시리아와 폼페이도 점령하였다.

기원전 1세기 말 아우구스투스 시대에 공화제의 전통을 존중한 비세습적 군주제를 거쳐 3세기 후 기원전 27년에는 제정(帝政)시대가 구축되었다. 로마 제국은 콘스탄티누스 대제 시대에 전제 군주제를 확립하고 313년 밀라노 칙령에 의해 기독교를 공인하였으며, 수도를 비잔

23) 음악이 지니는 교육적 의미는 욕구적 즐거움, 윤리적이고 정치적인 활동의 활성화 그리고 명상하는 정신의 함양이라는 세 가지 삶의 목적과 일치한다.(정영근, 1996: 196)

티움으로 옮겨 신로마로 불리웠다. 그러나 테오도시우스 황제 때 서로마와 동로마(395~1453)로 완전히 분리되었다. 서로마 제국의 멸망은 정치, 사회, 문화적 요인에 의해 서서히 진행되어 왔으나 게르만 민족의 이동이 결정적 원인이 되었다.

그리스인들이 음악적이며 철학 및 이론적인 태도를 지녔다면, 로마인은 사물의 가치를 유용성이나 객관적으로 꼭 필요한 것을 우선시하는 공리적이고 현실적인 태도를 지녔다. 따라서 문학과 학문 그리고 예술과 철학에 있어서 창조적인 것 보다는 모방을 하거나 동화하는 능력을 발휘하였다. 그 대신 목적을 달성하는데 필요한 수단, 제도, 기제 등을 탐색하고 조직적인 군대, 도로, 건축물 등을 발달시켰다. 특히 로마의 법은 기원전 451년 12동판법[24]을 제정하여 귀족들에게 법을 지키도록 했으며, 기원전 367년에는 평민 대표를 집정관으로 선출할 권리를 담은 리키니우스 법[25]이 제정 되었다. 로마의 법은 로마 시민법에 그치지 않고 자연법[26]사상에 기초한 만민법으로 발전하였다.

2) 교육적 배경

로마의 교육은 로마 전통 교육시기, 그리스화 된 교육시기, 기독교에

---

24) 로마 최초의 글로 쓰인 성문법이다. 이 법의 내용을 열두 개 동판에 새겨 광장에 세워 둔데서 비롯되었다. 귀족의 권리를 제한하는 내용도 있으나, 귀족과 동등한 대우를 요구한 평민의 뜻을 제대로 담고 있지 않다.

25) 평민의 권리를 더 많이 보장하기 위해 호민관 리키니우스가 제안해 만들어졌다. 이 법에 의하면 집정관 두 명 중 한 명은 평민 중에서 뽑게 되어 있어 이 법 시행으로 평민들의 권리가 크게 신장되었다.

26) 자연법은 변하지 않는 보편적 법이며, 모든 인간의 이성에 의해 승인될 수 있으며 양심에 의해 받아들여질 수 있는 보편 이성의 법이며 인간 본성상의 권리라는 개념까지 연결되어 자연법이 자연권에 연결된다.(조경원 외, 2005: 83. 각주 2 참조)

의한 세속교육 쇠퇴기로 나눌 수 있다(조경원 외, 2005: 85).

공화정 시대의 전통 교육시기의 교육적 특징은 거의 순수하게 로마적이었다. 이 시기 로마는 가정교육을 중요하게 생각했다. 가족은 힘과 법의 중심으로 여겼으며, 가장인 아버지의 교육에 대한 권한은 매우 컸다. 가족은 신성한 것으로 가족 공동체 내부에 엄격한 훈련과 도덕을 보장하였다. 그러나 교육은 공적 삶을 영위하는 남자, 즉 유능한 시민을 이상으로 삼았다. 유능한 시민이란 무기를 사용할 줄 알며 정당한 사실에 대한 올바른 자기 입장을 고려할 줄 알고 법에 따라 정당하게 생각하는 사람이다.

유능한 시민을 양성하기 위한 교육내용은 글자 읽기, 신체훈련, 종교와 힙칭의 의식, 12동판에 관한 것이다. 살아가는데 직접 관련되지 않은 지식에는 관심을 두지 않았고 웅변술, 의술, 농사, 전쟁, 사법 등 실제적 기술만을 가르쳤다.

제정 시대에는 그리스의 영향이 뚜렷하게 나타난다. 타렌토 전쟁(기원전 282~272)과 제1차 포에니 전쟁(기원전 264~241)을 통해 남부 이탈리아와 시칠리아에서 그리스의 문화와 문학 그리고 교육을 접하게 되었다. 전쟁 포로와 노예 또는 상인으로 로마에 온 교육받은 그리스인들과 함께 헬레니즘 문화가 유입되었다. 로마인들은 그들의 실질적이고 객관적인 성향에 맞추어 그리스의 추상적 학문보다는 스토아 철학[27]

---

27) 제논에 의해 시작된 스토아 학파는 로마로 전파되어 로마의 문장가인 세네카에 의해 발전되었다. 스토아 철학의 중심 분야는 언어에 대한 연구를 하는 논리학과 우주의 근원을 찾으려는 물리학 그리고 윤리학이었다. 이들은 정해진 질서에 순응하자는 운명론을 주장했다. 이 세계는 정해진 질서에 따라 미리 예정되어 있고 우리는 이를 피하거나 거부할 수 없다. 이를 운명이라 부르며 정해진 질서는 곧 자연의 법칙이다. 자연의 질서를 받아들이고 자신의 감정을 다스릴 때, 우리는 행복해질 수 있다. 행복은 '마음을 비우는' 상태에서만 가능하다. '마음 비우기'는 깊고 냉철한 이성적 생각 끝에 도달할 수 있으며, 운명적으로 주어진 일을 더욱 더 능동적으로 추진하는 자세이다. 자연을 거스르지 않는 삶이란 자연의 질서에서 '나'를 끌어가는 거스를 수 없는 질서를 발견하고, 나 자신을 또한 자연의 일부로 보는 것을 뜻한다.

과 문법 그리고 수사학을 받아들여 고등교육의 기본 교과로 삼았다.

이 시기에 로마정신과 교육이념이 그리스화 됨으로써 로마적인 교육제도도 그리스의 학교제도로 재구성 되었다. 로마의 학교교육 과정은 단계적으로 배열되었다. 처음 가정에서 교육이 시작되어 초등교육기관인 문자학교(Ludus; 유희, 스포츠 또는 기분전환을 의미)에서 자유민 남자와 노예에서 해방된 문자교사(literator)들이 7세부터 12세까지 어린이들에게 시민성, 도덕성, 신체 단련 그리고 초보적인 읽기, 쓰기, 셈하기 가르쳤다. 그러나 체육, 음악, 율동은 전혀 가르치지 않았다. 중등교육기관인 문법학교에서는 문법교사(grammaticus)가 12~13세 상류층 소년들을 대상으로 문법, 문학, 수사학 등을 가르쳤는데 문학의 경우 정확한 화술과 시인들의 작품에 대한 설명을 강조했다. 이 외에도 음악, 기하, 천문학 등 그리스 자유교양과목 등을 가르쳤다.

고등교육기관인 수사학 학교에서는 수사학 교사(rhetor)가 16세가 된 정치 활동에 뜻을 둔 소년을 대상으로 웅변술, 고급 수사학, 법률 등을 중심으로 가르쳤다. 웅변술이 로마 국가와 법제도 속에서 점차 중요성을 지니게 됨에 따라 높은 수준의 일반적인 교육을 하는 기관으로 발전하였다. 이곳에서 학생들은 문체학, 작품 독서(주로 영웅 서사시), 실제적인 웅변을 연습했는데 연설 기법, 웅변의 주제, 웅변의 다양한 형식을 연습하고 연구했다. 그러나 점차 수사학 교육은 형식주의, 기교, 겉치레 위주로 되어갔다.

313년 밀라노 칙령에 의해 기독교가 인정받음으로 로마에서의 중요한 위치를 차지하게 된다. 또한 로마제국의 행정 조직에 따라 교회 조직이 구성되고 기독교 교회가 교회교육에 집중하면서 세속교육 대신 새로운 교육으로 대체되었다. 특히 니케아 종교회의(325년)를 통해 가톨릭교회의 기초가 확립된 후 기독교를 이교도에게 포교할 목적으로 2세기 초부터 문답학교와 고등문답학교가 세워졌다. 문답학교 교사나 교회 지도자 양성을 위한 고등문답학교에서는 그리스 철학을 배우면서 기독교의 학문적 기초 정립을 위해 노력하였다. 로마의 대부분의 수사학 학교가 교리문답학교로 전환되었다.

3) 교육사상가

(1) 키케로(Cicero, 기원전 106~43)

가. 생애와 업적

키케로는 공화정 말기 그리스 정신을 로마의 문화로 융합시킨 대표적 인물이다. "그는 모든 영역을 두루 섭렵한 학자, 영향력 있는 정치인, 뛰어난 웅변가요 작가였을 뿐 아니라, 철학자 및 교육이론가로서 로마의 고유함을 그리스 정신과 완전히 융합"(A.Reble, 2002: 59)시켰다.

그는 어려서부터 철학, 법률학, 수사학 등 일체를 포괄하는 교육을 아테네와 로마에서 받았다. 17세 때 군복무를 하고 25세에 법정에서 변론가로서 경력을 쌓았다. 키케로는 그의 사상을 독창적으로 발전시키기보다 플라톤에서부터 당대에 이르는 사상가들의 철학적 문제를 후대에 잘 전달한 사람이다. 라틴어로 쓰인 고전 사상에 대한 해설과 정치와 법률에 관한 글의 아름다운 문체로 키케로 문체를 유행시키기도 했다. 『최고의 선과 악에 관하여』, 『신들의 본질론』, 『주제론』, 『웅변가론』, 『웅변가 브루투스』 등의 저서가 있으며, 특히 교육적 견해가 담긴 『웅변가론 (De Oratore)』은 최초의 교육이론서라고 할 수 있다.

나. 교육사상

키케로는 기원전 55년경 『웅변가론』을 통해 전인교육, 순수한 국가 및 정치적 신념, 포괄적 사물 지식, 내면의 교양과 철학교육을 요구하는 웅변가를 위한 교육을 강조하였다. 그는 헬레니즘 시대에 분리되었던 수사학적 교육이념과 철학적 교육이념을 융합하면서 공적인 선한 삶을 사는 교양 있는 웅변가를 양성할 목적으로 자신의 견해를 피력했다.

웅변교육은 로마의 정계에 입문하려는 사람에게 필요한 것으로 생각했다. 이상적인 웅변가는 박식한 지식과 인격, 풍부한 창의력과 지적 능력, 목소리 태도와 같은 바람직한 특성을 지녀야 한다. 이를 위해 작문 연습과 대중 연설을 해야 하며 찬반 토론을 연습하고 법학과 역사, 정치학을 공부하며 설명과 시범을 통해 웅변의 이론과 기술을 발전시키도록 노력해야 한다.

(2) 퀸틸리아누스(Quintilianus, Marcus Fabius, 35~95)

가. 생애와 업적

퀸틸리아누스는 약 35년경 북 스페인 칼라구리스에서 수사학 교사 아들로 태어났다. 어려서 로마로 가서 일반교육을 받고 동시에 당대 최고의 웅변가인 이페르로부터 웅변술을 배우게 되었다. 베스파시아누스 황제 하에 로마에서 최초로 국가로부터 보수를 받는 수사학 학교의 교사(70년)가 되었다. 로마에서 20년 동안 변호사, 수사학 교사로 경험을 쌓고 그의 대표적 저서인 『웅변가의 교육』(Institutio Oratoria)을 저술하였는데 일반 교육적이고 교수학적으로 중요한 내용들이 담겨있다.

이 책은 12권으로 구성되어 있는데, 제 1권은 어린이가 수사학 학교에 들어가기 전의 교육 단계, 제 2권은 수사학 교육에 대하여, 제 3~12권은 수사학의 5개 영역, 즉, 구상, 정리, 스타일, 기억, 전달에 대한 설명과 수사학의 본질, 가치, 기원, 기능을 다루었으며, 웅변의 여러 형태와 법정 변론에 대해 설명하고 있다.

나. 교육사상

퀸틸리아누스는 키케로와 같이 교육의 목적을 완벽한 웅변가(orator perfectus) 양성에 두었다. 이 웅변가는 훌륭한 사람(vir bonus)이기도 하다. 웅변가를 양성하기 위한 기본요소를 살펴보면 다음과 같다. 웅변가는 사물에 관한 충분한 지식, 훌륭한 어휘를 사용하여 사려 깊게 말할 수 있는 능력, 우아하고 정중한 태도, 역사와 법률에 관한 풍부한 지식 그리고 풍부한 기억력과 훌륭한 신중성을 지녀야 한다.

완벽한 웅변가를 양성하기 위해 4단계의 교육과정을 거쳐야 하는데, 교사나 부모 중심이 아닌 학생 중심의 교육과정을 전개한다.

첫째, 7세 이전의 어린 시기에는 가정교육으로 심리적 물리적 환경의 중요성을 강조하였다. 이 시기에는 특히 부모의 고상한 인격과 높은 교양과 정확한 언어를 구사하는 고상한 유모의 선택이 중시 된다. 퀸틸리아누스는 어린 시절 교육의 중요성을 강조하였는데 이 시기에 기억한 내용이 가장 오래 지속된다고 보았기 때문이다. 그는 도덕교육과 언어교육(헬라어를 먼저 가르치고 라틴어를 병행한다)의 효과가 극대화되기 위해 어려서부터 가르쳐야 한다. 왜냐하면 언어습득의 기초적인 능력인 기억력이 어린 시기에 가장 좋기 때문이다.

둘째, 초등교육의 단계로 감각, 기억, 모방력이 왕성한 시기이며, 기본적인 읽기, 쓰기 셈하기가 중심이 된다.

셋째, 중등교육 단계인 문법학교의 교육이다. 이 학교의 교육은 역사, 언어, 문학 연구가 중심이 되며, 공공생활의 준비와 사회생활에 필요한 우정과 사회적 연대의식 형성에 가장 적합한 장소이다.

넷째, 고등교육 단계인 전문적인 수사학 학교의 교육이다. 수사학을 주로 배우면서 어떤 문제에 대한 강의, 토론, 논쟁 등의 훈련이 이루어진다.

퀸틸리아누스는 교사가 학생 중심의 교육이 이루어져야 한다고 생각했다.

"나는 어린 아이들이 기본 세 과목(읽기, 쓰기, 셈하기)을 강제로 배우게 한다든가 학습에 짓눌리도록 공부를 시켜야 한다고 생각할 정도로 아이의 발달 단계를 전혀 인식하지 못하는 것은 아니다. 다른 무엇보다도 아직 학문을 사랑할 정도로 나이가 들지 않은 아이가 나중에 나이가 들었을 때 학문을 싫어하게 되거나 무서워하게 되지 않도록 주의해야 한다. 그것은 가혹한 경험이기 때문이다. 그가 배우는 과목이 재미있도록 하고, 자발적으로 대답하게 하며, 그를 칭찬하고 스스로 잘 하는 것의 즐거움을 배우게 하라. 간혹 그가 배우기를 거부하면 경험할 수 있을만한 경쟁자를 한 명 데리고 오라. 하지만 그가 더 잘할 때가 많다고 생각하게 해주어라. 그의 나이 수준의 아이들이 기뻐할 보상이나 상품으로 그를 격려하라"(조경원 외, 110 재인용).

이와 같이 교사는 학생들의 실제적 요구를 중시해야 한다. 어린이에게 제공되는 공부는 재미있어야 하고 질문도 받고 칭찬도 받아야 한다. 잘 했을 때 기쁨을 느끼도록 하고, 공부하기 싫어할 때는 동기가 일어나도록 다른 무엇을 제공해야 한다.

훌륭한 교사는 아동의 능력을 분간하고 타고난 소질을 파악해야 한다. 학생은 자연이 준 능력이 다양하며 아동의 신체가 다르듯 마음도 서로 다르다. 교사는 아동의 특수한 자질을 존중하고 아동을 이해하려고 애써야 한다. 또한 학생이 교사에 대한 강한 애착을 가질 때 공부에 도움이 되기 때문에 학생은 교사를 사랑하며 부모처럼 대할 수 있도록 가르쳐야 한다.

chapter

02 중세의 교육

1. 시대적 배경

문화사적 맥락에서 중세는 서로마 제국이 멸망한 476년에서 동로마 제국이 멸망한 1453년까지, 고대 문화의 몰락으로부터 고대 문화가 회복될 때까지의 시기를 가리킨다.[28] 중세 1,000년을 내적으로나 외적으로 통일성을 유지할 수 있게 한 것은 기독교와 그리스 로마의 문화였다. 게르만 민족[29]은 고대 문화와 기독교 풍습 그리고 그리스의 학문 이념 및 교육사상에 감화되었다.

중세 사회는 봉건제도와 수도원 제도로 특징지을 수 있다.

중세는 로마의 제국적인 사상과 기독교적인 동인 그리고 게르만 민족으로부터 전래된 관습[30] 등으로 엄격한 계급 규정을 지닌 봉건 국가로 성립되었다. 봉건제도는 토지 보유권과 개인적 관계에 바탕을 둔 권리와 의무에 관한 사회제도를 의미하며, 가신제도와 은대지 제도가 결

---

28) 중세라는 용어는 15~16세기 네 명의 교황 아래서 비서관을 하던 인문주의자 플라비오 비온도에 의해 16세기 초에 사용되었다고 전해진다.(강희천, 1994: 89)

29) 오늘날의 에스파냐 인과 덴마크인, 독일인 등이 게르만 민족에 속한다. 생김새와 상관없이 인도 유럽어족 가운데 게르만 어를 사용하는 민족을 가리킨다. 당시 게르만 민족은 반달족, 고트족, 롬바르트족으로 이루어진 동게르만족과 프랑크족, 앵글로색슨족으로 이루어진 서게르만족으로 크게 나누어졌다.

30) 원래 게르만족 사회에는 자유민의 남자 아이가 유명한 귀족 집에 살면서 무예를 연마하고 주인으로부터는 무기, 말, 식사 따위를 제공 받으면서 전문적인 전사로 키워지는 제도가 있었다. 이들은 주인인 귀족을 섬기다가 다 커서 결혼을 한 다음에는 독립을 했는데, 이를 종사제라 한다. 로마시대 말기에는 왕들이 공을 세운 신하에게 상으로 땅을 나누어주는 은대지제가 있었는데 이 두 제도가 합쳐져서 봉건제가 생겨났다. 즉 신하에게 땅을 나누어주되, 신하로부터는 그에 해당하는 충성을 약속받는 제도이다.

합함으로 성립되었다. 봉건 영주는 봉토를 매개로 한 군신관계가 연쇄적으로 이어져 왕, 대제후, 중소제후, 기사로 이어지는 피라미드형의 계층제로서, 왕이 제후에게 영지를 나눠주는 일종의 종사제도이다.

두 번째 특징은 수도원 제도이다. 수사는 그리스어 'monachos'에서 유래한 것으로 '홀로 사는 것'을 의미한다. 처음에는 한 사람이 거주하는 집을 뜻했으나, 나중에는 신에 봉사하고 규칙에 봉사하는 남녀의 종교 공동체를 의미하게 되었다.

수도원의 일반적인 특징을 살펴보면 다음과 같다.

첫째, 개인적인 신앙생활이다. 자신의 불완전을 인식하고 참된 자아의 발견을 지향했다. 수도사에게는 기도, 예배, 주문 등의 신체적 단련과 신비적 체험, 엄격한 금욕주의와 같은 힘든 과정이 부과되었다. 둘째, 사회봉사이다. 수도사들은 농업의 발달과 기술, 기예 발달에 도움을 주었다. 14세기 영국의 베네딕투스 수도원의 수사들은 기술을 연마하여 유명한 시계 제조공들이 되었다. 또한 고전 학문의 원고를 정리하였으며, 르네상스가 올 때까지 이 원고들을 안전하게 보존하였다. 셋째, 교육과 연구의 기능을 했다. 중세의 수도원은 신앙생활 뿐 아니라 유일한 교육기관이었다. 7자유학과 중 기초인 3학, 즉 문법, 논리학, 수사학은 사원학교와 수도원에서 필수로 가르치고, 4과 즉, 기하학, 산수, 천문학, 음악은 선택적으로 가르쳤다.

종교사적 맥락에서 볼 때 중세는 서부 유럽의 가톨릭교회, 동부 유럽의 희랍 정교회, 아라비아 중심의 이슬람 교회라는 세 가지 유형의 종교가 각기 중심이 되어 세 가지 유형의 문화를 형성해 갔으며, 각각의 교회가 주장하는 중심적 교리에 근거하여 각기 독특한 교육의 형태와 학문의 내용을 결정한 시기였다(강희천, 1994: 91).

철학사적인 맥락에서 중세는 교부철학과 스콜라 철학 시기로 대별할 수 있다.

초기 기독교의 교리를 체계화하고 확립하는데 공헌한 학자를 '교부'라고 하는데, 교부들이 이룬 학문적인 성과를 교부철학으로, 이들이 활동했던 2~8세기를 교부시대라고 한다. 서양 문명의 두 원류인 그리스 로마 문화와 기독교 문화의 융합이 시작되면서 겪게 되는 갈등을 그리스 철학을 이용하여 기독교 교리를 체계화 시키고자 했다. 기독교를 단순히 믿음을 요구하는 종교로서가 아니라 이성적인 사고와 일치하는 종교로 설명하려고 했다. 그러나 그 과정에서 예기치 않은 부작용도 나타났다. 본래 비기독교적인 기원을 가졌던 사상이 기독교와 만나면서 그 정신을 왜곡하거나 과장하는 학설이 나타났는데 그 대표적인 예가 영지주의(Gnosticismus)[31]였다. 교부철학은 그리스적 사유와 철학사상을 조화하여 기독교 교리를 확립하려는 철학적 노력의 총칭이다. 철학적 사색이 기독교 신앙 위에 발전됨에 따라 신앙과 이성의 문제는 중요한 의미를 갖게 되었다.

스콜라 철학 시대는 초기, 중기 그리고 후기로 구분할 수 있다. 9~12세기에는 종교적 내용을 다루면서 철학적 방법을 사용하는 특징을 지닌 초기 스콜라 철학 시기이다. 그 목적은 전통적인 지식을 종교적인 입장에서 비판하는데 있다. 스콜라 철학이 이 시기에 꽃피우게 된 것은 아랍세계의 철학이 적지 않은 영향을 끼쳤다. 즉 아랍 문화권에서 수용 보존되었던 아리스토텔레스의 철학이 알렉산드리아에 세워진 초기 신학교를 통해 계승되었기 때문이었다.

12~13세기에 이르러 중기 스콜라 철학 시대가 펼쳐진다. 대학의 등

---

31) 영지(gnosis)는 그리스어 '지식'을 뜻하지만 영지주의에서는 물질의 발생과 본성, 그 운명에 대한 구원론적인 지식을 뜻한다. 영지주의자들은 자신들이 신의 계시로 구속자(救贖者)가 전달한 이런 지식을 소유함으로써 구원에 이를 수 있다고 주장했다. 영지주의자들은 인간성을 셋으로 구분하는데, 악의 근원에 매달리는 물질적 인간은 구원될 수 없고 기독교인들과 같은 영적 인간은 고행의 대가로 구원될 수 있으며, 선택된 사람인 영지주의자 자신들만이 영지의 능력으로 구원의 혜택을 받는다고 주장했다.

장과 거의 같은 시기에 새로 설립된 프란체스코 수도회[32]와 도미니쿠스 수도회[33]는 뛰어난 학자들을 배출하게 되었고 스콜라 철학을 발전시켰다.

후기 스콜라 철학 시기는 13~14세기로 지금까지의 중세 학파를 비판하면서 권위적인 학문에 도전하는 운동이 일어나게 되었다. 사회는 더 이상 형이상학과 이를 기독교 신학에 수용하는 일에 관심을 보이지 않았다. 중세인들은 보편적 개념과 이를 이용한 토론보다는 개체의 가치에 더 관심을 두었다. 종교적 측면에서도 이성이 신앙에 대한 내용을 보다 확실히 설명해주리라는 기대보다 이성의 능력을 의심하였다. 이들은 새로운 길(via moderna)을 주장하며 신앙과 지식, 교회와 국가를 구분하려했다.

수세기 동안 중세를 지배했던 봉건제도는 거의 모든 지역 사람들의 생활양식과 사고방식, 가치관 제도 등에 영향을 미쳤다. 그러나 11세기 후반부터 시작된 십자군 원정[34]은 농업 경제체제에 근본적인 변화를 가져왔다. 교역이 증대되고 수공업이 부활되었으며 도시발달이 이루어

---

32) 프란체스코 수도회는 이탈리아 아시시의 프란키스쿠스(Franciscus)가 창설한 최초의 탁발 수도회다. 프란키스쿠스 성인은 철저하게 가난과 겸손의 길을 걸었다. 이 수도회는 주로 가난한 자와 소외당한 자를 위한 교육사업, 평화운동, 복지사업 등에 봉사했다. 또한 볼로냐 대학, 파리 대학, 옥스퍼드 대학 등지에서 학문 활동을 전개해 로저 베이컨, 보나벤투라, 둔스 스코투스, 윌리엄 오컴 등의 스콜라 철학자를 배출했다. 이 수도회는 아우구스티누스 사상에 배경을 두고 있다.

33) 도미니쿠스(Dominicus) 성인에 의해 1216년에 설립된 설교 수도회다. 이 수도회는 인간의 영혼을 구원하는 일을 가장 중요한 목표로 삼고, 신앙의 진리를 만인에게 전파하기 위하여 효과적인 방법으로 복음을 가르치는데 중점을 두었다. 신학의 학문적 중요성을 살리기 위해 파리 대학과 옥스퍼드 대학 등 명문대학에서 다방면에 걸친 깊은 연구를 행해 학문에도 크게 기여했고 알베르투스와 토마스 아퀴나스 등 많은 학자를 배출했다. 이 수도회는 아리스토텔레스 철학을 근거로 삼고 있다.

34) 비잔틴 제국의 황제가 그들이 잃어버린 땅인 팔레스티나와 예루살렘을 회복하기 위해, 로마에 원조를 요청하였고, 로마 교황은 십자군을 결성하여 제1차 십자군 원정을 시작으로 8차에 걸친 원정을 하였다.(1096~1270)

져 새로운 직업군이 형성되었다. 북이탈리아 도시들을 중심으로 많은 상업도시들이 나타났다. 상업도시의 발달은 시민계급이라는 사회계층을 탄생시켰다.

2. 교육적 배경

중세 초기는 세속 학문의 쇠퇴와 더불어 교회가 교육과 문화에 대한 주도권을 갖게 되었다. 이때의 교육은 인간을 겸허함과 신앙과 기독교적 완성으로 이끄는 것 그리고 인간을 종교 및 교회 공동체의 성원으로 만들어 하나님 나라 시민이 되게 하는 것이었다(A. Reble, 2002; 75). 시간이 지남에 따라 세속적 문화유산이 더 비중을 두면서 시민학교와 대학이 생겨나게 되었다.

1) 기독교 학교제도

중세 시대 처음에는 성직자만을 위한 학교가 존재하다가 차츰 평신도들도 학교에 다니게 되었다. 장래에 성직자가 될 사람에게 성서연구 및 세례식, 성찬식 등 예식 수행을 위한 문자교육이 필요했고, 이러한 과제를 해결하기 위해 대성당 학교와 수도원 학교가 설립되었다.

◉ 대성당 학교[35)]

대주교가 있는 교회에서는 일반 성직자[36)]를 양성하기 위해 기독교 교리, 예배 의식, 7자유학과(논리, 문법, 수사학, 산술, 음악, 천문학, 기하학)를 가르쳤다. 대성당(cathedral)에서 교육이 이루어졌기 때문에 대성당(본산)학교라고 했다. 이 학교의 교사들을 중심으로 기독교 교리의 이론적 틀을 마련한 스콜라 철학이 성장하게 되었다.

◉ 수도원 학교

수도원은 종교생활에서 특별한 서약을 하고 규율에 따라 자신의 행동을 통제하며 생활하는 사람들이 모인 곳이다. 수도원 설립과 더불어 수도사 양성을 위해 일곱 살이 된 아이들을 입학시켜 가르쳤다. 이러한 학교를 '수도원 내교'(schola claustri)라고 한다. 그러나 얼마 후에 수도원에 입문하지는 않지만 교육을 원하는 소년들도 받아들였다. 이것을 '수도원 외부 학교'(schola canonica)라고 하고 수도원 내교와 구분하여 건축되었다.

수도원 학교와 대성당 학교의 수업은 세 단계로 구분되었다. 기초 단계에서는 읽기, 쓰기, 셈하기, 음악, 습자(習字), 시편 등을 암기하였다. 중간 단계에서는 기초 단계에서 배운 것을 바탕으로 7자유학문의 완성된 체계를 구축하였다. 학습 내용은 로마시대의 문법학교와 유사했다. 마지막 단계로 라틴어 문법과 고전작품(특히 베르길리우스와 키케로), 라틴어로 쓰인 기독교 저작, 수사학 연습 등이 추가되었다.

---

35) 교회는 강력한 조직체를 가지고 있었다. 즉, 교황-추기경-주교(대주교관구- 주교관구)로 이어지는데, 대주교가 있는 교회의 학교를 본산학교 등으로 일컫는다.

36) 대성당이 있는 도시의 일반 성직자는 수도회 소속 사제와 구분되었다.

2) 세속교육

◉ 기사교육

기사는 봉건적 주종관계의 편성이 진행되는 과정에서 확립되었으며 십자군 원정 이후 특별한 의미를 지니게 되었다. 기사계급이 자신들의 고유한 문화와 교육을 발달시켜 나갔지만 기사 양성을 위한 특별한 기관은 없었다. 그러나 기사가 되기까지 비형식적인 형태로 일정한 교육을 받아야 했다.

기사가 되기 위해서는 기사 가문의 출신이어야 한다. 이들은 봉건 사회의 해체기에 들어서면서 용병의 증대, 화기의 발달 등으로 존재가치를 잃고 몰락하게 된다.

기사교육은 6세까지 가정에서 모친이나 시녀로부터 순종의 미덕과 경건한 신앙심, 예의범절을 훈련받는다. 7세에 집을 떠나 14세에 이르는 시동(page)시기에는 아버지의 주군이나 영주의 저택과 궁정에 기거하면서 예비기사로서의 궁정생활의 예의범절, 종교의식, 읽기, 쓰기 등 교양을 익혔으며 무예를 배웠다.

14세부터 21세까지의 종자(squire) 시기가 되면 기사가 되기 위한 경험을 쌓는다. 말의 사육에서부터 무술 연마에 이르기까지 기사의 7가지 기예(승마, 수영, 궁술, 검술, 수렵, 장기, 시 짓기)와 궁정문화 전반에 대한 수업을 받는다.

21세가 되면 기사 임명식을 통해 독립된 기사가 된다. 이 시기에는 기사도의 종교적인 면이 중시되었다. 기사 가문의 여인들에게도 기사의 존경에 상응하는 부덕의 함양이 요구되는 예의범절, 가사 일반 이외에 학예의 수업이 이루어졌다.

◉ 시민학교

십자군 원정 결과 상업이 발달하고 도시 경제가 성장하게 되면서 이탈리아를 중심으로 도시가 발달하게 되었고 시민사회의 성립과 신흥시민 계급이 형성되었다. 이들은 자신들에게 필요한 세속적이고 현실적인 교육을 요구하게 되었으며 이에 부응하여 학교가 설립되었다. 상류층과 부유층 자제들에게 보통교육을 실시하는 라틴어 학교가 설립되었다. 라틴어 학교에는 상류층의 자제들에게 지도자의 자질을 가르쳤는데 의원학교와 공중학교들도 여기에 속했다. 또한 직업에 필요한 교육을 하는 조합학교가 세워졌는데 이 학교에는 세속적인 성격과 보통교육의 성격을 지니고 실무교육을 위한 직업 준비학교와 읽기 쓰기 학교가 속했다.

길드조직과 시정부가 제휴함에 따라 학교는 시민학교가 되었다. 수업 운영형식은 교회 부속학교와 같았으나 시 의회가 교사를 채용하고 독자적 감독기관과 학칙을 갖고 있었다. 중세의 시민학교는 공공단체의 지원과 통제를 받으며 아동들에게 보통교육을 실시하였다.

3) 대학

1,200년에서 1,500년 사이의 교육에서 가장 중요한 현상은 대학의 성립이었다. 아리스토텔레스의 철학과 사라센 문화권의 지식[37]이 서구 정신생활의 발전을 촉진시켰다. 이는 유럽인들의 시야를 넓히면서 서구의 지적 각성을 가져오게 했다. 아벨라르의 사변적인 철학과 신학,

37) 기독교 이단들과 유대인들에 의해 이슬람교도들의 도서관과 학교에 전해졌던 아리스토텔레스, 에우클레이데스, 프톨레마이오스, 히포크라테스, 갈레노스 등의 저작들이 회항하여 서양 기독교 세계에 돌아왔다.

볼로냐의 이르넬리우스에 의한 로마법 그리고 그라티아누스에 의한 교회법이 발달하게 되었다. 특히 11세기 이래 각지에 형성된 도시에서는 지적 해방을 원하는 분위기가 팽창하게 되었다. 기존 학교들이 급격히 성장하는 사람들의 인식 욕구를 충족시키지 못하면서 학문 연구를 위한 동료 집단의 형성과 거대한 지식인 · 학자 단체가 형성되었다. 각지에서 모여든 이들은 대학도시를 만들게 되었다. 이탈리아에서는 볼로냐, 살레르노, 로마 등, 알프스 이북에서는 파리, 샤르트르, 란스란 등 주로 사교좌 도시가 대학도시가 되었다.

대학은 스스로 성장하여 점차 확고한 형태로 발전하였다. 라틴어 '우니베르시타스(universitas)'는 학문을 연구하는 교수와 학생들의 조합을 나타내는 말이며, 교육기관 자체는 '슈투디움 게네랄레(studium generale; 보편적인 배움터)'라고 하였다. 13세기 후반에 경건하고 자비심이 많은 사람들이 가난한 학생들을 돕기 위해 기숙사(college: 오늘날 단과대학)를 설립하여 가난한 학생을 위해 무료 또는 싼 값으로 숙식을 제공하고 학생의 학습을 도왔다.

중세 대학은 학문 연구의 자율성과 권위, 자치권 등에 관한 특권을 누렸다. 즉, 수업, 시험, 학위부여 등의 수여권과 대학 구성원 전체에 대한 법과 행정권이 부여되면서 교회나 국가의 사법권 밖에 있었다.

수업과 시험의 관점에서 볼 때, 하급 학부에서는 학문의 일반을 배우는 문예학부로 1년 반에서 2년 과정을 거쳐 시험을 통해 '학사(baccalarius)'가 된다. 약 25%의 학생만이 학사학위를 얻었다. 학사 중 비교적 적은 수의 학생들이 석사 자격을 얻게 된다. 상급학부에는 신학부, 법학부(때때로 교회법과 세속법을 구분) 그리고 의학부가 있다. 석사(magister)의 자격을 얻은 사람은 문예학부에서 2년을 가르칠 의무가 있었다. 그 후 박사(doctor)는 상급학부에서 가르칠 권리를 부여 받았다.

대학의 수업은 강의, 반복연습과 토론으로 이루어졌으며, 독서와 연구보다는 논리와 기억력이 중심이 되었다. 강의는 교수가 교재를 천천히 읽고 학생들은 그것을 받아 적는 과정과 교수가 해석과 주석을 붙이는 과정으로 이루어졌다.

교사는 결혼 하지 않는 것을 원칙으로 하였다. 교사와 학생들은 대부분 공동 합숙소나 학생 기숙사에 거주하였으며, 수도원적인 훈육 속에서 성직자들의 생활 방식에 따라 생활하였다.

3. 교육사상가

1) 아우구스티누스(Aurelius Augustinus, 354~430)

(1) 생애와 업적

아우구스티누스는 로마의 자치 도시였던 북아프리카의 누미디아의 타가스데(Thahaste)에서 아버지 파트리키우스와 어머니 모니카 사이의 장남으로 태어났다. 아버지는 이교도이며 로마의 하급관리였고 기독교인이었던 어머니는 성품이 부드럽고 온순하며 총명하고 인내심이 있는 사람이었다. 아우구스티누스는 아버지보다 어머니에게서 인격 형성에 결정적인 영향을 받았다.

어린 시절 그는 어머니에게서 종교교육을 받았지만 당시 관습에 따라 세례를 받지 않았다.[38] 그는 타가스데에서 초등교육을 받고(리틴어

38) 당시 세례 후에 죄를 지으면 지옥에 떨어지리라는 두려움 때문에 성인이 되어 기독교를 따르겠다는 결심이 서거나 죽음을 앞두고 회개하는 마음으로 세례를 받는 것

와 초보적인 산수), 11~12세 때 마다우라의 문법학교에서 언어교육과 전통적인 라틴 문학작품을 접하게 되었다. 아버지는 아들이 자신보다 높은 관리가 되길 원했기 때문에 16세 때 3년간 카르타고에서 수사학을 공부할 수 있도록 하였다. 신기한 문물과 유혹이 넘치는 카르타고는 그에게 공부보다는 여성에 더 관심을 갖게 했다. 그 결과 그는 어린 나이에 아들(아데오다투스)을 갖게 되었고, 아버지로서의 책임감을 느껴 공부에 몰두하기 시작했다.

19세 때 수사학을 공부하면서 키케로의 작품 『호르텐시우스』(Hortensius)를 읽고 철학에 눈을 떴으며, 세계에 대한 이해와 인식태도에 큰 변화를 가져오게 되었다. 그러나 철학에 관심을 보일수록 몇 가지 문제에 사로잡히게 되었다. 왜 신이 있는 세계와 인생에 신에게 적합하지 않은 일들이 존재하는가, 왜 행복을 추구하는 인간에게 부당한 불행이 닥치는가 등이었다.

이러한 철학적 물음에 만족을 준 것이 마니교[39]였다. 세계 안의 악뿐 아니라 자신 안에 있는 악으로 기울어지는 경향을 고민하던 아우구스티누스는 마니교에서 이를 해명할 수 있는 근거를 찾았다. 이 세상에는 선한 신과 악한 신이 끊임없이 싸우고 있는데, 선한 신이 승리하면 정의와 평화가, 악한 신이 더 큰 힘을 얻으면 불의와 전쟁과 폭력이 난무한다고 하였다. 이 세상은 빛과 어둠, 선과 악, 영체와 물체로 대립된 것으로 보고 이를 실체로 파악하였다. 만약 세계가 선한 신과 악한 신의 싸움이라면, 이들의 영향력을 거스를 수 없는 이간은 자신의 행위를 책임질 필요가 없다고 생각했다.

21세 되던 374년 그의 고향인 타가스테로 돌아와 마니교 교사로 1년 넘게 문법과 라틴 문학을 가르쳤다. 그러나 친구의 죽음으로 카르타고

이 일반적이었다.

39) 마니교는 불교, 배화교(조로아스터교), 기독교 등에서 발견되는 요인들을 혼합하여 극단적인 이원론을 발전시켰다. 마니의 고향인 바빌로니아를 중심으로 페르시아에 전파되었고 3세기 중엽부터 이집트에서 북아프리카 등으로 퍼져나갔다.

로 돌아가 공부에 몰두하였고, 공부를 마친 후 수사학 학교를 세워 약 7년간 학생들을 가르쳤다. 이 시기에 마니교에 대한 회의와 함께 철학자들의 사상이 더 융통성 있고 논리적이라고 생각하게 되었다.

아우구스티누스는 친구의 초청으로 로마를 거쳐 384년 밀라노에서 수사학을 가르치게 되었다. 밀라노의 황실 수사학 학교 교수로 있으면서 그의 사상에 결정적인 영향을 준 두 가지를 만나게 된다. 첫째, 플로티누스(Plotinus, 204~270)의 『엔네나데스』(Enneades)를 비롯한 신플라톤주의[40] 저서를 접하면서 지금까지의 철학적 문제들을 새롭게 해결할 수 있었다. 감각 세계 너머에 진리의 영원한 정신적 영역이 있으며, 이는 인간 정신의 대상이자 인간이 추구해야 할 목표라고 확신했다. 이제 악은 더 이상 본질적이고 존재 규정적인 요인이 아니라 존재를 파괴하는 것으로 이해했다. 신은 원초적 원리로서 모든 만물을 형성하고 지배하는 법칙이며, 악은 이러한 원천에서 멀어진 상태로 보았다. 둘째, 밀라노의 주교였던 암부로시우스(Ambrosius, 339?~397)를 만나면서 성경에 대한 편견을 버렸다. 그 결과 신플라톤주의에서 찾은 영원한 진리를 기독교의 신과 동일시하게 되었다.

386년 늦여름 친구들과 성경을 읽으며 토론해 보았지만 갈등을 해결하지 못한 채 무화과나무 아래서 울음을 터뜨리고 있었다. 그 때 아이들이 <집어라, 읽어라>라는 노래를 듣고 가까이 있던 성경을 펼쳐 로마서 13장 12~14절을 읽었다. 이 구절을 읽으면서 회개하라는 하나님의 명령으로 느끼고 회심하게 되었다. 그는 수사학 교수직을 그만두고

---

40) 신플라톤주의는 플라톤의 전통에 입각하여 2~6세기 유럽에서 흥성했던 그리스 철학의 일파로 플로티누스, 포르피리오스, 프로클로스 등에 의해 발전되었다. 이들은 만물의 근원인 일자(一者; 존재자, 선)에서 정신, 세계혼을 비롯한 모든 실재가 계층적으로 유출(流出)하여 세계가 구성되었다고 생각한다. 보다 낮은 계층은 높은 것을 모방하며 그것보다 복잡하고 불완전하다. 또 만물은 관조(觀照)를 통해 근원인 일자로 돌아가려고 애쓴다. 신플라톤주의는 인간도 일자와의 직접적인 합일에 도달하기를 열망해야 한다고 주장한다.

평생 독신으로 살며 수도생활을 하기로 결심했다. 회심한 후 아우구스티누스는 암부로시우스 주교에게 세례를 받고, 그의 고향에서 토론과 명상생활을 위한 일종의 수도 공동체를 만들었다. 그 후 새로운 공동체를 세우기 위해 391년 지중해 연안의 항구 도시인 히포를 방문했다. 그곳에서 발레시우스 주교에 의해 사제 서품을 받고 교구 사제로 활동하였고, 발레시우스가 사망하자 히포의 주교가 되었다. 주교가 된 후 철학적인 작품들보다는 신학적인 색채를 더 강하게 보여주었다. 주요 저작으로는 400년경에 완성된 『고백록(Confessiones)』에서 자신의 인생을 돌아보며 참회와 신에 대한 찬양을 바치고 있다. 약 400~416년에 쓰인 『삼위일체론(De Trinitate)』에서는 인식, 자각, 기억, 사랑 등을 날카롭게 분석하며 기독교의 핵심교리를 해설하고 있다.

후반기의 주 저서라고 할 수 있는 『신국론(De civitate Dei)』은 410년 서고트족이 로마를 함락하면서 로마 중심의 세계가 질서가 무너지는 것을 보고 자극을 받아 집필한 것이다. 413년에서 426년에 완성된 이 책은 인류 역사를 일관하는 신의 섭리를 인정하고 그 입장에서 창조 이후의 인류 역사를 해석함으로서 인류의 역사를 구원사로 해석하였던 것이다. 게르만 민족의 침입으로 혼란한 시기였던 430년 8월 28일 눈을 감았다.

(2) 교육사상

가. 인간 이해

아우구스티누스는 『질서론 (De ordine)』에서 "인간은 이성적이고 동시에 죽음의 존재"로 정의 내린다(김창환, 1996: 223~225 재인용). "이성적인 존재로서 인간은 동물과 구별된다. 그리고 죽음의 존재로서 인간은 신과 구별된다. 인간이 이성적 존재라는 특성을 포기할 때, 그는 동물이 되어 버린다. 동시에 인간이 죽음의 존재로부터 벗어나려고 노력하지 않으면, 그는 신적인 상태에 도달할 수 없다."(위의 책, 223 재인용) 인간은 신과 동물 사이에 놓인 존재로 신적 특성인 이성을 가진 동시에 동물처럼 죽을 수밖에 없다. 이성은 불멸의 영혼을 전제로 하고 죽음은 육체를 전제로 한다. 인간의 육체는 영혼의 노예이고 도구이며 인간 영혼의 주인은 신이다.

인간의 영혼은 정신세계에 속한 것으로 영원한 세계에 속한다. 반면 육체는 물질세계에 속한 것으로 인간의 탐욕과 욕정 등 동물적 감각세계로 인도한다. 따라서 인간은 육체적 상태를 벗어나 영적이고 이성적 존재가 되도록 노력해야 한다. 이는 교육을 통해 이루어질 수 있다.

나. 교육의 목적

인간은 누구나 행복한 삶을 추구한다. 그렇다면 행복한 삶이란 무엇이며, 어떻게 가능할까? 일반적으로 자신이 원하는 대로 사는 사람은 행복하다고들 말한다. 그러나 이것은 옳지 않다. 원하는 것을 가졌더라도 시간이 지나면서 지금 가지고 있는 것을 잃게 된다면 또다시 불행해질 것이다. 자신의 의사와 상관없이 빼앗길 수 있는 것은 행복한 것이 아니다. 부와 명예는 자신의 의사와 상관없이 잃어버릴 수 있는 것이므로 안심하고 향유할 수 없다. 행복을 위해 소유하려는 대상은 영속적이며 다른 사람이 빼앗을 수 없는 것이어야 한다. 오직 '신'만이 다른 모든 것에서 독립된 영원한 존재이기 때문에 변하지 않고, 만물의 창조자이자 모든 생명의 근원이므로 인간과도 필연적 관계이다. 그러므로 신을 소유할 때 영속적인 행복이 가능하다. 행복해지려면 참 진리이신 신을 소유해야 한다. 이것이 삶의 목적이며 동시에 교육의 목적이다.

다. 교사론

신을 소유한다는 것은 무엇인가? 신을 소유한다는 것은 신에 대한 지식을 가지는 것이 아니라 사랑으로 신과 일치하는 것이다. 즉 진리 자체인 신을 사랑하고 그와 일치하려고 노력하면 신의 은총으로 신을 소유하게 되는 것이다.41)

그러나 유한하고 변화하는 인간 정신이 어떻게 영원한 진리에 도달할 수 있을까? 진리는 항상 필연적이고 영원해야 하는데 우리가 감각으로 경험하는 것은 그렇지 못하다. 즉 밖에서는 확실한 진리에 도달하지 못한다. 따라서 우리의 눈을 진리가 머무는 내면으로 돌려야 한다. 아우구스티누스는 진리와 지식이 이미 신의 계시를 통해 인간 내면에 있다고 보았기 때문이다. 이런 의미에서 인간 교사는 학습자가 자신의 내면에 있는 진리를 찾도록 안내하고 자극하고 기억해 낼 수 있도록 돕는 역할을 해야 한다.42)

사람들 각자의 마음이 인식하는 여러 '진리들'은 모든 진리의 근원이 되는 '진리 자체'의 빛을 받아 우리에게 드러난다. 즉 불변하는 이성적 인식 대상을 파악하기 위해 신적인 빛의 조명이 필요하다. 이 진리 자

41) 어떤 사물이든 안심하고 향유하는 사물이 아니면 인간 영혼은 이를 자유롭게 향유하는 것이 결코 아니다. 그런데 자기 의사에 반하여 상실할 수 있는 선(善)들에 관한 한 아무도 안심하지 못한다. 진리와 지혜는 자기 의사에 반하여 상실되지 않는다. 누구든지 공간상으로 진리에서 격리될 수 없으며, 진리와 지혜에서 분리되는 것 자체가 곧 비뚤어진 의지, 열등한 사물들을 사랑하는 의미 한다: 아우구스티누스, 자유의지론 11권.

42) 플라톤은 '상기'라는 개념을 사용하였다. 즉 우리의 영혼은 육체라는 감옥에 갇히기 이전에 영원한 진리의 세계인 이데아계에 존재했기 때문에, 이를 다시 상기해내기만 하면 영원한 진리인 이데아를 인식할 수 있다는 것이다. 그러나 영혼의 윤회를 믿지 않는 아우구스티누스는 상기 대신 '기억'이라는 단어를 사용한다. 기억은 플라톤처럼 과거와 관련된 것이 아니라 현재 내면에 있는 것에 정신을 집중하는 것이다. 의식을 내면으로 집중시키면 그 기억의 신비한 창고에서 확실한 진리를 만날 수 있다는 것이다.

체가 바로 '내적 교사'이다. 내적 교사는 결국 신을 의미하고 그중에서 신의 지혜이고, 진리이며 로고스인 그리스도를 의미한다. 서로 다른 사람들이 같은 진리를 인식하고 그것을 서로에게 말로 전달하여 확인할 수 있는 가능성은 같은 교사에게서 나온다. 우리 인간은 이 유일하고 같은 교사를 가짐으로써 학문의 영역 등에서 진리를 공유할 수 있게 된다.

라. 교육내용 및 방법

인간의 정신적-영적인 성장과정은 두 통로를 통해 가능하다. 인간의 정신은 윤리적 도야가 필요하며, 인간의 눈을 통해 지적 도야를 하는 학문적 연구가 필요하다.

아우구스티누스에게 있어 윤리란 사물들의 가치에 대한 학문적 지식이 아니라 질서를 이해하는 철학적 지혜와 이에 따라 올바로 사랑하고자 하는 의지이다. 진리를 조명했던 내적 교사는 지적 조명뿐 아니라 도덕적인 면도 조명하게 되는데, 특히 신이 인간에게 부여한 양심을 통해 이루어진다.[43]

아우구스티누스는 윤리의 핵심을 사랑[44]이라고 하였다. "선한 것을 아는 사람이 선한 사람이 아니라, 선한 것을 사랑하는 사람이 선한 사람이다"(신국론 11권)라고 했듯이 행위자가 사랑이라는 이름 아래 행하는 모든 행위가 윤리적인 것은 아니다.

---

43) 아우구스티누스를 많은 학자들이 주의주의의 대표 사상가로 본다. 주의주의는 의지가 지성보다 우위에 있다고 보는 것이다. 인간의 의지는 지성에 따라 결정되는 것이 아니고 그것을 결정하는 이유가 없어도 자유롭게 발동한다고 주장한 둔스 스코투스를 통해 주의주의가 발전했다. 쇼펜하우어 사상과 실용주의 등에도 이러한 성격이 강하게 나타났다.

44) 사물을 사랑하는 태도에는 두 가지 방식이 있다. 하나는 그 사물 자체를 사랑하는 '향유'이며, 다른 하나는 목적을 위한 수단으로서 사물을 사랑하는 '사용'이 있다.

인간의 사랑을 결정하는 기준이 되는 '가치의 질서'는 '존재의 질서'를 따라야 한다. 하위에 있는 것은 보다 상위에 있는 것에 도달하기 위한 수단으로 사용하고, 상위에 있는 것은 향유해야 한다. 인간의 행위가 따라야 할 존재의 질서에서 가장 상위이자 인간 행위의 최고 목적은 신이다. 신이야말로 절대적으로 향유해야 하는 대상이다. 이런 의미에서 인간은 하위 단계에 있는 것, 즉 가정에서 가족과의 관계에서, 매일 삶 속에서, 다른 사람과의 관계에서 자기 절제와 자기교육이 필요하다.

또한 상위 단계에서의 도덕성이 하나님만을 추종하는 절제와 하나님을 위해 모든 것을 참는 강인성, 하나님만을 섬기는 것을 기초로 다른 사물을 바르게 관리하는 청지기로서의 훈련 그리고 신에게 나아가도록 돕는 것과 방해하는 것들을 구분하는 지혜를 추구해야 한다(김창환, 228 재인용). 이것을 한 마디로 축약하면 하나님의 사랑이다.

두 번째, 신을 향유하기 위해 인간의 눈은 지적 도야가 필요하다. 특히 신의 계시가 담긴 성경을 이해하기 위해서는 각 분야의 지식이 필요하다. 이성은 영혼의 행위로서 진리인 신을 인식하는 통로이다. 좋은 학문을 통하여 이성의 훈련이 필요하다. 아우구스티누스는 7자유교과(septem artes liberales)인 문법, 수사학, 변증법, 음악, 산술, 기하, 철학이 신을 인식하는 적합한 수단이라고 생각했다. 예를 들어 언어의 구조와 사용법에 관한 지식, 사용된 용어들을 이해하고 인식하기 위한 라틴어, 그리스어, 히브리어를 익히는 문법적 지식은 성경을 이해하는데 가장 기본적인 학문이었다.

기독교 설교자를 위한 교육은 학교의 세속적 교육내용 중에서 자신의 목적에 적합한 것은 모두 활용해야 하며, 문법과 수사학 교육을 위해 그 자료를 고전에서뿐 아니라 성경과 기독교 관련서적을 이용해야 한다고 주장했다.

결론적으로 아우구스티누스는 그리스의 철학과 기독교 사상을 융합시키는데 적극적이었으며 13세기 들어 아리스토텔레스의 사상과 융합되기 전까지 거의 천년에 걸쳐 서구 사상사를 규정하는 공통 유산으로 자리를 지켰다.

2) 아퀴나스(Tomas von Aquin, 1225~1274)

(1) 생애와 업적

토마스 아퀴나스는 1225년경 이탈리아의 남부 아퀴노 근처의 로카세카에서 귀족의 아들로 태어났다. 다섯 살이 되던 1230년에 그의 부모는 근처의 베네딕투스회 소속인 몬테카지노 수도원 학교로 보내 초등교육을 받게 하였다. 14세에 인근에 있는 나폴리 대학에 입학했다. 나폴리 대학은 신성로마제국 황제가 교황의 권위에 대항하기 위해 세운 서양 최초의 국립대학으로 많은 대학에서 금지해 왔던 아리스토텔레스 철학을 가르쳤다. 여기서 그는 아리스토텔레스 철학과의 만남뿐 아니라, 당시 나폴리에서 활동하고 있던 새로운 탁발 수도회인 도미니쿠스 수도회를 알게 되었다. 도미니쿠스 수도회의 청빈한 생활, 성서의 가르침과 실천 중시, 복음 선포에 대한 열정 등에 감명을 받아 이 수도회에 입회하려 했다. 아퀴나스는 이 수도회의 뜻에 따라 당시 신학의 중심지인 파리 대학으로 가던 중, 이에 반대하던 가족들에 의해 납치되어 감금되었다. 그럼에도 불구하고 뜻을 굽히지 않자, 가족들은 아퀴나스가 도미니쿠스 수도회에 입회하는 것을 묵인했다.

1245년 가을에 파리 대학에서 위대한 스승인 알베르투스 마그누스(Albertus Magnus, 1193~1280)를 알게 되었고, 그를 통해 신플라톤주의를 알게 되었고 아리스토텔레스에 대한 방대한 지식도 쌓는다.

1252년 파리 대학의 규정보다 젊은 나이에 강의를 시작했고, 1256년 파리 대학교 신학부 교수로 초빙되었지만 교단들 사이의 알력으로 교수단의 반대에 부딪혔다. 그러나 1257년 프란체스코 수도회의 보나벤투라(Bonaventura, 1221~1274)와 함께 교수단에 들어갔다. 1259년에 이달리아로 파견되어 9년 동안 여러 교황청 소속 학원과 수도원에서 강의했고, 1269년부터 1272년까지 다시 파리 대학에서 강의했다. 이 시기에 그의 학문 활동은 절정에 이르게 된다.

1256년 로마의 산타사비나에 설립된 수도원 학교를 운영하고 강의하면서 저작활동을 했는데, 이 때 『신학대전』을 집필하기 시작했다. 『신학대전』 2부는 1268년 다시 파리 대학교에 돌아와서 쓰게 되었다. 1272년 봄에 파리 교수직을 떠나 이탈리아에 머물면서 수도회와 대학에서 강의를 하다가 건강의 악화로 1273년 12월 6일 모든 활동을 중단했다.

그는 교황의 초청으로 리옹에서 열리는 제14차 공의회[45]에 가던 도중 포사노바(Fossanova)에 있는 시토회 수도원에서 1274년 3월 7일 서거했다. 아퀴나스는 1323년 성인으로 선포되었으며, 1879년 그의 사상이 가톨릭교회의 공식 학설로 인정되었다.

아퀴나스는 방대한 양의 저작을 남겼다. 대전류로는 『신학대전(Summa theologiae, 1265~1273)』[46]과 철학대전이라 불리는 『반이교도대전(Summa contra gentiles, 1259~1264)』가 있다. 주석서로는 아리스토텔레스

---

45) 제 14차 리옹 공의회는 교황 그레고리우스 10세가 동방교회와의 재 일치, 성지 해방, 도덕 개혁을 위해 소집한 최고회의였다. 500여 명의 주교, 60여 명의 대수도원장, 1000여 명의 고위 성직자가 참석했다.

46) 신학대전은 크게 3부로 이루어져 있는데, 그 구조는 일반적으로 발원과 귀환의 도식으로 파악될 수 있다. 제 1부는 신을 원천으로 창조되는 만물의 발원과정(신론)이고, 제 2부는 신을 목적으로 되돌아가는 귀환과정이다(인간론, 행위론, 윤리학). 제 3부는 신에게로 귀환하는 기독교적 모범으로 인정된 그리스도가 보여준 구체적인 길(기독론, 교회론, 성례론)이다.

의 『물리학』, 『형이상학』, 『정치학』, 『니코마코스 윤리학』 등과 욥기, 요한복음, 바울 서신에 대한 주석서 등이 있다. 다양한 토론을 정리한 29개의 토론 문제집(Quaestiones Disputate)이 있는데, 그 중에서 『진리론(De veritate 1254-1256)』, 『신의 권능론(De potentias Dei, 1256~1260)』, 『영혼론(De anima, 1266)』, 『악론(De malo, 1269)』이 유명하다(김명신, 1996; 253).

(2) 학문의 이해

교부철학 시기부터 아우구스티누스를 거치면서 철학은 기독교 진리에 얼마나 가까이 다가오느냐에 따라 철학의 좋고 나쁨을 결정했다. 기독교만이 참된 철학의 자리를 독차지 하고 있었다. 13세기가 되면서 신학이 학문인가하는 질문이 대두되기 시작했다.

아퀴나스는 철학과 신학을 구분하면서 동시에 밀접한 관련성을 강조하였다. 아퀴나스는 신이 내린 은총의 빛과 인간 본성이 가진 이성의 빛을 구분하여 양자에게 고유한 권한을 갖게 하였다. 그러나 신학 안에서 완성하는 방향으로 이끌고자 했다.

당시 신의 창조물인 인간을 중요시하지 않던 입장과는 달리, 아퀴나스는 신의 전능한 능력과 인간의 고유한 능력 사이의 적극적인 긴장관계를 주장하였다. 진리에는 이성의 힘만으로 파악되고 탐구될 수 있는 종류의 이성적 진리와, 인간의 이성을 넘어가기 때문에 신의 계시를 통하여 전달되는 계시된 진리가 있다. 그러나 이 두 진리는 서로 다른 진리가 아니다. 기독교의 계시와 철학적 진리는 서로 보완적일 뿐이다.

이성과 철학은 신의 계시에 의해 설명될 수 없는 부분을 담당해야 한다. 왜냐하면 신앙의 내용들은 이성을 초월할 수는 있지만 이성에 어긋나지는 않기 때문이다. 이성은 목적에 맞는 질서를 스스로 부여하는 능력을 가지고 있고 개념들을 사용하여 감각적인 세계를 파악할 수 있다. 즉 이성이 세계의 질서를 파악하고 이해할 수 있는 능력이 있다고 보는 주지주의(Intellectualism)의 입장이다.

아퀴나스가 구분한 신학과 철학에 대해 도표로 살펴보면 다음과 같다(박승찬, 2006: 138).

	철학과 기타 인문과학영역	신학영역
원리의 근거	이성의 (자연적) 빛에 의존하므로 인간의 이성으로 알게 된 원리들을 사용. (물론 신의 자연적인 협력을 따르지만) 인간이 추리한 성과로 결론을 내린다.	은총의 빛에 의존한다. 신학자는 이성을 확실히 사용하기는 하지만 그 원리들을 계시를 통한 권위나 신앙에 의해 받아들인다.
고유한 탐구대상	신의 존재와 세계 창조 및 세계 내의 모든 법칙과 사실은, 철학의 대상으로 이성의 빛으로 충분히 탐구할 수 있다.	기독교 신앙이 안고 있는 본래의 신비, 즉 삼위일체설, 성육신, 부활, 최후의 심판 같은 초자연적 진리는 철학적 연구 영역에 속할 수 없는 문제이므로 은총의 빛에 의해서만 계시될 것으로 본다.
고찰방식의 차이	철학자는 피조물에게서 신으로 올라가는 방식으로 논증해야 한다.	신학자는 우선 신이 자신을 계시하여 보여준 신의 관념에서 시작하므로, 신학에서 자연적인 방법은 신 자신에게서 피조물로 진행하는 것이다.

(3) 교육사상

아퀴나스는 교육이라는 제목으로 글을 쓰지 않았다. 그러나 진리와 지식의 특징과 범위, 그리고 어떻게 하면 진리와 지식을 얻을 수 있는지에 대한 글을 통해 교육사상을 유추해 볼 수 있다.

가. 인간의 정신과 육체

아퀴나스에게는 육체나 물질세계가 영혼[47]과 대립되는 것이 아니라 육체는 영혼과 분리될 수 없는 것이다. 그는 아리스토텔레스의 형상과 질료 개념을 수용하여 인간을 영혼과 육체가 결합된 존재로 이해한다.

존재자(ens)는 물질(res)을 갖고 있으며, 인간은 이 둘의 결합에 의해 통일성을 갖춘 사람이 된다. 본성적으로 영혼은 육체의 형상이기 때문에 육체와 분리된 영혼은 본성을 거스르는 것이 된다. 인간의 영혼은 사고력을 가지고 있으나 생득관념을 가지고 있지 않으므로 감각 경험에 의해 그 관념을 형성하지 않으면 안 된다. 이런 의미에서 인간은 정신적이며 동시에 감각적 존재이다.

육체는 영혼을 가두어 두는 무덤이 아니라 오히려 영혼이 표현된 것이다. 육체는 선의 원천이며 영혼의 구원을 위해 주어져 있는 것이다. 인간 정신은 육체를 통하는 과정을 거쳐 인간이 진리를 발견하고 선을 사랑할 수 있도록 구성되어 있다.

육체와 영혼의 통일체로서의 인간관은 교육적으로 중요한 의미가 있다. 인간은 먼저 감각적인 경험을 통해 사물을 알게 된다. 그러나 감각

47) 아퀴나스는 모든 생명체가 영혼을 가지고 있으나, 식물은 식물적 영혼, 동물은 감각적 영혼 그리고 인간은 지성적인 영혼을 가진다고 보았다. 그러나 이들은 영혼의 위계질서에 의해 볼 때 지성적 영혼이 가장 높아 하급 영혼의 모든 기능을 수행할 능력을 지니게 된다.

적인 경험만으로는 본질을 파악할 수 없다. 어떤 것의 본질을 인식하기 위하여 지적 지식과 추상적 지식이 필요하다. 지적 지식과 추상적 지식은 감각적 경험에서 생긴 모든 것을 그 구체적 조건들로부터 '추상'하여 비물질적으로 인식한다. 즉 본질인식이란 물질적이고 가변적인 것들을 무시하고 항구적이고 형상적인 관념들만 포착하는 추상에 의해 이루어진다(김명신, 1996; 266).

아퀴나스는 감각적 경험을 중요하게 생각했다. 즉 감각적인 경험이 정신적이고 추상적인 개념보다 뒤떨어지는 것으로 보지 않았다. 모든 지적 인식은 어떤 방식으로든 감각적 인식에서 시작된다고 보았기 때문이다. 이런 의미에서 교육은 감각적이며 경험적인 지식을 지적이며 보편적인 지식으로 개념화시키는 과정을 의미한다(강희천, 1992; 136).

감각적 경험으로 신이 있다는 것을 다음과 같은 다섯 가지 사실을 통해 설명할 수 있다(박해용, 2002; 105).

첫째, 세계의 변화와 운동은 최초의 운동자를 필요로 한다. 즉 신의 존재를 필요로 한다. 둘째, 모든 결과에는 원인이 있다. 최초의 원인이 신이다. 셋째, 세상은 우연적인 것과 필연적인 것으로 되어 있다. 필연적인 존재가 신이다. 넷째, 무엇을 평가하기 위해서는 완벽한 기준이 필요하다. 가장 완벽한 존재가 신이다. 다섯째, 세상은 목적을 향해 나아간다. 이 목적을 결정한 최초의 존재가 신이다.

나. 교육목적과 내용

인간의 최종 목적이자 교육목적은 '행복'이다. 인간에게 진정한 행복을 주는 것은 재물이나 감각적 쾌락, 권력, 철학적 사변이나 그 어떠한 피조물에게서도 발견할 수 없다. 진정한 행복은 우주의 근거이며 스스로가 최고의 무한한 선인 신의 본질을 직관함으로써 이루어진다.

교육의 궁극적인 목적은 인간이 구원에 이르도록 신에게 봉사하는 것이다. 그러나 그 방법론에 있어서 지성의 실천적 가치를 인정하면서 사색적, 이론적, 관조적 정신활동을 가장 존중하였다.

아퀴나스는 교육과정에 대한 설명을 하지는 않았으나 당시 널리 수용된 형이상학적 원칙과 인식론적 원리에 입각하여 학문을 구분하였다(강희천, 1992: 137). 문법, 수사학, 논리학으로 구성되는 3학과 산술, 기하학, 천문학, 음악으로 구성되는 4학문을 교양과목으로 적합하다고 보았다. 이들 일곱 과목은 학문 자체를 연구하기 전에 필요한 학문적 사고 훈련의 통로로 적합하기 때문이다. 그 후에 철학이나 형이상학을 배워야 한다. 왜냐하면 지적 지식이 감각적 지식에 근거하기 때문이다. 즉 우주나 신의 존재와 같은 순수 형상을 생각하는 추상적인 형이상학의 세계에 관해 알기 위해 먼저 질료의 세계에 대한 경험적이며 구체적인 지식이 선행되어야 하기 때문이다.

다. 교육방법

아퀴나스는 지식을 획득 방법으로 발견과 교수를 통한 학습 두 가지를 설명한다. 모든 사물의 원리는 인간의 지성 속에 분명하지 않은 상태로 있다가(가능태) 개별적이고 분명한 인식상태로 이행되어 명확한 인식으로 나아가는(현실태)는 과정을 거친다. 이때 인간의 천부적인 이성의 작용을 통해 외부의 도움 없이 진리를 습득하는 발견과, 외부에서 교사가 자극과 원조를 함으로 진리를 획득하는 학습방법이 있다.

아퀴나스는 발견에 의해 스스로 배우는 것이 학습자의 본성이며, 교사는 이러한 본성에 근거하여 학습자에게 새로운 내용을 가르치기 보다는 학습자가 이미 알고 있는 것을 기초로 천부적인 이성의 활동을 통해 새로운 지식을 발견하도록 도와야 한다고 하였다.

chapter

03

르네상스와 종교개혁기의 교육

1. 시대적 배경

르네상스를 흔히 예술과 학문 그리고 교육에 있어 고대시대로의 복귀와 교회의 분열로 특징짓는다. 그러나 이러한 특징은 거대한 변화들 중 특정한 증후에 불과하다. 르네상스 시대는 갑자기 등장한 것이 아니라 중세적 삶 자체에서 성장하여 나왔으며 그것에 뿌리를 두고 있음을 볼 수 있다.

14~16세기로 정리되는 르네상스(Renaissance) 즉 '문예부흥' 시기에는 내용면에 있어 어떤 시기보다 질과 양적으로 큰 변화를 가져왔다. 즉 이 시기에는 이전까지 금지된 것들이 억압에서 풀려나고, 죄악시 되었던 많은 것들이 인간적인 것으로 평가받기 시작하였다.

중세기는 기독교 신앙이 모든 사회활동과 정신세계의 지표가 되면서, 신학이 모든 학문과 예술의 최고 목표였고, 사람들의 사고와 일상생활도 신앙을 위해 엄격한 통제를 받았다. 지나치게 종교적이고 도덕적인 가치관은 신을 위해 인간을 잃어버렸다. 르네상스는 잃어버린 인간을 찾자는 역사적으로 볼 때 커다란 의미를 갖는 변화이다. 이 시기의 특성은 새로운 실험정신, 인본주의 그리고 종교개혁으로 요약할 수 있다.

새로운 시대의 자연은 더 이상 알 수 없는 수수께끼도 아니고 숭배의 대상도 아니었다. 이제 자연은 계획된 실험과 목적이 있는 관찰로 이해할 대상이 되었다. 이를 충족시키기 위해 자연과학[48]적 방법을 선

---

48) 넓은 의미의 과학(science, Wissenschaft)은 학문 일반을 뜻하지만, 좁은 의미의 과학은 자연과학을 가리킨다. 과학이란 자연 및 사회적 사실들을 여러 분야로 구분하여 그 모두에 관한 실증적, 합리적인 인식 및 그 성과를 말한다. 따라서 과학은 사실

택하여 학문을 연구하게 된 것이다. 코페르니쿠스와 갈릴레이의 주장은 자연스럽게 미지의 세계에 호기심을 갖게 하고, 호기심을 풀기 위해 가설을 세우며, 이 가설을 증명하기 위해 실험을 해봄으로써 우리의 생각 자체를 다시 실험해 보게 되었다.

이러한 실험정신 중의 하나가 코페르니쿠스(Nicolaus Kopernikus: 1473~1543)의 지동설이었다. 지동설은 그 때까지의 지구 중심적 세계관을 태양계 중심의 세계관으로 바뀌면서 우주를 향한 사람들의 눈을 뜨게 하였다.

근대 자연과학의 아버지라 불리는 갈릴레오(Galilei Galileo:1564~1642)는 포물선 낙하 운동법칙을 발견하고 천체 망원경을 발명하여 목성의 위성을 발견하여 코페르니쿠스의 지동설을 외롭게 지지하면서, 케플러(Kepler:1571~1630)와 함께 자연과학에서의 양적 연구를 강조하였다.

컴퍼스의 발명은 새로운 땅을 개척하게 하였으며, 인쇄술의 발달로 사람들의 생각을 빠르게 전파할 뿐만 아니라 지식층에 국한되었던 지식과 정보의 벽을 허물고 많은 사람들에게 전달되어 대중들이 무지에서 벗어나 계몽되는 계기가 되었다.

르네상스의 중심을 이루는 정신은 인문주의(Humanism)[49]정신이다.

의 관찰로부터 시작하여 분석, 종합, 연역, 귀납, 가설, 구성, 실험 등 모든 논리적 수단을 구사하면서 사물의 구조 및 사상 간의 법칙을 파악한다. 과학적 인식은 일정한 논리적 절차를 밟으면 누구나 확인할 수 있는 객관적 지식이기도 하다. 그러나 과학의 대상인 사실 세계는 그 끝이 밝혀질 수 없는 것인 이상, 과학은 끊임없이 진보, 발전하되 완결 될 수는 없다. 따라서 한 시대의 과학적 지식은 그런 의미에서 상대적이지만, 그것은 객관적, 절대적인 것을 향해 끊임없는 접근을 계속한다.

49) 인간 존중과 인간 해방을 기조로 하는 태도나 사상을 말한다. 휴머니즘은 인간을 인간답게 하는 본성을 이성, 자유, 박애, 행복, 욕구의 조화 등에서 찾는다. 이러한 태도나 사상은 예로부터 있었지만 이러한 명칭으로 일어난 역사적인 운동은 르네상스 시기의 인문주의자들의 운동이었다. 이것은 이탈리아 상업 도시들을 중심으로 일어난 인간해방운동으로 그리스와 로마의 언어와 문학, 예술 등의 연구를 매개로 하여 교회의 권위나 신 중심의 중세적 세계관에서 탈피하여 인간적인 교훈을 획득하려고 하였으며 인간의 존엄성을 옹호하고자 한 것이다. 당시 이 운동의 담당자들

인문주의(Humanism)는 '인간주의', '인문주의', '인본주의', '인간중심주의', '인도주의' 등으로 해석될 수 있는 다의적 의미가 있다. 그러나 공통점은 '인간'이라고 할 수 있다. 인문주의는 중세의 인위적으로 만들어진 억압된 상태에서 벗어나 인간 본래의 모습을 되찾으려는 운동이며, 잘못된 전통과 자유의 억압에 대항한 사람들을 인문주의자라고 한다.

지금까지 금지되었던 것들이 억압에서 풀려나고 죄악시 되었던 것들이 오히려 인간적인 것으로 평가받기 시작하였다. 또한 지나칠 정도의 금욕이나 은둔생활에 특정한 가치를 부여했던 중세의 모습과는 달리 각 개인이 자유롭게 자신의 감정을 표현하면서 자연미를 추구하려는 행동양식을 바람직한 삶의 범주에 포함시키기에 이르렀다. 인문주의자들은 중세의 전통적 인간관을 거부하면서 인간의 본래적 가치에 관한 새로운 해석을 제시하였다. 예를 들어 이러한 사상적 변화는 그 시대의 여성관에서 잘 나타나고 있다. 중세의 여성상은 성모 마리아의 모습을 벗어나지 않았다. 즉 당시의 여성상은 희생적이고 모성적인 모습이 지나치게 강조하여, 여성으로서가 아니라 어머니로서의 존재를 요구받았다. 그러나 페트라르카(Francesco Petrarca: 1304~1374)에 이르러 여성은 육체적인 아름다움과 사랑의 경험을 삶의 조건으로 받아들이며, 보카치오(Giovanni Boccaccio: 1313~1375)에 이르러서는 여성도 본능적인 욕구와 감각적 매력을 감추지 않는 '인간'으로서의 모습을 갖게 되었다.

사회 경제적으로 무역과 상업이 확산되고 화폐경제가 급성장하면서 중세의 자연 경제를 밀어내고 자본형성과 은행제도를 발생시켰다. 경제적 변화는 정치 사회의 분야를 변화시켰다. 산업의 발달로 새로운 사회계층이 등장하면서 봉건국가가 몰락되고 신분 질서의 대표격인 기사계급이 붕괴되었다. 새로운 국가 이론과 법 이론이 필요하게 되었다.

은 부유한 도시 귀족들의 비호를 받은 학자, 문인, 예술가 등 상류층에 속하는 사람들이어서 교황청의 구속이나 제약을 크게 받지 않았다.

사람은 누구나 평등하다는 자연법사상[50]이 제시되기도 했다.

15세기에 전성기를 맞은 이탈리아의 르네상스 인문주의는 독일, 네덜란드 등 북유럽으로 전파되면서 다른 모습을 띠게 되었다. 이탈리아에서는 문학과 미술 등 예술분야에서 꽃피워 개인적인 성격을 가졌지만, 북유럽 등에서는 종교적이고 국가주의적 성격을 지니게 되었다.

2. 교육적 배경

르네상스의 인문주의는 외부적인 권위와 형식의 구속에서 벗어나 순수한 인간 그대로의 모습으로 돌아가려는 해방운동이자 교육운동이었다. 이 시기 교육의 특징은 고대 그리스 로마 인문교육의 이상을 부활시키고자 하는 것이다. 과거의 신본주의에서 인본주의로, 내세주의에서 현세주의로, 금욕주의에서 자연주의로, 권위주의에서 이성주의로, 억압주의에서 자유주의로, 교회중심에서 개인주의로 변화되었다. 이러한 인문주의 교육의 형태로는 자유교양 교육, 고전중심 교육 그리고 키케로주의 교육 등이 있다.

첫째, 르네상스 교육의 특징은 자유교양 교육이다. 사고의 자유와 창의적 활동의 자유가 없던 중세사회와는 달리, 이탈리아를 중심으로 일어난 인문주의[51]는 사고의 자유와 창의적 활동이 주목적이었다. 이를

---

50) 인간 본성에 기반을 둔 법으로서 사회의 관습, 입법 및 기타 제도에 의하지 않고 인간이나 사회의 본성에서 나온 법칙 또는 규범을 뜻하며, 이는 실정법의 이념적 근원과 기준이 된다. 이것은 스토아 학파에서 기원하고 인간의 자연을 그의 이성으로 삼고 이성이 우주적인 이성에 의거한 것으로부터 자연법은 각자에게 동일한 것으로 생각되었다.

위해 고대 그리스 로마인들의 자유교육(liberal education)의 이상을 추구하였고, 교양을 갖춘 자유인을 길러 내고자 했다. 인문교육은 키케로가 처음 사용한 '스투디아 후마니타티스(Studia Humanitatis)'에서 유래한 말로, 소년들이 인간으로서의 잠재력을 충분히 개발하기 위하여 배워야 할 교과목들의 범위를 의미하며 자유인의 교육에 필요한 7자유학과를 포함하고 있다(조경원 외, 2005: 176). 그러나 이 시기의 인문교육에서는 자연과학과 자연철학을 인간 정신에 관한 이해와 직접 관련이 없으며 교양을 함양하는데 무관하다고 보아 학과목으로 높은 비중을 두지 않았다.

둘째, 르네상스 시대에 추구했던 자유교양인을 양성하기 위한 수단으로 고전문학의 학습을 강조하였다. 인문주의자들은 그리스 로마의 작품 속에 들어 있는 고대 인간들의 업적과 사상을 받아들이고자 했다. 이 시기에는 라틴어의 원전을 중심으로 수사학과 도덕철학, 시, 역사학 등 고대의 언어와 문학에 국한된 교육을 하여 전인교육이 이루어지지 못했다.

셋째, 키케로주의(시세로주의, ciceronianism)이다. 인문주의는 고전어의 부활을 주로 하였기 때문에 언어의 수양에 특히 라틴어의 미문적(美文的) 수양에 중점을 두고 있었다. 이것이 르네상스 말기에 이르러 키케로주의[52]라고 하는 내용보다는 형식에 치중하는 언어주의가 되었다. 이러한 키케로주의는 오늘날 실제의 생활 또는 행동과 연결되지 못한 언어중심의 잘못된 학교교육의 모습으로 나타났으며, 이러한 형식

51) 이탈리아를 중심으로 전개된 인문주의를 개인적 인문주의라고 하고, 북유럽을 중심으로 전개된 인문주의를 사회적 인문주의라고 한다.

52) 로마의 위대한 문장가, 시인이며 웅변가였던 키케로의 유명한 문장을 암송하고, 교육에서도 그의 문장 구성 형식을 강조하였다. 원래 고전에 담겨져 있는 내용과 정신을 이어받고자했던 인문주의 교육이 고전의 형식에 열중한 나머지 단순히 고전 문장의 암송과 모방에 급급하게 되었다. 이러한 형식위주의 고전어 교육을 키케로주의라고 한다.

적 언어 위주의 학습경향을 언어주의라고 한다.

넷째, 개인주의적 성격을 띤다. 이 시기에 개인을 중심으로 하는 비판 정신이 싹트게 되었으며, 이성의 자율성 추구와 함께 개성적 자아의 자율성에 눈뜨게 되었다. 중세의 구속에서 벗어난 인간은 자신을 심층적으로 되돌아보는 과정에서 자신뿐 아니라 세계를 새로운 방법으로 깨닫게 되었다. 인간은 이제 자신을 완전한 자아, 즉 개별성으로 발견하였으며 세계의 중심에 서게 되었다(A. Reble, 2002: 92).

이러한 개인주의는 교육에서도 동일하게 나타났다. 인문주의자들은 중세의 엄한 훈육과 체벌 중심의 교육을 지양하고 인간의 개별성을 기초로 하여 인간의 존엄성과 가치 존중, 체벌에 대한 비난, 놀이를 통한 교육, 아동 이해능력을 고려한 교육방법 등을 제안하였다.

3. 교육사상가

1) 에라스무스(Desiderius Erasmus von Rotterdam, 1466(69)~1536)

(1) 생애와 업적

에라스무스는 성직자인 아버지와 의사의 딸인 어머니 사이에서 사생아로 1466(69)년 10월 27일 네덜란드 로테르담에서 태어났다. 형이 하나 있었으며, 수도원에서 성장하였다.

1475년에서 1484년까지 공동생활 형제단이 운영하는 더벤터(Deventer)의 성 렙빈(St. Lebvin) 문법학교에서 공부했다. 이 학교에서는 고대 및 고대 문헌에 대한 새로운 인문주의적 도야를 중시하였고, 신비적 신앙으로 도피하는 것을 경계하였다. 에라스무스는 이곳에서 고대의 사상가들을 접하고 기독교적 경건을 고대 철학과 접목하는 사고의 기초를 다졌다(양금희: 1999).

1488년에 수도사가 될 것을 결심하고 아우구스티누스파의 수도원에 입회하였고 고대 라틴의 저작들과 고대작품들의 문체 등 고대의 세계에 몰입하게 되었다. 1492년에는 사제로 서임 받았다.

1493년에 캄브라이(Cambrei)의 주교의 비서로 임명되어 새로운 인물들과 접촉하고 많은 경험을 쌓게 된다. 1495년 그는 신학을 연구하기 위해 파리의 몽테귀(Montaigu) 대학에서 공부하였으나 스콜라 철학에 반감을 갖게 되었다. 그 후 1499년 한 귀족의 초청으로 영국에 간 것을 계기로 유럽 각지를 여행하면서 당대 유명한 인문주의자인 콜레트(John Colet)와 토마스 모어(Thomas More)를 만나 친분을 맺었다. 파리에서는 1511년 전후에 4회, 영국에서는 1517년 전후에 6회 체류하였다.

1500년 그리스 라틴의 격언, 명구를 모아 주석을 한『격언집(Adagiorum Collectanea)』을 파리에서 출판하여 명성을 얻었고, 1504년에는『그리스도교의 병사(Enchiridion militis christiani)』를 출판하여 복음주의 운동을 촉구하기도 하였다. 1506년부터 3년간 이탈리아의 각지를 여행하였고, 1509년 영국의 모어 가에 체제하면서『광우신예찬(Encomium Moriae)』[53]을 써서 모어에게 증정하였고, 이것을 1511년에 파리에서 출판하여 대성공을 거두었다.

1511년부터 3년 동안 영국의 캠브리지 대학에서 그리스어와 신학을

53) 이 책은 당시 북유럽의 잘못된 상황과 어리석음을 풍자를 통해 비판한 내용을 담고 있다. 사회악을 초래하는 무지함과 더불어 지적인 교만과 어설픈 지식 또한 사회에 악영향을 미친다고 지적하고 있다.

가르쳤고, 1514년에 영국을 떠난 후 스위스에서 거주하면서 『교정 그리스어 신약성서』, 1517년 『평화의 호소』, 1518년 『대화집(Collequia familiaria)』을 출간하였다. 1521년부터 1529년까지 바젤에 장기 거주하며 연구와 저술에 전념하였고, 1524년에는 『자유의지론』을 써 종교개혁 과정 중에 휘말리게 된 루터와의 논쟁에서 루터에 대해 분명한 태도를 취했다.

에라스무스는 가정교사와 대학의 강사, 교육원장등 다양한 교육활동을 바탕으로 교육에 관한 저서를 남겼다. 『올바른 교수법에 관하여(De ratione studii ac legendi interpretandique auctores, 1514)』, 『소년들에 대한 인간관계 교육에 대하여(1526)』, 『소년들에 대한 초기 일반교육의 필연성(Declamatio de pueris statim ac liberaliter instituendis, 1529)』 등 그의 인문주의적 교육적 사고가 담겨진 저술들이 있다.

그는 유럽의 각국으로 초빙을 받으면서도 세계시민임을 자처하며 사양하였고, 구교와 신교 양측으로부터 비판을 받으면서도 자유정신을 지켰고, 기독교 복음을 재인식하는 복음주의적 입장에서 관용과 인간성을 존중하는 인문주의자였다. 1536년 7월 12일, 오랫동안 친분 관계에 있던 바젤의 출판업자 프로벤(Johannes Froben)의 집에서 세상을 떠났다.

(2) 교육사상

가. 교육목적

에라스무스는 인간의 삶의 목적을 '인간성(humanitas)'에 이르는 것이라고 하였다. Humanitas는 원래 인간성의 의미로 인도, 박애, 사랑, 인정, 자비를 의미하고 인류, 일반교양과 인문학, 그리스, 로마의 고전문학, 철학, 예술 등을 말한다. 여기서 인간성이란 인간의 존엄성에 어울릴 가치가 있는 거동이나 태도를 의미한다. 그러나 Humanitas는 천부적으로 주어지는 것이 아니라 인간이 성취해야 하는 것이다(김명신, 1996: 286).

에라스무스는 humanitas를 교육의 목적으로 삼았는데, 이 부분을 신앙에 입각한 경건성(pietas, Frömmigkeit)과 자유교양과목의 습득을 통해 형성되는 도야(eruditio, Bildung)라는 두 가지 요소로 설명한다.

첫째, 인간은 악한 본성을 가지고 있어 명예욕, 탐욕, 분노, 시기, 탐닉, 쾌락에 휩쓸리기 쉬우므로 도야가 필요하다. 인간은 선천적으로 선하지는 않으나 호의의 성향이 있다. 이러한 가능성으로 인간은 지식과 미덕을 도야해야 한다. 또한 인간은 이성을 가지고 있어 인간답게 살기 위해 교육이 필요하다. 인간이 이성적으로 살지 않으면 동물에 가깝다. 즉 명예욕, 금욕, 분노, 시기, 사치, 쾌락에 의해 움직이지 않고 이성이 제 기능을 하기 위해서는 반드시 도야되어야 한다.

둘째, 도야된 자라고 하여 인간답게 행동하리라는 확실성이 없다. 따라서 그리스도의 말씀 안에서 그리스도와의 인격적인 만남이 뒷받침되어야 한다. 이를 위해 예수의 가르침을 교육내용으로 삼아야 한다. 즉 성서의 가르침과 교부들의 고전 등을 가르침으로 새로운 사회를 건설할 수 있다고 생각했다.

이와 같이 경건성과 도야를 조화롭게 연결시켜 삶의 의무를 준비시키는 것을 인문주의 교육의 목표로 제시하였다. 에라스무스는 이를 지향하는 바람직한 인간상으로 예의(urbanity), 학식(erudition) 그리고 복음주의적 신앙(faith)이라는 세 요소를 동시에 지닌 성숙한 인간을 추구하였다.

나. 아동교육론

에라스무스는 아동에 관해 새롭게 해석하면서 조기교육을 강조하였다. '어린이'라는 말은 라틴어로 '자유로운 자'라는 의미의 말이다. 따라서 어린이에게는 자유로운 교육이 적합하다. "본래 자유로운 존재인 어린이를 교육에 의해 노예화하는 것은 사리에 어두운 짓"(팽영일, 2004: 165 재인용)이라고 하면서 아동의 자유를 보장하는 교육을 강조하였다.

아동의 자유를 존중하기 위해서는 그들의 성장 단계에 맞추어 지도해야 하며 지나친 요구를 하거나 억지로 어려운 내용을 가르쳐서는 안 된다.

"목이 가는 물병에 물을 넣을 때 한꺼번에 지나치게 많이 쏟아 부으면 물이 넘쳐 병 속으로는 물이 많이 들어가지 않는다. 그런데 한 방울 한 방울씩 조금씩 부으면 넘치지 않고 병 속에 물이 가득 차게 될 것이다. 어린이의 신체 또한 음식물을 조금씩 섭취하며 점차 그 양을 늘려가며 성장하는 것처럼 어린이의 정신도 적당한 정도의 지식이 조금씩 제공되어 점차로 그 양을 늘려가야 잘 육성될 수 있을 것이다."(팽영일, 2004: 165 재인용)

에라스무스는 아동의 성장에 영향을 주는 세 가지 기본 요소로 본성(자질)과 수업(질서) 그리고 연습(훈련)을 제시하였다(김명신, 1996: 293 이하). 본성은 개인이 타고난 자연적 소질과 성향을 포함하여 사유 및 언어능력 그리고 이들을 습득할 수 있는 가능성을 의미한다. 그러나 이러한 가능성을 소유하고 있다 하더라도 개인의 고유한 자질을 발견하여 지도하지 않는다면 안 된다. 이러한 점에서 교육자는 개인의 고유한 자질과 능력에 따른 수업을 해야 한다. 이렇게 자연적 소질을 수업을 통해 발견하여 지도하더라도 학습자가 열심히 연마해야만 지속성을 가질 수 있다. 그러므로 학습자의 연습이 필요하다.

에라스무스는『소년들에 대한 초기 일반교육의 필연성(Declamatio de pueris statim ac liberaliter instituendis, 1529)』[54]에서 조기교육의 필요성과 가능성에 대해 기술하고 있다. 어린이는 어린 시절부터 좋은 습관에 익숙해지도록 훈련되어야 한다. 어린이는 어머니의 무릎 위에서 이야기와 즐거운 오락 등을 통해 일기 쓰기와 그림 그리기를 배워야 하며, 그 후에 아버지나 교사를 통해 성서와 고전을 접하고 배워야 한다. 이는 가능한 한 일찍 교육을 시작해야 하며 단계에 맞는 교육을 실시해야 한다는 것이다.

어린이는 자유로운 존재이며 인격적 존재이기 때문에 교육은 사랑과 인간의 존엄성에 기초하여 이루어져야 한다. 교육방법을 요약하면 다음과 같다(팽영일, 2004: 168).

첫째, 심한 매질과 같은 체벌을 가하지 말고 자유인에게는 자유로운 교육을 해야 한다. 체벌은 자유인의 인격 형성에 적합하지 않다. 체벌보다는 칭찬을 통한 교육이 더 효과적이며, 도저히 교정할 수 없는 경우에만 체벌의 도움을 받는 것이 좋다. 그러나 체벌을 해야 할 경우에 공명정대한 경고와 꾸지람이 있을지라도 온화함을 갖추어야 한다. 체벌이 없는 교육을 위해 에라스무스는 공립학교를 창설하고, 가르칠 교사의 자질과 교양을 향상시킬 교사양성기관 설립을 주장하였다.

둘째, 아동의 성격을 파악하여 그에 따른 지도가 필요하다. 교사나 부모는 아이들의 개별적인 능력을 파악하는 눈이 있어야 하며, 아동 학습의 개별적인 관리와 지도를 강조하였다.

셋째, 아동의 발달 정도에 맞추어 적절한 분량으로 적절한 시간 동안 교육해야 한다.

---

54) 원제목은『아이를 낳은 직후부터 자유인에게 어울리는 방법으로 덕과 학문을 향해 교육하는 방법에 관한 제창』이다.

넷째, 아동에게 너무 어려운 과제를 과도하게 제시하거나 지나치게 강요하며 서둘러 가르치지 않는 것이 좋다. 어려운 것은 피하고 다음으로 미루어 두어도 된다. 부득이 가르칠 때에는 점진적이고 가능한 한 흥미를 가질 수 있도록 한다.

다섯째, 유희를 통하여 유쾌하고 즐거운 학습이 되게 한다. 특히 유아기의 교육은 놀이와 흥미가 동반될 때 효과적이다. 따라서 유희적 방법을 도입하고 경쟁심의 원리를 응용하는 등 아름다운 것에 선한 것을 결합시키는 방법을 사용한다.

마지막으로, 학습자가 삶에 능통하고 삶을 숙련되게 지배할 수 있도록 예의범절을 가르쳐야 한다. 『아동의 교제교육에 관하여』에 나타난 예의범절에 관한 내용을 살펴보면, 식탁에서, 누구를 만났을 때, 놀이를 할 때, 교회에서, 침실에서 가져야할 몸가짐 등 때와 장소, 상황에 따른 태도 등을 소개하고 있다.

2) 루터(Martin Luther, 1483~1546)

(1) 생애와 업적

마틴 루터는 1483년 11월 10일 독일 작센주의 아이스레벤(Eisleben)에서 광부인 아버지 한스(Hans)와 어머니 마가레테(Margarete) 사이에서 둘째 아들로 태어났다. 아버지는 엄격한 훈육으로 자녀를 길렀다. 1484년 루터의 가족은 만스펠트(Mansfeld)로 이사하였고, 그 곳의 시립학교에서 1488년부터 1497년까지 초등교육을 받았다. 1497년 막데부르크(Magdeburg)에 있는 공동생활 형제단이 운영하는 고등학교에서 경건교육을 받고, 그 후 아이제나흐(Eisenach)에서 3년간 더 공부하였다. 1501

년 에어푸르트(Erfurt) 대학에 입학하여 문학부에서 7자유학과를 이수하였는데, 이 때 아리스토텔레스를 정통으로 배우게 되었다. 곧 이어 문학부 석사를 마치게 되어 고등학부 연구를 계속할 수 있는 자격을 얻었다.

고등학부에서 아버지의 원대로 법학을 연구하기 시작하였으나, 1505년 7월 집을 방문하고 돌아오던 중 벼락이 그의 곁에 떨어지는 것을 본 순간 수도사가 되기로 결심하였다. 1505년 7월 17일 법학 공부를 중단하고 에어푸르트에 있는 아우구스티누스 은둔자 수도원의 수련수사로 들어가 교육을 받고 1507년 사제 서품을 받았다. 1508년 비텐베르크(Wittenberg) 대학에서 신학을 연구하여 1512년 신학박사 학위를 받았으며 비텐베르크 대학의 신학부 교수가 되었다.

루터는 1514년부터 1517년에 로마의 성 베드로 성당 건축을 위해 교황 레오 10세의 승인 하에 독일 마인쯔 대주교인 알버트가 면죄부를 판매한 사건에 대하여 95개 조항의 반박문을 비텐베르크 성당에 게시함으로써 종교개혁 운동을 시작하였다. 그는 95개 조항으로 인해 종교재판에 회부되었으나 정치적 이유로 시간을 끌게 되었는데, 이 때 신학적으로 종교개혁을 할 수 있는 기반을 다지게 되었다. 1520년 그의 신학적 기초가 될 3편의 팜플렛을 썼는데, 여기서 인간은 선행에 의해서가 아니라 믿음으로 구원을 얻는다는 믿음에 의한 의인(義認), 성경의 수월성, 만인제사장설을 주장하였다.

1512년 1월 3일 파문을 당하고, 같은 해 5월 8일 추방령이 내려졌다. 그러나 루터는 프리드리히 황제의 도움으로[55] 바르트부르크(Wartburg)성에 안전하게 피신하여, 이곳에서 신약성서를 독일어로 번역하였고

55) 15세기 후반부터 유럽은 중앙집권적 근대국가가 성립되었다. 당시 독일의 많은 제후들은 성직 임명권을 장악하고 교회 법정의 독자적인 사법권을 제한하거나 축소하려 하였다. 또한 종교세가 로마 교황청으로 유입되는 것에 반감을 갖고 있었다. 이에 많은 제후들은 루터의 종교개혁에 동조함으로써 그들의 목적을 달성하고자 하여 루터의 종교개혁을 후원하였다.(조경원 외, 2005)

1534년에는 성경 전체가 출간되었다.

루터는 1525년 6월 13일 수녀였던 카타리나(Katharina von Bora)와 결혼하고, 2남 2녀를 두었으며 모범적인 가정생활을 하였다. 이러한 자녀양육의 경험은 그의 교육적 사고에 영향을 주었다.

개신교 측의 자유로운 예배와 가르침을 허용한 '뉘른베르크 평화협정(Nürnberger Frieden: 1532년 6월)' 이후 비텐베르크 신학부 학장으로 재직하며 다양한 신학적 논쟁을 주도하였다. 그는 1546년 2월 아이스레벤에서 협심증으로 세상을 떠났다.

교육적 저서로는 『독일의 모든 도시의 시의원에게 드리는 글, 기독교 학교를 세워 활성화 시킬 것을 호소하며(An die Ratsherren aller Städte deutsches Landes, daß sie christliche Schule aufrichten und halten sollen, 1524)』, 어린이를 『학교에 보낼 것을 호소하는 설교(Eine Predigt, daß man Kinder zur Schule halten solle, 1530)』, 『대교리문답(Der große Katechismus,1529)』, 『소교리문답(Der kleine Katechismus, 1529)』, 『독일 귀족에게 드리는 글(An den christlichen Adel deutscher Nation von des christlichen Standes Besserung, 1520)』 등이 있다.

(2) 교육사상

가. 인간 이해

루터는 종교적 입장에서 인간을 이해하였다. 루터의 인간 이해를 정리해 보면 다음과 같다(오인탁, 1992: 161-168).

첫째, 인간은 육체와 영혼 그리고 정신으로 이루어져 있다. 이 중에서 신적 속성이 가장 잘 드러난 부분은 정신이며, 이는 이성으로 나타난다. 인간은 이성적 존재이지만 자기 자신을 스스로 볼 수 없고 외부에서 보는 법을 배워 보아야 한다. 그러나 철학은 인간에 대해 아는 것이 전혀 없으며 단지 신학이 알려주는 바를 이해할 수 있을 뿐이다.

둘째, 신은 인간에게 세속적이고 영적인 소질(Begabung)을 주셨다. 이러한 소질을 가지고 인간은 신을 사랑하고 신을 더 잘 섬기며 더 나아가 그를 바라보고 소망을 가질 수 있게 된다.

셋째, 인간은 신과 동역자(Mitarbeiter)이다. 이는 인간이 신과 동등한 권리를 가진 파트너로서의 공동 작업을 의미하는 것이 아니라, 신의 도구로써 창조주와 함께 일하도록 결정되었다는 의미이다. 이런 점에서 인간은 어린이를 교육하는 도구로 사용된다.

넷째, 교육의 대상인 어린이는 순수하게 하나님만을 생각하고 천진난만하며 걱정 근심이 없고 두려움이나 겁이 없는데, 이는 어린이가 어른보다 더 믿음이 확고하기 때문이다. 이런 의미에서 어린이는 어른의 신앙의 모범이 될 수 있다.

나. 교육의 필요성

루터는 공교육을 강조하고 의무교육을 제안하였다. 이렇게 교육의 필요성은 그의 두 왕국설(Zwei-Regimenten-Lehre)이라는 신학사상에 근거한다. 기독교인은 영적인 나라와 세상의 나라라는 두 세계에 동시에 속해 있다. 이 두 나라는 모두 신의 질서가 다스려져야 하는 신의 나라이다. 이 두 나라가 존립하고 발전하기 위해서는 교육이 필요하다(양금희, 1996: 353).

영적인 나라가 존립하고 발전하기 위해 모든 인간은 세례를 받고 기독교인이 되어야 하며 동시에 제사장으로서의 의무와 권리를 갖고 있다. 따라서 모든 사람에게는 사제에게 국한되었던, 성서를 읽고 해석할 수 있는 권리가 주어진다. 모든 기독교인은 성서를 직접 접하고 읽고 해석하고 주변 사람에게 가르쳐야 할 의무가 있다. 이를 수행할 수 있도록 돕기 위해 교육이 필요하다.

세상의 나라의 존립과 발전을 위해서도 교육이 반드시 필요하다. 세상의 나라에 교육이 없다면 인간은 야만적인 동물처럼 "서로 물어뜯고 죽이며 ... 무질서가 횡행하는 세상이 되어버릴 것이다"(양금희, 1996: 355 재인용). 세상의 나라는 이러한 야만적인 동물을 인간으로 만들어야 할 과제를 갖고 있다. 세상의 나라를 잘 다스리기 위해 먼저 현명한 부모의 교육이 필요하다. 부모는 자녀를 가정에서 올바로 교육할 의무가 있다. 특히 어려서부터 충분한 사랑으로 어린이가 잘 성장할 수 있도록 도와야 한다. 그러나 부모가 자녀를 만족스럽게 교육하기에는 빈곤과 자격이나 시간이 부족하므로 학교의 교사에 의해 보충되어야 한다.

국가와 정부는 학교를 설립하고 유지하는 책임을 져야 한다. 학교의 설립은 신으로부터 통치자에게 부여된 의무이며, 교회의 약탈로부터 벗어남으로써 얻게 된 이익을 학교교육 진흥을 위해 투자해야 한다고 『독일의 모든 도시의 시의원에게 드리는 글, 기독교 학교를 세워 활성화 시킬 것을 호소하며(An die Ratsherren aller Städte deutsches Landes, daß sie christliche Schule aufrichten und halten sollen, 1524)』에서 공교육을 강력히 주장하였다. 『학교에 보낼 것을 호소하는 설교(Eine Predigt, daß man Kinder zur Schule halten solle, 1530)』에서는 자녀를 훌륭한 기독교인으로 만들기 위해, 부모는 자녀를 학교에 입학시킬 의무가 있다고 하였다. 또한 정부는 남녀와 사회계층과는 관계없이 모든 아동에게 교육의 기회를 제공할 의무가 있다고 하면서 초등 보통 의무교육에 대한 제안을 하였다.

다. 교육목적과 내용

교육은 '영의 나라'와 '세상 나라'의 존립과 보존을 위해 필요하다. 루터에게 있어 교육은 하나님께 봉사가 바르게 일어나도록 도와야 하기 때문에 필요한 것이지, 교육 자체가 인간이 신적 존재로 되는 통로가 아니다. 인간의 새로운 존재로의 변화는 믿음을 통해서만 가능하며, 이 믿음은 하나님으로부터 오는 것이다. 인간은 이러한 하나님을 경외하며 하나님을 아는 지식에 이르러야 하는데, 이것이 교육의 궁극적 목적이라 할 수 있다.

영의 나라 존립을 위해 복음을 이해하고 이해시켜야 한다. 복음을 이해하려면 성서를 바르게 이해해야 하는데 성서의 원전은 고전어로 이루어져 있다. 성서를 바르게 이해하고 올바로 해석할 수 있도록 고전어를 학습해야 한다. 모국어는 일상생활에서 가장 잘 학습될 수 있다고 보았다. 평신도의 경우 번역된 모국어 성경을 읽을 수 있는 것으로 족하다고 생각하였다. 성경과 고전어 이외에도 성경을 보다 쉽게 이해할 수 있도록 도와주는 문답식으로 만든 『대교리문답』과 『소교리문답』을 가르쳤다.

루터는 세상 나라를 존립하고 발전하는데 필요한 교육으로 언어와 인문주의의 자유교양교과와 역사를 가르쳐야 한다고 하였다. 7자유교과는 인간의 이성을 바탕으로 하는 학문으로 세상나라의 존립을 위해 필요하다. 또한 역사를 통해 인류가 지금까지 해 온 경험들을 짧은 시간에 축약하여 배울 수 있고, 무엇보다 역사의 사건들을 통해 하나님을 경외하는 것을 배울 수 있다. 그 밖에도 자연, 음악, 체육 등 다양한 교과를 중시하였으며, 특히 음악은 영적 가치가 있는 것으로 중요하게 생각했다.

라. 교육방법

루터는 당시의 교육방법과는 차별화된 방법을 사용하였다. 당시의 수업은 교과서를 모두 가질 수 없는 시대였기 때문에 외우기가 중심이었다. 그러나 루터는 무조건 암기하는 것을 지양하고 암기한 내용에 대한 이해를 필수적으로 강조하였다. 이를 위해 먼저 교사는 앞에서 책을 읽어주고(recitatio), 학생들은 이를 따라 읽은 후 외워야 한다(memoria). 그 내용의 바른 이해를 돕기 위해 교사는 바르게 해석해 주고 설명해 주는 단계(explicatio)를 거쳐야 한다. 설명의 단계에서는 특히 질문-대답의 형태가 크게 도움이 된다.

둘째, 교수방법으로 사물 자체에 대한 인식을 강조하였다. 언어는 문법을 통해서가 아니라 실제 연습을 통해 익혀야 하므로, 사물에 관한 인식은 말에 의한 인식이 아니라 사물 자체에 의한 인식이 먼저 이루어져야 한다(박의수 외, 1999: 203).

셋째, 아동의 인격을 존중한 교육이었다. 부모는 하나님의 엄격함과 자비로운 사랑처럼 자녀를 엄격하고 너그럽게 대해야 한다. 가정에서 자녀를 엄격함이 없이 키우면 나중에 문제를 일으키기 쉽고, 지나치게 엄격하면 생기발랄함을 잃고 의기소침해질 것이다. 따라서 부모는 엄격함과 부드러움의 균형을 이루어 나가야 한다. 특히 아동을 훈련할 때, 칭찬과 꾸지람을 적절히 활용해야 하며, 매질과 같은 처벌을 반대하고 아동의 자연스러운 성장을 촉구하였다.

chapter

04 실학주의 시대와 교육

1. 시대적 배경

르네상스 이후 사람들의 관심은 종교적 삶에서 현세적 삶으로 옮겨졌다. 현세적 삶에 대한 관심은 정치, 경제, 사회, 문화, 학문, 예술 등 각 영역에 독자성과 자율성을 확보하게 하였다. 종교개혁 이후 진행된 세속화는 신 구교 갈등으로 표출되었고, 30년 전쟁으로 절정에 이르게 된다. 이 전쟁은 자신들을 보호해줄 강력한 국가를 요구하게 되었다.

17세기는 정치적으로 교황권의 지배력 약화와 더불어 절대주의 국가가 등장하게 되었다. 권력의 집중화는 도시, 기사계급 그리고 소규모 지주들의 세력을 약화시켰고, 국가의 격식을 갖추기 위해 행정기구를 설치하고 전문 관료를 고용하며 조세제도 확립과 국방력 강화 그리고 상업과 무역을 권장하였다. 프랑스의 루이 14세를 대표로 하는 절대 왕정 체제는 전 유럽에 걸쳐 나타났다.

강한 군대체제를 유지하고 국방력 강화를 위해 국가 수입의 많은 부분을 투자해야 했다. 독자적인 군대를 운영하는데 세금만으로는 운영이 어려웠다. 따라서 새로운 경제체제가 필요했다. 절대 군주들은 국민경제를 중앙에서 마음대로 통제하고, 식민지를 확장하며 상업 자본가와 손을 잡고 중상주의 정책을 채택하였다. 절대 군주는 부를 현금으로 보유하려 했기 때문에 외국 상품에 대한 관세부과, 원자재의 수입, 완제품 수출, 외국 전문 인력과 산업인력 수입 등을 통해 경제생활을 증대시켰다.

17세기의 문화는 궁중문화라고 할 수 있다. 당시 문화의 중심지인 프랑스의 베르사이유 궁에서 연출된 궁중의 생활양식과 궁중 예법은 주변 이웃나라에 전파되었다. 사람들은 위엄 있게 걸어 다니며 멋진 자세와 외관을 중요시 하였다. 내용과 형식에 있어 장엄함과 화려함 그리고 과다함을 나타내는 바로크 양식이 나타나게 되었다. 화려한 복장과 가발, 끌리는 긴 옷자락을 유행시켰다. 이러한 경향은 미술과 음악, 건축, 회화 등에 그대로 나타나게 되었다.

17세기는 근대 과학이 확립되고 발전된 시기이다. 코페르니쿠스, 갈릴레오, 뉴턴, 케플러와 같은 과학자들이 등장하면서, 절대군주는 정치적 목적으로 자연과학을 보호하고 장려하였으며 자연과학적 지식을 연구 개발할 수 있도록 하였다. 이렇게 연구된 방대한 지식을 체계적으로 정리하려고 백과사전을 편찬하기도 했다.

이 시기에는 자연계를 지배하는 일정한 법칙이 있음을 밝혔는데, 자연계처럼 사회도 자연적 질서와 자연법칙에 지배받는다고 확신하였다. 즉, 군주를 포함한 모든 사람은 자연법이라는 보편성에 의해 지배를 받아야 한다고 생각했다. 이러한 자연법은 인간의 이성을 통해 인식될 수 있다고 믿었다. 이와 같은 과학적 성과에 근거하여 '자연국가', '자연법' 그리고 '자연주의 교육' 등이 등장하게 된 것이다(A. Reble, 2002; 정영근 외, 2001; 조경원 외, 2005).

2. 교육적 배경

이 시대의 교육적 특징은 첫째, 인간을 이성적이고 계획적으로 이끌기 위해 모든 것을 체계화하려고 시도했다. 국가의 주도로 전개된 학교제도의 개편 뿐 아니라 계획적인 교육을 실시하고자 했다. 그 예로 고타(Gotha)공국의 학교법(1642)[56]과 같은 해인 1642년 미국의 매사추세츠(Massachusetts)교육령[57]의 발표에서 찾아볼 수 있다. 둘째, 국가 발전에 유용한 지식과 능력을 갖춘 시민을 양성코자 했다. 국가는 국가의 부를 축적하는데 필요한 실용적 지식을 소유한 사람이 필요했다. 따라서 각 직업 영역에서 필요한 유용한 자질과 기술을 가르쳐 실제적 삶에서 유능한 인물을 배출하려 했다.

이에 따라 교육내용도 삶과 관련된 실용적인 내용이 중시되었다. 이러한 교육내용을 실학주의 교육이라고 한다. 실학주의는 인문적 실학주의, 사회적 실학주의, 감각적 실학주의의 세 단계를 거치면서 발달하였다. 실학주의는 이 시대의 교육내용과도 일치한다.

인문적 실학주의는 고전 연구를 통해 현실생활에 잘 적응할 수 있는 유능한 사람을 양성하는데 목적이 있다. 과거 고전의 형식을 지나치게 강조했던 것과는 달리 고전의 내용과 실생활에 필요한 내용을 강조하였다.

사회적 실학주의는 고전 연구보다는 사회생활의 경험을 중시하고 신사로서 준비시키는 것을 목적으로 한다. 신사가 되는데 있어서 인문적 교양만으로는 부족하다고 보았고 실생활과의 접촉을 통해 유능한 사회인을 양성하고자 했다. 따라서 가능하면 풍부한 사회경험을 하도록 하였다.

감각적 실학주의는 인간의 감각적 직관을 기초로 사물의 본질을 파악하는데 중점을 두었다. 따라서 사물관련 교과목이 교육과정의 중심에 놓이게 되었다. 언어교육에서 탈피하여 언어와 사물의 상호관련성을 강조하고, 실물이나 표본을 감각적으로 직접 관찰하는데서 출발하

56) 고타 교육령에는 모든 어린이는 만 5세부터 교육을 받아야 한다는 교육의 의무와 교사 및 학생, 학교조직과 교수계획, 교육방법과 검열, 교과서와 학과 등에 대한 약 300개 조항이 제시되어 있다.(조경원 외, 2005)

57) 매사추세츠 교육령에는 백 가구 혹은 그 이상이 되는 모든 타운은 무상의 보통 및 문법학교 교육을 제공해야 하며 50가구 이상의 마을에는 1명의 교사를 두어야 한다고 규정하고 있다.(위의 책)

여 언어에 이르는 새로운 이해를 강조했다.

17세기를 교수학의 세기라고 할 만큼 교육방법에 대한 관심이 높았다. 당시 데카르트와 같은 철학자들이 모든 지식을 체계적으로 구성하는 방법에 관심을 기울였는데, 이러한 생각이 교육사상가들에게 영향을 주게 되었다. 교육사상가들은 바른 교육방법을 모색하였고 교수와 학습의 명확한 서술의 가능성을 시도하였다. 그 결과 교수학(Didaktik)이 발달하게 되었다. 이 시기의 교육방법을 정리해보면 다음과 같다(정영근 외, 2001).

첫째, 자연의 원리에 기초한 '자연주의 교육방법'이다. 자연주의 교육방법은 외부에서 강제적으로 가르치는 것이 아니라 어린이의 심리적 특성과 발전 과정에 따라 자연스럽게 교육이 이루어지는 소극 교육을 말한다. 자연이 인간에게 부여한 소질을 키워주는 교육이다.

둘째, 어린이의 감각에 기초한 교육이다. '언어 이전에 사물'을 중시하는 교육방법으로 사물에 대한 감각적인 경험을 강조하였다. 어린이는 이름을 듣거나 말로 설명하는 것보다 사물 자체를 먼저 보여주고 나 후에 사물의 이름을 가르쳐 주면 사물의 특성을 빨리 인지할 수 있다.

셋째, 암기나 기억보다는 사물에 대한 관찰과 탐구, 경험을 기초로 하는 시청각적 교수법이 발달하게 되었다. 사실적이고 유용한 지식이 참된 지식이라면, 그 지식은 자연현상에 대한 연구에서 나와야 한다. 이러한 연구방법이 관찰과 탐구 그리고 실험이다. 학교 교육방법도 경험에 기초한 교육이 더 효과적이다.

3. 교육사상가

1) 코메니우스(Johann Amos Comenius, 1592~1670)

(1) 생애와 업적

모라비아 형제단의 마지막 주교이며, 체코의 신학자, 범지학자, 교육자였던 코메니우스[58]는 모라비아 남동쪽에 있는 니브니체(Nivnice)에서 1592년 3월 28일에 태어났다. 부모와 형제들이 페스트로 모두 사망하자, 1603년부터 스트라츠니체(Straznice)에 있는 고모 집에서 지내면서 학교를 다녔다. 지내던 곳에서 1605년 전쟁이 일어나자 다시 고향에 돌아와 1608년부터 1611년 늦은 나이에 프레라우(Prerau)에 있는 보헤미아-모라비아 형제단(Unitas Fratrum)의 라틴어 학교를 다녔다.[59] 1611년 칼빈주의적 전통을 따르는 독일의 헤르본 대학에 입학하여 신학과 철학을 전공하였으며, 1613년 하이델베르크 대학으로 옮겨 1614년에 대학공부를 마쳤다. 헤르본 대학에서 그는 백과전서식 지식을 강조하던 알슈테드 교수의 영향을 받았고, 하이델베르

58) 체코 이름은 Jan Komensky였다.

59) 코메니우스는 이 학교 교사로부터 '지식의 사랑'이라는 의미의 '아모스(Amos)'라는 별칭을 얻었다.

크 대학에서는 당시 새로운 교수법을 소개한 라트케의 가르침을 받았다. 그는 1613년에 『유희(Thatrum)와 어휘(Thesaurus)』에 관한 작업을 시작하였다.

대학 졸업 후 프레라우로 돌아가 모교인 라틴어 학교에서 1614년부터 1618년까지 라트케의 방법에 따라 학생들을 가르쳤다. 1616년 모라비아 형제단에서 목사 안수를 받았으며, 1618년에는 비초부스카(Magdalena Vizovska)와 결혼했다. 같은 해에 유럽 전역으로 퍼진 종교전쟁인 30년 전쟁이 시작되었다. 1618년부터 1621년까지 풀네크(Fulnek)에서 첫 목회를 시작하고 중등학교 교사로 봉직하면서, 1619년까지 사회문제를 다룬 다섯 편의 『하늘에 보내는 편지(Listove do nebe)』를 쓰기도 했다.

30년 전쟁에서 보헤미아가 가톨릭 진영인 페르디난드 2세에 의해 패배한 이후, 모라비아 형제단의 지도자였던 코메니우스는 1621년부터 1628년 사이에 은둔처를 바꿔가며 지냈는데, 설상가상으로 1622년에는 부인과 아이들 모두 페스트로 사망했다. 코메니우스는 개인적으로 견디기 힘들었던 이 시기에 위로의 글들을 많이 썼다. 이것은 아마도 자기 자신을 위로하기 위한 것이었을 것이다. 『슬픔에 슬픔을-위로에 위로를(Truchlivy; 1624)』, 『세상의 미로와 마음의 천국(Labyrint sveta a raj srdce; 1623)』, 『안전의 중심(Centrum Securitatis; 1625)』을 썼다.

보헤미아가 가톨릭 진영에 의해 패한 뒤, 코메니우스는 1628년 형제교단 사람들과 함께 폴란드의 레즈노(Leszno)로 이주하여(1628-1641), 형제단의 라틴어 학교 교사로 일하면서 학생들에게 라틴어를 쉽게 가르칠 수 있는 방법에 대해 연구하였다. 이 시기에 쓴 교육학 저서로는 『보헤미아 교수학(Didactica,1628-1632)』 (본디 체코어로 쓴 이 글을 라틴어로 증보하여 대교수학으로 펴냄), 『어머니학교 지침(Informatorium skoly materske; 체코어 1628, 독일어 1633)』, 『언어의 열려진 문(Janua Linguarum reserata; 1631)』, 『물리학 개요(Psysicae Synopsis; 1633)』가 있다.

1636년 그는 김나지움 교장과 보헤미아 형제단의 목사로 일하면서 특히 기독교적 범지학에 관심을 두었다. 그의 교수학적 저술과 범지학적 구상이 영국과 유럽에 알려지면서 1641년과 1642년에 영국과 스웨덴에서 각각 초청을 받았다. 북아메리카 메사츄세츠에 있는 하버드 대학의 초청을 받았으나 거절하기도 하였고, 당시 유명한 프랑스 철학자인 데카르트와 만나 사상적 대화를 나누기도 하였다. 스웨덴 정부는 당시 이미 전 유럽에 알려진 코메니우스를 초청하여 교육개혁 사업에 동참해 줄 것을 요청하였다. 1642년에서 1648년까지 스웨덴의 행정 중심지인 엘빙에서 지내면서, 학생들의 교과서와 『최신 언어방법, 1649』을 썼으며, 범지학 주요 저작인 『인간관계의 개선에 대하여. 일반담론』을 쓰기 시작하였다.

1648년 레즈노로 돌아온 코메니우스는 형제단의 주교가 되었으나, 1624년에 결혼한 두 번째 부인이 사망하였다. 1650년에서 1654년에는 형제단의 가장 많은 망명 집단이 있는 헝가리 트란실바니아 지방에 있는 귀족학교에 범지학교를 세우려는 죄르지 2세의 초청으로 그 곳에 머무르면서 세계 최초의 그림 교과서인 『세계도회(Orbis sensualium pictus; 1658)』와 『유희학교(Schola ludus; 1656)』 같은 유명한 저작들을 남겼다. 1654년 헝가리에서 레즈노로 돌아갔지만, 스웨덴과 폴란드 전쟁에서 폴란드가 패하여 그들의 망명지가 재 가톨릭화 되어버렸고, 이때의 전쟁으로 그의 원고와 책들이 거의 유실되었다. 전쟁의 패배로 코메니우스는 암스테르담으로 망명하였으며, 나머지 형제단원들은 전 세계로 흩어졌다. 1656년에서 1670년 11월15일 사망할 때까지 암스테르담에서 『일반담론(Consultatio Catholica; 1656/62)』과 『교수학전서(Opera didaktica omnia; 1656)』 등의 활발한 저술활동을 하였다.

(2) 교육사상에 미친 역사적 배경

가. 사상적 배경

코메니우스의 교육학은 오직 그의 범지학(Pansophie)으로부터 만 바르게 이해할 수 있다.[60] 당시 새로운 학문영역의 발전과 더불어 많은 지식이 알려지면서 식자들 사이에 가능하면 모든 학문을 연구하고 성찰하며 백과사전의 형식으로 묘사하려는 노력이 전개되었다. 코메니우스의 범지학 사상도 이와 같은 맥락에서 이해할 수 있다. 그의 범지학[61] 저서의 가장 중요한 부분 중의 하나가 '범교육(Pampaedia)'이었다.

코메니우스의 '범(pan)'사상도 당시 사상계를 지배하고 있던 백과전서주의에서 영향을 받았다. 그가 살던 당시에는 인쇄술의 보급으로 여러 분야의 지식이 빠른 속도로 전파되었을 뿐만 아니라, 상당한 양의 지식이 증가하면서 교육받은 사람이라면 모든 지식을 알아야 한다고 생각하게 되었다. 따라서 여러 분야의 지식을 하나로 통합하고 체계화하려는 시도들이 있었다. 그 중에 한 사람이 알스테드 교수였다. 코메니우스는 헤르본 수학시절 알스테드 교수에게서 직접적인 영향을 받았다. 바로크 시대의 백과전서주의는 사물세계와 언어의 일대일의 구조적 대응을 전제하면서 세계질서를 그에 대응하는 언어의 질서로 재구성할 수 있다고 보았다. 또 대우주(자연)와 소우주(인간) 사이의 유사성을 가정하여, 모든 것이 상호 연관성이 있다고 주장한다. 그러므로 세

---

60) Pansophia라는 단어는 독일의 라우렘베르크의 『범지혜 또는 철학교육(Pansophia sive paedia philosophia, 1633)』이라는 책에서 발견할 수 있다. 범지혜란 '우주적인', '넓은'이란 의미인 헬라어 pan과 '지혜'라는 의미의 라틴어 sophia가 결합된 것으로 '우주적 지혜(sapientia univeralis)'를 말한다.

61) 코메니우스의 범지학 사상은 『인간 사물의 개선을 위한 일반담론』에 잘 나타나 있다. 이 총서는 제 1권 '범각성론', 제 2권 '범조명론', 제 3권 '범지학', 제 4권 '범교육론', 제5권 '범언어학', 제 6권 '범개혁론', 제7권 '범훈계론'으로 구성되어 있다.

계질서를 구성하는 모든 사물 세계를, 즉 가능한 한 전체 학문을 연구하고 성찰할 것이며 백과사전의 형태로 기술하려는 시도들이 많이 있었다.

헤르본 대학의 가장 유명한 교수였으며 코메니우스의 스승인 알스테드는 1620년 3000쪽이 넘는 백과사전을 발행하였고 10년 뒤 두 번째 백과사전을 세상에 공개하였다. 코메니우스는 첫 번째 백과사전[62]을 만드는 사전작업에 조교로 참여하면서, 선생님의 다양한 생활영역과 학문영역에 대한 개방성과 폭을 수용하였다.

코메니우스는 특히 두 가지의 관심을 가졌다. 하나는 어떻게 학문을 개관하고 통합할 수 있는 세계관을 얻을 수 있을까? 하는 것이며, 다른 하나는 학문과 신학을 어떻게 연결해야 할 것인가? 였다. 그는 이 문제의 해답을 루터와 동시대 사람이자 신학과의 관계에서 교육적 의미를 부각시킨 멜랑히톤(Philipp Melanchton, 1497~1560)의 사상에서 찾았다. 멜랑히톤의 추종자들은 1570년 경 루터가 종교개혁을 일으킨 비텐베르크에서 헤르본으로 옮겨가, 국가의 개혁과 교육제도 개혁인 "제2의 개혁"을 통해 루터의 종교개혁을 완성시키고자 하는 의도를 가지고 있었던 그룹이었다. 이들은 신학적 사고체계를 발전시키는데 철학을 이용하였다. 코메니우스는 이와 같은 생각에 동의하면서, 동시에 이 세상에서의 행복, 평화, 인간관계의 개선에 대한 질문도 함께하게 된다. 이런 전체적인 문제를 백과사전적 지식의 다양함(학문)과 하나님의 창조계획과 구속계획(종교)을 우주적으로 개관하는 범주 내에서 답변하는 지적 체계인 범지학을 통해 실현하고자 했다.

---

62) 알스테드의 첫 번째 백과사전은 『Cursus philosophieci encyclopaedia (Herbon, 1620)』 이라는 제목으로, 4부분으로 나뉘어 있다. 첫째, Praecognita philosophica: 고고학, 공학, 교수학 등. 둘째, Scientiae philosophiae theoreticae: 형이상학, 물리학, 기하학, 지리학, 산술학, 광학, 음악학 등. 셋째, Prudentiae philosophiae practicae: 윤리학, 경제학, 정치학, 스콜라 철학, 역사학 등. 넷째, Artes philosopiae poeticae: 문학, 수사학, 논리학, 시문학 등으로 나뉘었다.

범지학은 16세기 이후 급속히 발달하기 시작한 자연과학이 신앙과 충돌하게 되자, 이를 치유하기 위한 시도로 과학적 진리와 종교적 진리를 하나의 유기적 체계로 종합하려는 운동이었다. 코메니우스는 범지학과 백과사전 주의를 구분하였다. 범지학이 백과사전주의의 한 형태이기는 하지만, 백과사전주의는 단순히 정리하여 쌓아놓은 장작더미일 뿐 살아있는 나무가 아니다. 사물은 이와는 달리 다루어져야 한다고 생각하였다.[63] 바로 범지학적으로 다루어져야 한다는 것이다. 코메니우스는 학교 개혁가, 새로운 수업방법론, 새로운 교과서 집필 등으로 유명하지만, 그는 근본적이고 기본적으로 '모든 사물의 개선'에 관심이 있었다. 이것이 바로 범지학의 관심이기도 하다.

코메니우스는 어린이와 청소년의 교육에 관해 많은 글을 썼다. 그러나 이 글들은 교육자가 아니라 신학자의 입장에서 기술한 것이다. 그의 신학은 다른 학문들과 분리된 것이 아니라, 전체의 지혜를 향한 신학이다. 그는 성서적 지혜의 전통을 따르고 있다. 그의 교육론의 전개방식은 성서적 범지혜 안에서의 교육을 의미한다.

당시 이탈리아인 캄파넬라는 그의 책 『태양의 도시』에서 사회주의적 성향의 가톨릭적 세계 군주국이라는 이상향을 그렸고, 네덜란드인 그로시우스는 국민의 권리를, 영국인 홉스는 사회계약사상을 주장함으로 중세적 사고와는 다른 새로운 세계의 정치 질서를 발전시키려고 하였다. 그러나 이와 같은 주장은 30년 전쟁을 거치면서 정치적 세력들에 의해 서로 뒤엉켜 버렸고, 중세기적 사고였던 '정치적 힘과 기독교의 신앙은 일치되어야 한다'는 생각이 다시 고개를 들게 되었다. 즉 군주의 종교가 백성의 종교가 되었다.

이러한 상황 속에서 혁신적 사고를 가진 학자들, 시인, 철학자, 종교

---

63) "백과사전은 수많은 장작들을 모아다가 쌓아 놓을 줄만 알았지, 나무를 보지 못하고, 그 나무의 뿌리와 가지와 열매를 통일성 있게 보지 못하며, 그 나무에 흐르는 영혼을 읽어 내지 못한다." J. A. Comenius, Ausgegewählte Schriften Werke, Leipzig 1875, 92.

가들이 17세기 초 비밀 결사대를 조직하기에 이른다. 여기에 속한 사람들은 대부분 정치활동을 할 수 있는 시민권이 없었고 그들의 생각을 알리기 위한 방안으로 비밀리에 전단지를 돌렸다. 이들은 생각을 같이 하는 사람들과 함께 결사대를 결성했지만 이 모든 것은 비공식적이며 비밀스럽게 진행되었다. 코메니우스 당시 가장 유명한 비밀 결사대는 장미십자회다. 장미십자가라는 용어는 17세기 초 신학자인 안드레가 국가, 사회 그리고 교회혁신에 대한 글을 출판하면서 쓰여 지게 되었고, 그 이후 장미십자회라는 단체가 결성되었다. 이 단체는 연금술적, 신비적, 영적인 요소들을 수용하면서, 자연과 인간 정신의 변화를 통해 세계를 혁신하려고 하였다. 코메니우스는 장미십자회의 글들에 매료되었고, 안드레와 서신 교환을 하기도 하였다. 그러나 코메니우스는 이 단체의 주장하는 글을 비판적인 시각으로 읽었기 때문에 이들에게서 영향을 받지 않았다. 오히려 이들의 주장의 오류를 발견하고 지적하였다. 그의 초기 작품인 『세계의 미로와 마음의 천국』에서 이들의 주장이 잘못되었음을 지적하고 있다.

나. 종교적 배경

코메니우스의 범지학, 그 중에서도 범교육 사상은 그의 종교적 배경인 모라비아 형제단과 무관하지 않다. 모라비아 형제단[64]은 후스[65]파의 계승자로 볼 수 있다. 모라비아 형제단은 형제단 내부에서 초대교회

---

64) 보헤미아-모라비아 형제단은 교회로서가 아니라 형제의 연합(Unität)이란 하나의 단체이다. 이들은 16, 17세기 동안 체코 민족문화의 전수자가 되었다.

65) 후스(Jan Hus, 1369~1414)는 프라하 대학의 교수였다. 그는 1400년 사제가 되었고 1412년 면죄부 문제로 교황과 충돌한 뒤 1415년에 화형 당했다. 이것을 계기로 후스를 따르는 추종자들은 가톨릭 교회와 왕권에 대항하는 내전을 보헤미아에서 벌인 후, 로마로부터 분리된 교회 조직을 갖게 되었다. 후스파는 종교개혁 이전에 생겨난 일종의 프로테스탄트라고 할 수 있다.

공동체의 실천적 모습을 스스로 실행하려고 했다. 원래 형제단에서는 국가나 시 행정에 참여하는 일, 어떠한 관직을 수락하는 일, 전쟁에 나가는 일, 법정에 고소하는 일 등을 금지했다. 이들은 또한 기독교 공동체의 이상적인 모습을 실현하려고 하였는데 이상적인 기독교 공동체 내에 있는 모든 사람은 완전히 평등하다고 확신하였기 때문에, 나를 위해 다른 사람에게 일을 시키는 일, 부당하게 거래하는 일, 이자를 받고 돈을 빌려주는 일을 금하였다. 형제단에 가입하기 전에 자신의 재산과 특권을 포기하고 다른 모든 사람들과 동등하게 부지런히 노동을 해야 했다. 이러한 모라비아 형제단의 청교도적 몸가짐과 정확성, 그리고 부지런함이 몸에 배어 있었다. 따라서 이들 공동체 일원들 중에 코메니우스 시대의 사회계층 변동과정에서 사업가와 부유한 시민이 된 경우가 많이 있었다. 코메니우스가 모라비아 형제단에서 성장하고 있을 때에는, 이미 이러한 사회적 변화가 있었던 상태였다.

모라비아 형제단 내부에서의 평등사상은 200년 이상 민주적이고 민족적인 전통을 유지해 오고 있었는데, 특히 교육과 수업 분야에서 잘 드러난다. 모라비아 형제단은 교황의 특권과 교회의 위계질서를 유지하기 위하여 성경말씀을 날조하는 스콜라식의 학문을 거부하였고, 모든 사람에게 종교 교육을 올바로 시키기 위해 라틴어 대신 모국어를 사용하였다. 어느 누구나 지금까지 교회가 왜곡시킨 내용과 새롭게 해석된 진리를 알아서, 거짓 진리에 대항하여 방어 할 수 있는 능력을 배양하는 것이 모라비아 형제단의 주요 관심사였다. 과거에는 아이들을 가르치고 교육하는 일이 아버지의 일이었다. 그러나 점차 지식의 양은 늘어나는데 부모는 늘어나는 지식을 따라가지 못하고 가르치는 방법도 다양하지 못했다. 모라비아 형제단은 구성원들을 체계적이고 조직적인 수업을 구상하게 되었다. 형제단은 이단적 이론들을 숙지하고 이에 대처하기 위해서는 운명적으로 형제단에 속한 모든 사람에게 많은 교육을 시켜야만 했다. 이들은 모국어로 성경을 매일 읽고, 장로들은 거의 모든 것을 젊은이들에게 읽도록 가르치며, 성경과 그들이 정해놓은 규칙의 범위 안에서 모든 것을 결정할 수 있도록 가르쳤다.

모라비아 형제단은 30년 전쟁이 진행되는 동안 억압받고 외국으로 강제 추방당하는 일을 겪었으나, 200년 이상의 전통을 유지해 온 모라비아 형제단의 민주적인 공동체 생활과 교육적 노력이 코메니우스 교육사상에 적지 않은 영향을 주게 되었다.

(3) 교육사상

가. 교육대상

코메니우스는 모든 사람(omnes)이 교육받아야 한다고 하였다. 그의 저서 『대교수학』에서는 인간의 신체 성장을 고려하여 영유아기, 아동기, 청소년기, 청년기로 나누고 각 단계마다 6년간의 학습기간을 제안하였다. 『범교육학』에서는 이 세상에서의 삶을 하늘나라의 학교인 아카데미에 들어가기 위한 준비학교의 단계로 좀 더 확장된 여덟 단계의 학교[66]를 거쳐야 한다고 하였다.

영유아기와 아동기의 모든 어린이는 누구도 예외 없이 '어머니의 무릎학교'와 '모국어학교'에 다녀야 한다. 이 시기에 속한 모든 사람은 남녀, 빈부, 재능, 계층의 차이 없이 평등하게 교육받아야 한다고 하였다. 16세기 루터가 초등교육 차원에서 교육의 대중화에 기여한 바 있었으나, 코메니우스 시대까지도 여전히 특정 계층의 선택된 사람들만이 교육의 대상이었다는 것을 고려해 볼 때, 이러한 사상은 국민 교육의 지평을 넓힌 새로운 시각이라고 볼 수 있다. 두 단계의 학교를 마친 모든

66) 태아학교, 유아학교, 소년학교, 청소년학교, 청년학교, 장년학교, 노년학교, 사망학교.

사람이 다음 단계의 학교인 라틴어 학교를 갈 필요는 없다. 모국어 학교를 마친 후에는 개인의 소질과 능력에 따라 수공 기술을 익힐 수도 있고, 라틴어 학교에 진학할 수도 있다. 이것이 오늘날 유럽의 복선형 학제의 기본형이 되었다.

모든 사람에게 교육해야 한다는 코메니우스의 기본사상은 그의 인간 이해에서 출발한다.

인간은 하나님의 전체 창조질서 안에서 자신의 올바른 위치에 서 있어야 한다. 인간은 창조주이신 하나님과 사물세계인 자연과의 중간 위치에 있는 존재이다. 또한 다른 피조물에 비해 창조세계 안에서 특별한 위치를 차지한다.

첫째, 인간은 세상을 구성하고 있는 모든 것에 대해, 즉 모든 숨겨진 것과 드러난 것을 숙고하고 추리할 수 있는 이성적인 피조물이다. 따라서 모든 인간은 태어나면서부터 모든 것을 알아야 한다.

둘째, 인간은 다른 모든 피조물들을 다스리는 피조물로서, 다른 사람들의 유익을 고려하여 자기 자신을 제어하고 다른 피조물의 목적에 합당하게 그것을 사용해야 한다.

셋째, 인간은 창조주의 기쁨이 되는 피조물이다. 따라서 인간은 자신과 모든 것을 그의 근원이신 하나님께 의탁해야만 한다.

이렇게 인간은 태어나면서 지식과 덕성과 경건의 씨앗이 심겨져 있는데, 이것을 스스로는 계발할 수 없을 뿐만 아니라 계발시켜서도 안 된다. 교육은 세 가지 씨앗이 자라나도록 돕는 것으로서, 인류의 타락으로 인해 이러한 특권을 상실한 인간을 교육을 통하여 하나님의 창조질서 안에서의 바른 위치로 회복시켜야 한다.

인간으로 태어난 모든 사람은 위에서 언급한 세 가지 같은 목적을 가지고 태어났기 때문에, 지혜와 덕성과 신앙으로 올바로 감화되기까지 양육되어야 한다. 재능이 부족한 자나 정신 지체아 까지도 보편적인 교육을 통해 지능을 계발시키고, 온화한 성품을 만들어 교회나 성직자들의 가르침을 이해할 수 있도록 해야 한다. 또한 지능이 조숙한 사람이 있는가 하면, 처음에는 둔하나 나중에 예리하고 날카로워지는 사람이 있기 때문에 일찍부터 차별 없이 교육해야 한다. 교육의 대상에서 지금까지 제외되었던 여성들도 남성과 같은 정신의 예민함과 지식 습득능력이 있으므로 교육시켜야 한다.

교육은 세계의 미로(무질서)에서 살고 있는 인간을 그곳에서 벗어나 자신이 있어야 할 그 자리에 설 수 있게 하는 힘이며, 결과적으로 하나님의 창조질서를 회복시키는 일이라고 코메니우스는 생각하였다. 왜냐하면 교육이 없이는 우리에게 심겨진 씨앗이 자랄 수 없고, 씨앗이 자라지 않으면 하나님의 뜻을 깨달을 수 없기 때문이다.

나. 교육내용

모든 사람이 '모든 것(omnia)'을 배워야 한다. 하나님이 이 세상을 만들어 놓은 질서를 바로 파악하고 그 질서를 세우기 위해서는 모든 것을 알아야 한다. 따라서 교육과 수업은 전체적이어야 하며, 전체와 그 전체의 의미가 지식습득의 대상이어야 한다. 인간은 전문가나 일부분 또는 도구로서 교육받아서는 안 되며, 인간으로서 즉 근원과 세계 본질의 전체적인 영상으로서 교육 받아야 한다. 왜냐하면 진리는 전체 안에 있는 것이며, 만약 부분적인 것에 집착하게 되면 진리를 잃어버리기 때문이다.

인간이 배워야 할 모든 내용은 하나님의 세 가지 책인 사물세계, 인간의 정신, 계시의 책인 성경 속에 담겨져 있다. 세 가지 책의 저자는 근본적으로 하나님이기 때문에 서로가 조화롭고 통일성이 있으며 질서가 있다. 사물세계는 감각을 통하여, 정신은 이성을 통하여, 성경은 믿음을 통하여 배우게 되는데 자연, 정신, 성경은 서로에게 주석과 해석이 된다. 이런 의미에서 하나님의 피조물인 모든 인간은 지식교육, 도덕교육, 종교교육이 필요하다.

구체적으로 교육내용을 살펴보면 인간은 사물과의 관계에서 다음과 같은 세 가지를 알아야 한다.

첫째, 우리가 관찰 할 수 있는 대상들 (지식); 사물을 관찰하며 인식하는 것을 학습

둘째, 우리가 관찰할 수 있는 대상들 (기술); 행하지 않으면 안 되는 것을 행하도록 학습

셋째, 우리가 즐거워 할 수 있는 대상들; 하나님이 우리에게 베푸는 것을 즐기도록 훈련

이 모든 교육적인 활동은 인간 영혼의 본질이면서 동시에 인간의 세 가지 서로 다른 기능인 이성, 의지, 기억 또는 양심을 통해 이루어져야 한다. 이성의 영역은 사물의 차이를 세부적으로 구별할 수 있으며, 의지는 사물의 선택, 즉 유익한 것을 선택하고 해로운 것을 버리는데 관계한다. 기억은 이성과 의지가 관여한 모든 것을 앞으로 사용하기 위해 머릿속에 저장하며 영혼의 의무를 상기시키는 역할을 하여 모든 것을 하나님의 뜻대로 하게 하는 역할을 한다. 이 모든 것을 통해 궁극적으로 이루려는 교육의 목적은 인간의 지식이 아니라 하나님의 지혜임을 '세계도해(Orbis sensualium pictus : 1658)에서 밝히고 있다.

코메니우스가 초등학교 신입생을 위해 쓴 '세계도회'를 살펴보면, 이 세상의 많은 사물들과 그 특징을 알 수 있을 뿐 아니라, 그 시대의 세계와 사회생활과의 관계성을 파악할 수 있다. '세계도해'는 20과로 구성되어 있다.

1. 하나님
2. 세계
3. 하늘
4. 기본원리

11. 집의 내부
12. 교통수단
13. 지적 교류
14. 교훈

5. 땅
6. 식물
7. 동물
8. 인간
9. 일치적 작업
10. 집 : 무엇으로 만들어졌으며 어떻게 만들어지는가.
15. 사회개혁
16. 도시
17. 놀이
18. 정치
19. 종교
20. 최후의 심판

코메니우스는 인간의 일상생활에서부터 그 시대의 최고의 지식과 최근에 연구된 기술에 이르기까지 가치 있다고 생각되는 모든 지식을 가르치도록 하였다. 여기서 말하는 모든 지식은 부분적인 지식이 아니라 전체적이고 완벽한 지식을 의미한다. 코메니우스가 생각하는 세계는 하나님으로부터 시작하여 하나님으로 끝난다. 하나님이 세계의 근원이요 거기로 귀결되어야 한다고 보았기 때문이다. 그 사이에 있는 세계는 각각 분리된 것이 아니라 연속선상에 있다고 보았다.

코메니우스의 마지막 작품인 『일반 예술 세 가지(Allgemeine Dreikunst: Triertinum catholicum, 1665~1670)』에서 인간은 이성과 혀와 손을 가지고 있기 때문에 인간은 이성을 통해 마땅히 알아야 할 것을 알아야 하고, 혀를 통해 언어로 아는 것을 표현할 수 있도록 길러져야 하며, 손을 통하여 마땅히 행해야 할 것을 행해야 한다고 생각했다. 인간이 가지고 있는 사고, 언어, 행위는 교육받았다는 것과 연결되어야 한다. 즉 교육받았다는 것은 단순히 모르는 것을 알게 되었다는 것에서 그쳐서는 안 된다. 그것은 반드시 알게 된 것을 다른 사람에게 가르칠 수 있고 가르친 것을 행할 수 있어야 교육받은 사람이 된다. 무엇을 안다는 것은 올바른 행위를 수반한 개념으로 행위가 없는 지식은 전체를 모르는 지식으로 간주된다.

다. 교육방법(코메니우스, 대교수학, pp.77)

모든 사람에게 모든 것을 철저히(omnino) 교육해야 한다. 자연과 세계 내에 있는 일정한 질서의 원리를 기초하여야 하며 가르치는 기술(Kunst des Lehrens)은 '시간과 가르칠 교과와 교수법을 능숙하게 배열'하는 것을 말한다. 철저히 수업하는 교수법에는 '정확한 교수학습', '교수학습을 쉽게 하는 방법', '교수학습의 철저성', '교수법의 간결성과 용이성'을 따르는 방법이다.

첫째, 정확한 교수-학습 과정은 자연의 과정과 일치해야 한다.

자연은 적절한 시기를 지킨다. 이는 학습하려는 교육내용이 학생들의 연령에 맞아야 하며, 그 시기에 이해할 수 없는 내용은 절대 가르치지 말라는 것이다.

자연은 형상(form)을 주기 전에 질료(material)를 준비한다. 즉 추상화, 체계화된 지식보다 먼저 실물을 제시하고, 규칙보다 실예를 먼저 가르친다.

자연은 그 활동에 적합한 소재를 선택한다. 즉 학습을 하기 전에 학습하려는 마음을 준비시켜 학습에 몰두할 수 있도록 주변 환경을 준비한다. '학생들이 한 번에 한 가지 학습에만 전념하도록 해야 한다.'

자연은 그 형성과정에 있어서 일반적인 것에서 시작하여 특수한 것으로 끝맺는다. 언어, 학문, 기술도 처음에는 단순한 요소를 가르쳐 전체를 파악하게 하고 그 다음 규칙과 실예를 제시하고 그 후에 예외적인 것, 불규칙적인 것을 학습하는 방식으로 한다. 그러므로 '학습을 시작하는 처음 시기에는 일반 교육에 관한 기초를 학습한다. 그리고 후에 배우게 될 교과에서는 그 어떤 것도 새로 소개하지 말고 이미 학습한 지식을 발전시켜 나가는 식으로만 배정해야 한다.' 이는 동일한 내용을 심화시켜 반복적으로 학습시킨다는 의미에서 '학문의 구조'와 '나선형 교육과정'이라는 현대적 교수이론과 유사하다.

둘째, 교수-학습을 쉽게 하는 방법은 먼저, 학생들이 알고자 하고 배우고자 하는 욕구를 가능한 모든 수단을 동원하여 어린이 마음속에 불타게 해야 한다. 이를 위해 사람과 관계된 모든 것을 동원한다. 예를 들어 체벌과 보상, 학습내용에 대한 방법론적인 준비, 개개인의 학습속도 보장 등이 있다. 또한 배우고 싶은 환경을 구성해야 한다. 교실 내부는 밝고 깨끗하며 벽은 그림으로 꾸며 놓는다. 실외 환경에는 거닐고 놀 수 있는 넓은 장소와 정원 등이 있어야 한다.

자발적으로 학습하고자 할 때, 수업은 쉬운 것에서 어려운 것으로 진행되어야 한다. 아동의 수업은 '먼저 감각훈련을 하고, 다음에는 기억력, 다음에는 이해력, 마지막으로는 판단력 훈련'의 순으로 이어져야 한다. 수업 양은 학생들에게 부담을 주지 않아야 하며 학생들의 학습능력에 맞게 가르쳐야한다. 이해하지 못하는 것을 암기시켜서는 안 되며 만약 이를 강요하는 것은 지능에 폭력을 가하는 것이다. 교수-학습을 쉽게 하는 방법으로는 한 교과에 서로 다른 방법론을 사용하지 말아야 한다. 왜냐하면 서로 다른 방법론 때문에 학습에 혼란을 가져올 수 있기 때문이다.

셋째, 교수-학습의 철저성이다. 어린이들은 한번 배운 것을 금방 잊어버리는 경향이 있다. 배운 것을 오래 기억하기 위해서는 철저히 배워야 한다. 코메니우스는 '인간에게 필요한 모든 것을 지혜롭게 관찰하고, 논의하고 실천하기 위해서 인간의 이해력과 언어기능과 수공기술을 훈련'하라고 하였다. 학생은 수업의 목적을 알아야 하고 적용하는 단계에서 비교와 반복을 통해 확고한 지식을 습득할 수 있다. '무엇인가 이해하는 것을 배운 사람은 동시에 그것에 관해 말하고 그것으로 일하며 지혜롭게 적용하는 것을 배워야 한다. 그리고 반대로도 해보아야 한다.'

넷째, 교수-학습은 간결하고 신속해야 한다. 많은 지식의 내용을 정리도 하지 않은 채 백과사전식으로 이것저것 가르치게 되면, 포괄적인 일반 기초 교육을 받기 보다는 단편적인 지식만을 배우게 된다. 간결하고 신속하게 학습하기 위해 합리적으로 수업을 제시해야 한다. 예를 들어 수업내용을 연간 과제, 월간 과제, 일일 과제로 나눈다. 또한 교과를 단계에 따라 가르치되 수업의 연속성이 있어야 한다. 또한 간결하고 신속하게 가르치기 위해 개인교육보다 집단교육을 하는 것이 좋다. 당시의 교육은 개인교육이 주를 이룸으로써 교육의 효율성과 신속성을 기할 수 없었다. 이러한 단점을 보완하기 위하여 집단수업에 적용할 수 있는 보편적인 교수법을 개발하였고 모든 학생이 같은 책으로 배워야 한다. 교사 한 사람이 100명 이상의 학생을 효율적으로 가르칠 수 있는 방법이 있다. 100명 이상의 학생들을 10명 정도씩 소그룹으로 나누어 각 집단에 한 명의 통솔자를 두고, 그 대표되는 학생은 상위의 학생에게 통솔을 받는 식의 조직을 둔다.

교사가 수업을 진행할 때 반드시 학습내용을 매력적으로 제시하고 질문을 던짐으로 흥미를 자극하되 질문내용은 전에 학습한 내용과 관계가 있어야 한다. 수업 중에는 감각적 호소와 함께 질문을 함으로 주의를 집중할 수 있도록 도와주어야 한다.

학습내용을 제시할 때, 언어보다는 직관을 통하여 사물과 연결시켜야 한다. 코메니우스는 당시의 언어교육을 비판하면서 새로운 언어교육에 대해 구체적으로 조직화 하였다. '언어는 지식이나 지혜의 일부분으로서가 아니라, 지식을 얻고 그것을 타인에게 전달하는 수단으로서 학습해야 한다.' 그러므로 코메니우스는 그 당시 교사가 학생들에게 학습하는 교과내용을 철저히 설명해 주는 대신 받아쓰고 암기하게 하는 방식은 잘못된 것이라고 지적하였다.

언어학습은, 특히 어린이일 경우, 사물의 학습에 연결시켜야 한다. 그래서 객관적인 사물을 이해하는 것을 언어로 표현하는 법을 배워야 한다. 우리는 인간을 교육하는 것이지 앵무새를 만드는 것이 아니다. 그러므로 학습을 할 때 문자나 책을 통해 배우기보다는 사물자체를 먼저 직관적으로 익혀야 한다. "인간은 가능한 한, 책에서 배우는 대신 하늘과 땅, 참나무와 너도밤나무를 통해 지혜를 배워야 한다...사물에 조사하도록 학습해야 한다." 모든 교육 중에 직관적 교육이 우선되어야 하는데 이는 오감각, 즉 시각, 청각, 후각, 미각, 촉각을 고려해야 한다. 왜냐하면 실질적인 관찰과 감각을 통한 지각에 의한 학습을 하게 될 때 학습내용을 신뢰할 수 있기 때문이다. 코메니우스는 이것을 '교사를 위한 황금률'이라고 하였다. 따라서 교사는 수업시간에 실물이 아닐 경우에는 삽화를 보여는 것이 바람직하다고 하면서, 어린이들을 위한 언어 교과서인 그 유명한 『세계도해』를 저술한 것이다.

(4) 영유아기의 교육

가) 영유아기 교육 : 가정과 교회의 임무

교육과 교수법은 제 때에 시작해야 한다. 인생이 짧고 저 세상을 준비하면서 동시에 이 세상의 삶에서 완전한 행동을 하려면 어려서부터 준비시켜야 한다.

조기교육이 필요한 이유는 다음과 같다. 인간은 나무와 비슷하다. 과실수, 사과나무, 배나무, 무화과나무, 포도나무는 그 그루터기에서 저절로 자라날 수는 있지만 야생인 채로는 야생의 열매만 맺는다. 숙련된 정원사가 옮겨 심고 가지를 쳐주기 전에는 맛있는 열매를 맺지 못한다. 사람도 저절로 사람의 형상대로 자라난다. 그러나 도덕과 신앙이 먼저 그 속에 접목되지 않으면 합리적이고 지혜롭고 덕스러우며 경건한 존재로 발전하지 못한다. 따라서 식물이 어릴 때 그런 것처럼 어린 시절에 이런 접붙임이 이루어져야 한다.

처음에 잘못된 교육을 받게 되면 그 영향은 평생을 지배한다. 인간은 처음에 받아들인 인상이 강하게 박히기 때문에 한번 습득한 것은 후에 고치기가 매우 어렵거나 불가능하다. 이런 이유에서 요람에서부터 교육은 이루어져야 하고 '시작할 때부터 그 목적을 맞추는 것이 중요하다.' 인간은 이미 태어날 때부터 지식과 덕성과 경건의 씨앗이 심겨져 있어서 그들에게는 모든 것을 할 수 있는 가능성과 능력이 있다.

이러한 가능성을 발전시켜 주어야 할 책임은 부모에게 있다. 자녀는 부모 자신을 위해서가 아니라 하나님을 위해서 태어난 것이며(겔23:27), 하나님은 자녀를 자신의 씨라고 하셨고(말2:15) 이들에게서 하나님의 자녀가 나오게 된다(행17:28). 하나님은 그 자녀를 부모에게 맡기셨기 때문에 이들에게 명예롭고 거룩한 그리고 행복한 생활을 가르쳐야 한다. 그러나 부모는 가르치는 방법이나 풍요로운 내용을 제공하기 어렵다. 따라서 교육의 보조자로서 교사나 감독에게 보수를 주고 자녀교육을 맡겨야 한다. 이처럼 영유아기 교육의 일차적 책임은 전적으로 부모에게 있으며, 보조자로 공동체에 속해 있는 감독이나 교사에게 맡겨진다. 그러나 반드시 자녀교육에 대한 대가를 지불해야 한다.

나) 영유아기 교육내용

영유아기에 가르쳐야 할 교육내용은 『어머니학교의 소식(Informatorium der Mutterschul)』에 잘 나와 있다. 신앙과 경건, 도덕과 덕, 언어의 학문과 모든 기술을 어려서부터 가르쳐야 한다. 가장 먼저 경건을 가르치고 그다음 선한 도덕을, 마지막으로 유용한 기술을 가르친다.

이러한 전체적인 교육내용은 발달 단계에 맞게 제공되어야 한다. 영유아기의 발달 단계는 여섯 단계로 구분할 수 있다. '어머니의 학교'에는

* 입문반, 신생아반 :1개월 반
* 젖먹이반 : 1년 6개월
* 옹아리 시작과 보행기
* 언어와 지각의 반

* 습관과 경건성을 기르는 반
* 첫 번째 공립학교에서 수업이 시작되는 반이 있다. 이 시기에 가르쳐야 할 교육내용을 구체적으로 살펴보자.

◉ 건강교육

어머니 학교 시기의 어린이들, 특히 신생아반과 젖먹이반의 어린이들은 자기를 스스로 돌보거나 자기를 위해 기도할 수도 없기 때문에, 부모는 자녀를 대변하고 자녀의 건강을 유지하며 하나님의 영광을 나타내려고 노력해야 한다. 이러한 이유에서 코메니우스는 어머니를 위한 자녀의 건강 교육법을 제시하였다. 여기서 몇 가지를 소개하겠다.

먼저 어머니는 자녀를 자신의 모유로 키워야 한다. 어머니는 자녀가 어릴 때부터 경건성과 명예심의 씨앗을 심어주어야 하기 때문에, 어머니 자신이 먼저 건강하고 교양을 갖추어야 한다. 어머니 자신이 모유를 수유하기 어려울 경우에는 위의 조건을 갖춘 유모에게 자녀를 맡긴다.

다른 하나는 필요한 경우를 제외하고는 약을 먹이지 말고, 자연적으로 치유되게 하는 것이 좋다. 약에 익숙해진 사람은 몸이 강해지고 건강해지는 것이 아니라 오히려 더 약해지고 창백해지고 허약해져서 자기에게 맡겨진 시간보다 더 일찍 죽을 수 있다. 따라서 약이 꼭 필요하지 않으면 사용하지 말아야 한다.

겨울에는 방을 따뜻하게 하고 따뜻한 옷을 입혀야 한다. 어린이의 몸은 연하기 때문에, 더위나 추위, 부적절한 식사, 배고프거나 목마른 고통을 주어서는 안 된다. 또한 음식을 너무 많이 주어도 건강에 해롭다. 음식을 절제시키는 것은 건강을 유지하는데 도움이 되며 도덕교육에 기초가 된다.

영아가 스스로 걸어 다니기 전에는 부모가 매일 운동을 시켜주어야 한다. 자녀가 조금 자라 발로 설수 있을 때 걷도록 훈련시키고 무엇인가를 할 수 있도록 도와준다. 많이 걷고 일을 많이 하면 할수록 더 잘 자고 소화도 잘되며 더 잘 자라고 신체와 정서가 더 건강하며 민첩해진다.

◉ 지식교육

코메니우스는 이 시기에 일생에 필요한 모든 지식의 씨를 뿌려야 한다고 말한다. 영유아기라고 할지라도 모든 것을 가르쳐야 한다.

자연학 : 영아기에는 먹고 마시고 자고 소화하고 자라지만, 이러한 것들을 이해하지는 못한다. 2~3살이 되면 죽, 빵, 고기가 무엇인지, 물, 불, 땅, 바람, 차갑고 뜨거운 것이 무엇인지, 사람과 강아지, 고양이가 무엇인지의 자연 사물의 구분하는 법을 가르친다. 어린이는 어머니에게 새, 고양이, 소를 가리킬 수 있는 능력이 있다.

4~6세가 되면 신체와 사물의 명칭과 기능과 용도를 가르친다. 각각의 명칭과 기능과 용도를 가리키고 명명하고 표현하고 시험해 본다. 예를 들어 이것이 무엇이지? 이 이름이 무엇이지? 이것이 왜 있는 것이지? 등.

광 학 : 빛의 명암과 색채를 구별할 수 있다.

천문학 : 하늘, 태양, 달, 별의 의미와 이것의 출몰을 이해시킨다.

지리학 : 2~3세에 자신이 자고 교육받고 먹는 방을 알게 되고 산책을 하는 길 등을 익힌다. 3세에는 집 안에 있는 것들과 집 주변에 있는 것들 예를 들어 정원, 마구간, 주방, 창고 등을 구분한다.

4세 이후가 되면 거리, 시장, 이웃집, 조부모 집 등을 익힌다. 5, 6세가 되면 마을, 도시, 산, 밭, 강 등을 익힌다.

연대학 : 시간, 날, 주일, 년, 아침, 점심, 저녁, 한밤중 등을 구별하고 그 이후에 일주일은 7일로서 6일은 일하는 날이며 마지막 날은 쉬는 날임을 알게 한다. 교회력을 중심으로 크리스마스, 부활절, 오순절을

알고 겨울에는 크리스마스, 봄에는 부활절, 여름에는 오순절, 가을에는 추수하는 것을 알게 한다.

역사 : 최근에 일어난 일을 기억시키고, 구체적으로 누가, 무엇을 어떻게 했는지 질문한다. 어린이의 생활 속의 사건을 중심으로 한다.

산술 : '많다', '적다'의 개념을 알고 열까지 셀 수 있고, 하나 큰 수와 하나 작은 수를 알 수 있다.

기하학 : '크다', '작다', '길다', '짧다', '넓다', '좁다', '두껍다', '얇다'의 뜻을 알고, 선, 교차선, 동그라미의 의미를 알고, 자로 사물을 측정할 수 있다.

통계학 : 감각적인 훈련을 통하여 손으로 물건을 달아 봄으로 물건의 어림 중량을 말할 수 있는 능력을 키운다.

실생활 학습 : 어린이에게 손을 사용하도록 하고 실제로 하는 법을 가르친다.

2, 3세에는 이리 저리 뛰어 다닌다. 뛰어 오른다. 구른다. 무엇을 가지고 논다. 불을 켜고 끈다. 물을 붓는다. 여기서 저기로 물건을 옮긴다. 어떤 물건을 이런저런 방식으로 정돈하고, 무엇인가를 만들고, 물건을 분해하고 마디를 만들고, 끊어 버리는 등의 일을 하도록 훈련한다.

3, 4세부터 그림을 그리고 쓰는 일을 시작하여, 선, 점, 십자가, 원 등을 그리도록 한다.

4세에서 6세에 완전한 수작업을 할 수 있다. 이런 활동은 수작업을 함으로써 자기 자신을 실현시키려는 노력을 하고 있는 것이기 때문에 절대 방해해서는 안 된다.

언어 : 언어교육에는 몇 가지로 나눌 수 있다.

a) 변증법-대화는 질문과 대답으로 진행되는 것을 관찰하고 자신도 질의 응답하는 습관을 기르도록 한다.

b) 문법- 모국어를 정확하게 말하도록 한다. 글씨와 음절과 낱말을

똑바로 발음하도록 한다.

c) 수사학- 말의 표현과 몸짓의 적절한 사용, 음성의 변화 등을 모방하도록 한다.

음악 : 우리에게 음악은 가장 자연스러운 것이다. 옹아리나 우는 소리가 첫 번째 음악이다. 2세에 외적인 음악, 즉 노래, 바이올린 소리, 소음, 시계소리 등의 멜로디에 어린이들의 귀와 감성이 익숙해지도록 한다.

3세에는 노래 부르기도 한다.

4, 5세가 되면 피리나 북 등의 여러 가지 소리에 친숙하게 만들고, 악기 다루는 법을 가르칠 수도 있다.

◉ 도덕교육

영유아에게 가르칠 도덕교육의 덕목은 다음과 같다. 절제(배를 지나치게 채우지 않도록 실천한다), 청결함, 경외함(웃어른을 존경한다), 순종, 정의(다른 사람의 것을 만지지 말고, 갖지 말고, 감추지 말고, 다른 사람을 괴롭히거나 탐내지 않는 훈련을 한다), 사랑하기(어려운 사람에게 자선을 베푼다), 무위함을 견디기(공부와 놀이에 열중한다), 침묵(적게 말하도록 가르친다), 인내심, 봉사(친절한 마음과 다른 사람을 기쁘게 돕는 마음), 예의범절(악수하는 법, 무엇을 요청할 때 정숙한 방법 등)을 반드시 가르쳐야 한다. 왜냐하면 이 시기는 '도덕성을 형성할 시기'이며 이러한 덕의 실천이 청소년기에 제2의 본성이 될 수 있기 때문이다.

어린이에게 도덕적 행위를 가르치는 방법은 모범과 가르침과 훈육을 통해야 한다. 우선 부모 자신이 훌륭한 모범이 되어야 한다. 이런 것들을 가르칠 때 훈육으로 가르치되 최악의 고집을 피우면 매를 들어도 된다. 그러나 이것은 최악의 경우이고 부모는 어린이의 근본 원인을 치료하는데 중점을 두어야 한다.

◉ 종교교육

코메니우스 교육의 핵심은 종교교육이다. 종교교육은 도덕교육과 마찬가지로 가정에서 시작해야 한다. 『범교육론』에서 어린이가 사는 가정은 작은 교회가 되어야 한다고 하였다. 아침, 저녁으로 모여 하나님을 생각하고 찬양하며 하나님의 말씀을 읽고 경건한 대화가 오고가야 한다. 부모는 어린이를 교회에 데리고 다니며 기회가 있을 때마다 하나님의 존재, 하나님의 가호, 심판, 하나님에 대한 두려움과 애정, 하나님에 대한 복종 등을 가르치고 하나님께 기도하는 것을 가르쳐야 한다. 기독교의 근본적인 토대인 믿음과 소망, 사랑을 확고히 심어주어야 한다. 인간에게 다스리라고 주신 피조물을 다스리는 법과, 이러한 복에 대해 하나님께 영광 돌리도록 가르쳐야 한다. 그래서 늘 하나님 앞에 있는 것 같은 마음으로 살며 하나님과 동행하는 습관을 얻게 해야 한다.

다) 영유아기 교육방법

영유아기에 가장 중요한 방법 중에 하나는 감각교육이다. 이 시기의 어린이는 사물의 명칭을 듣는 것만 가지고는 사물을 이해할 수 없고 사물의 특징을 활용하는 방법을 인식할 수 없다. 가정에서는 어린이에게 반드시 실물교육이나, 이것이 어려울 경우에는 감각을 자극할 수 있는 그림책을 통해 가르쳐야 한다. 어린이들은 실물 또는 그림을 직접 보고 비교해 봄으로써 사물의 근본 특징들을 인식하고 그 차이점을 구별할 수 있다. 교사가 그 특징을 설명하고 외우게 하는 것이 아니라, 자연 자체가 말하도록 하게 하는 것이 좋다. 그림과 사물의 명칭이 함께 제시된 그림책을 가지고 언어교육을 시작한다. 이 시기에 중요한 것은 말하는 법과 정확히 소리 내는 법을 먼저 연습시킨다.

이것이 충분히 이루어진 후 명칭학습이 이루어진다. 첫 단계는 사물을 명명하는 단계이다. '이것은 책이다', '이것은 코다'와 같이 정확한 명칭을 알려준다. 둘째, 확인단계이다. '이것이 무엇이지?'라고 묻고 명칭을 확인한다. 마지막은 재확인 단계로써 '개는 어디에 있지?', '너의 머리는 어디에 있지?'라고 물으면서 명칭에 맞는 사물을 가리키도록 한다. 이렇게 3단계 학습을 함으로써 단순히 사물의 명칭만을 인식하는 것이 아니라 사물을 재확인하여 첫 인상을 각인시킨다. 코메니우스는 언어교육에서 침묵하는 훈련과 듣는 훈련을 강조하기도 하였다.

자유놀이의 방법이 있다. 어린이들은 조직적인 훈련이나 어른들이 강제로 시켜서 하는 일 보다는, 자유롭게 놀면서 친구와 대화하고 서로 설명해 주면서 배우는 것이 훨씬 더 많다. 자유놀이 속에서는 한 사람이 다른 한 사람을 지배하거나 강요하거나 겁을 주는 것이 아니라 서로 사랑하고 솔직해지며 모든 문제에 대해 자유롭게 질문할 수 있다. 따라서 어린이들은 자유놀이를 통하여 자신의 이성을 더 예리하게 만들 수 있다. 그러므로 어린이들에게 실외나, 그밖에 놀 수 있는 장소에서 친구들과 매일 뛰놀 수 있도록 허락해야 한다.

어린이에게는 현장교육이 필요하다. 일하는 것을 직접보고 작업을 해보게 한다. 실제로 일을 해본 어린이는 사물에 대한 비이성적이고 근거 없는 판단을 하지 않게 된다. 실제적인 작업은 자유로운 정신을 소유하게 하며 목적지향적인 사고를 하게 만든다. 어린이가 일을 할 때 자유를 보장해 주어야 한다. 할 일을 스스로 찾고 수집하고 취사선택할 수 있도록 돕는다. 이러한 자율적인 활동은 어린이에게 더 큰 만족을 주게 될 것이며 쉽게 작업을 할 수 있는 기초가 된다.

도덕교육과 신앙교육에서 가장 중요한 방법은 모범과 순종 그리고 훈육이다. 좋은 본보기는 어린이에게 절대적으로 필요하다. 하나님은 어린이들에게 다른 사람이 하는 것을 보고 곧 따라 하고자 하는 호기심을 심어 놓았다. 어린이에게 무엇인가를 하라고 명령하기보다 단순히 보고 듣고 따라하면서 습관이 형성 되도록 해야 한다. 그러므로 어린이가 있는 가정은 모든 면에 매우 신중해야 한다. 모든 것에 절제하고 정중하게 대하며 자녀에게 순종과 지혜를 가르쳐야 한다. 부모가 모범을 보이면 말로 가르치거나 체벌을 통해 강요할 필요가 없어질 것이다.

이 시기의 어린이들에게 중요한 것은 순종이다. 특히 의도적이고 고의적인 자기의 고집을 포기하고 순종하도록 해야 한다. 자기 자신의 판단보다는 다른 사람의 충고를 따르는 것이 바람직하기 때문이다. 순종이란 자기 자신의 의지를 꺾고 다른 사람의 의견을 존중하는 법을 배우는 것으로 부지런히 훈련해야 한다. 그러나 어린이가 최악의 고집을 부릴 때에는 매로 다스릴 수 있다. 그러나 체벌보다는 훈육이 더 좋은 방법이므로 될 수 있는 한 매를 들지 말아야 한다. 어린이의 고집을 고치기 위해서는 끊임없이 사랑과 관심을 가지고 지도하고 반드시 해야 할 일을 가르쳐야 한다.

chapter

05

계몽주의 시대와 교육

1. 시대적 배경

17세기는 왕을 중심으로 한 중앙집권 관리가 이루어지고 개인을 법과 권력으로 통제하는 절대주의 시대였다면, 18세기는 개인을 이성과 지성을 통해 통제로부터 해방하려는 의도를 지닌 계몽[67]주의 시대이다. 계몽주의는 절대 왕정 하에서 개인의 존재와 가치가 인정되지 못한 것에 대한 대항 개념으로 개인의 자율성과 이성의 자유와 존엄성에 가치를 두었다.

칸트에 의하면 "계몽이란 스스로의 잘못으로 빠진 미성숙으로부터 벗어나는 것이다. 미성숙이란 다른 사람의 도움 없이 혼자서는 생각하는 힘을 사용할 줄 모르는 것을 말한다."[68] 여기서 보면 스스로 생각하지 못하는 것을 남의 책임이 아니라 자신의 책임이며 스스로 생각하지 못하는 사람이 곧 미성숙한 사람이라는 것이다. 따라서 계몽이란 생각과 행위에 있어 강제가 아닌 자유와 주인의식을 강조한다.

이러한 사상은 인간은 누구나 원래 자유롭고 평등하며 독립적인 존재라는 자연법사상에 근거하고 있으며, 이러한 원리가 사회 정치적 여러 문제를 해결하는데 적용되었다. 로크의 자연법사상[69]에 영향을 받

---

67) 일반적으로 계몽이란 전통적인 권위나 편견 또는 속된 믿음으로부터 사상이 해방됨을 뜻하며, 따라서 기존의 가치와 질서에 대해 비판적이고 자유스러운 사상 태도의 확립과 보급을 의미한다. 영어로 계몽은 '빛을 비추는 것'이고, 독일어로 계몽은 '밝게 하는 것'을 말한다.

68) Aufklärung ist der Ausgang des Menschen aus seiner selbst, verschuldeten Unmündigkeit. Unmündigkeit ist das Unvermögen , sich seines Verstandes ohne Leitung eines anderen zu verdienen. : I. Kant, Was ist Aufklärung?, Stuttgart 1975, 9.

은 루소의 사상은 프랑스 혁명과 미국 혁명에 영향을 미쳤다. 로크부터 루소에 이르기까지 국가론은 국가를 이성적 계약의 형태로 이해하고 개인의 문제에 관심을 기울이게 되었다. 바로크 시대의 중앙집권적 권력 국가에 있었던 사회적 모순과 불평등에 대한 불만은 사회 및 정치 개혁에 대한 요구와 시도로 이어졌고, 국가는 점차 국가의 내무행정의 전면적 개혁 등을 통해 복지국가 또는 법치국가를 지향하게 되었다.

국가는 스스로 백성의 복지에 힘쓰고 경제와 교육 등을 촉진시키려고 하였다. 또한 개인에게 종교와 양심의 자유를 보장하였다. 국가는 백성들을 계몽하고 성숙하게 하려고 하였으며 인간의 존엄성 사상도 보급하게 되었다. 백성은 이제 자율적인 시민으로 변화되었다.

자연법 사상과 자유의 개념은 경제와 사회분야에도 영향을 미쳤다. 생산과 상업을 촉진시켰던 17세기의 중상주의도 18세기에 이르러 중농주의[70]로 바뀌게 되었다. 자유로운 시장경제를 통해 개인의 경제를 발전시키고자 했던 중농주의는 노동과 자본의 무제한적 자유를 추구하는 사상으로 이어졌는데 영국의 아담 스미스(1723~1790)[71]가 그 대표적인

---

69) 로크에 따르면 인간은 원래 자연상태에서 완전한 자유와 평등을 누렸다. 신이 내린 인간의 본성을 지키는 것도 자연법에 속한다. 따라서 자연법에 따라 아무도 다른 사람의 목숨, 자유, 소유물을 빼앗거나 파괴할 수 없다. 자연법이 깨진 상태에서는 누구나 자신만의 이익을 위해 싸우게 되며 이로 인해 전쟁이 시작된다. 평화와 자기보존을 위해 사람은 사회계약을 맺게 되고, 이 계약을 지키기 위해 권력기관이 필요한데, 이 권력기관이 국가이다. 따라서 국가권력은 자연법에 어긋나서는 안 되며, 개인의 자유와 소유권을 보장해야 한다.

70) 중농주의는 모든 경제의 근거를 자연적인 토지에 두고, 농업을 유일한 생산적인 일로 여기며, 국가 경제를 지양하고, 개인경제를 '자유로운 시장법칙'에 따라 발전시키자는 사상이다. (A. Reble, 2002: 176)

71) 스미스는 『국부론(The Wealth of Nations)』을 저술하던 18세기 중엽, 영국은 중상주의 정책의 한계가 드러나고 자본가 계급이 새로운 생산력의 소유자로 대두되는 역사의 전환기를 맞이하고 있었다. 신흥 산업도시인 글래스고에서 산업혁명의 태동을 직접 경험한 스미스는 자본주의 생산과정이 중산주의 정책을 근본적으로 비판하고 자유방임 사상에 대한 이론적 기초를 제공할 것을 자신의 학문적 과제로 삼았다. 그는 경제사회에서의 조화로운 자연 질서의 지배를 논증함으로써, 자신의 이익 추

인물이다.

계몽주의는 이렇게 경제규제뿐 아니라 신분규제도 완화시켰다. 시민계층이 하나의 세력으로 등장하게 되었다. 17세기의 귀족중심의 궁정생활양식에서 18세기에 이르러는 반권위적인 시민문화로 이어지게 되었다. 삶의 양식이나 예술, 건축에 있어서도 17세기 웅장하고 장엄한 바로크 양식에서 귀엽고 가벼우며 친밀한 것들을 선호하는 로코코 양식으로 발달하게 되었다. 이 시대는 형이상학적이고 깊이 있는 사고보다 다양한 생활을 시도했으며 감각적이고 밝고 긍정적이었다.

인간의 이성과 이성의 힘을 신뢰하였기 때문에 인간의 이성을 통해 세상을 발전시킬 수 있다는 진보의 역사를 확신했다. 이성에 대한 믿음은 종교와 학문 그리고 교육에도 영향을 주었다. 신학에 있어서도 이성적이 아닌 것은 모두 유치하거나 미신적인 것으로 치부되었으며, 이성적인 종교를 추구했다. 이 시기에 나타난 대표적인 종교적 사고가 이신론(理神論, Deism)[72]이다. 이렇듯 18세기는 모든 면에서 이성을 존중했으며 이성으로써 모든 것을 좋게 만들어 이 세상에서 행복해질 수 있게 하는 방법에 관심을 두었다.

구에만 여념이 없는 경제인의 주체적 행동이 '보이지 않는 손'에 이끌려 국부의 증진과 생산력 향상이라는 의도하지 않은 사회적 결과를 가져오게 된다는 것을 밝혔다.

72) 신은 합리적 사고에 의해 우주를 창조했다. 그러나 신은 우주를 세계와 같은 정교한 기계로 만들고 이 기계가 스스로 작동하도록 고안했을 뿐이다. 창조 이후에 신은 우주의 운영에 개입할 수 없으며, 신조차도 이 우주 법칙을 따라야 한다. 이신론에서의 종교는 신과의 인격적인 만남을 배제하기 때문에 단순히 자연종교로서 윤리적 문제만을 다룬다.

2. 교육적 배경

계몽시대에는 자연과학의 발달과 더불어 인간의 지적 능력에 대한 확신과 신뢰가 더해져 갔다. 일체의 교권에 대한 반대뿐 아니라 당시의 국가적, 사회적, 종교적인 속박에 얽매여 있음을 자각하고 이를 벗어나기 위해 이성을 계발하여 이성적인 삶을 살도록 해야 한다고 보았다. 이는 자연스럽게 교육의 힘에 대한 무한한 신뢰로 나타났고, 교육은 국가의 관리 하에 들어왔다. 국가는 신에 봉사하는 인간보다는 국가에 공헌 할 수 있는 인간 양성에 힘쓰게 되었다. 계몽시대의 교육적 특징을 살펴보면 다음과 같다.

1) 합리주의

첫 번째 특징은 인간의 이성과 지성을 존중하는 합리주의이다. 인간은 이성적 존재이며 합리적인 생활을 해야 한다. 왜냐하면 이성만이 참된 것이고 가치 있는 것을 판단하는 기준이기 때문이다. 인간 이성의 완전성에 대한 확신은 진보의 관념을 낳게 되었다. 인간 정신의 차원에서 사고와 인식능력은 인간의 진보를 가져다주는 힘으로 보았다. 인간의 이성을 깨우침을 통해 인간을 속박하는 것에서 해방시켜 자유와 진보를 추구하려고 하였다. 특히 프랑스의 디드로를 중심으로 한 백과전서파[73]는 지성이 인간의 행복을 가져다주는 가장 확실한 길이라고 생

73) 프랑스의 계몽사상의 기념비적인 『백과전서』(1751~1772)의 편집 및 출판에 참

각했다.

2) 시민교육과 직업교육

18세기는 시민(Bourgeois)의 세기이다. 시민이 사회의 중심 계층이 되었기 때문에 시민을 계몽시키는데 교육의 역점을 두었다. 이 시기의 사람들은 교육을 통해 주체적이며 사회에 책임을 지는 유능한 시민을 양성하는데 중점을 두었는데, 즉 자기 분야에서 자질을 갖추고 일하는 유용한 직업인을 양성코자 했다. 이런 의미에서 시민교육은 훌륭한 직업교육을 의미했다(정영근 외, 2001: 301).

유럽의 여러 나라에서 시민계급을 위한 교육기관으로 실과학교(Realschule)와 전문학교(Fachschule)들이 설립되었다. 1747년 독일 베를린에 처음으로 실업학교가 설립되었는데, 이곳에서는 시민의 삶에 적합하고 직업을 준비시키는 교육을 하였다. 프랑스에서는 근대적인 기술대학이 설립되어 기술영역에서의 고등교육을 최초로 실시하였다(조경원 외, 2005).

지식인들은 시민에 대한 교육과 더불어 대중교육에 관심을 보였다. 진정한 계몽주의자라면 일반 대중에게 폭넓은 영향력을 미쳐야 한다고 생각했다. 따라서 라틴어와 종교를 중시하는 교육에서 시민적인 덕과 실용적인 기술을 강조하는 교육을 강조하고, 대중에게는 적어도 초등교육의 필요성에 대해 주장하였다. 그럼에도 불구하고 일반 대중을 위

여한 많은 진보적인 사상가들을 말한다. 디드로를 중심으로 달랑베르의 협력 하에 작성된 이 저작은 8권 이후로는 탄압으로 비합법적인 수단에 의해 출판되었다. 여기에는 당시의 혁신적인 세계관과 과학과 기술 등 광범위한 분야에 걸쳐 집약되어 있다. 이들은 백과전서가 인간을 중세의 어두움으로부터 밝은 문명의 세계로 이끌어갈 추진력이 될 것이라 보았으며, 이들의 생각은 프랑스 혁명을 위한 사상적 기초가 되었다.

한 학교교육은 미약했다. 영국, 독일, 프랑스와 같은 국가에서 조차 초등교육은 제도화되지 않았고, 교회 부속학교 교육으로 대부분 이루어졌다. 대중을 위한 초등교육은 자선학교나 일요학교의 형태로 이루어졌다. 이 학교의 교육은 읽기, 쓰기, 셈하기와 같은 지식을 가르치는 것보다는 도덕적인 보호와 교화 그리고 불량해지는 것을 막기 위해 이루어졌다.

3) 자연주의 교육

이성에 대한 신뢰는 모든 비이성적이고 비합리적인 것을 배척하게 되었다. 기존의 사회질서는 불합리한 것으로 이성의 이치에 맞지 않으며 자연의 질서에 위배된다. 따라서 자연의 질서를 따르는 사회를 만들어야 한다.

자연의 빛에 비추어 볼 때, 모든 인간은 자유롭고 평등한 존재이다. 그러므로 기존의 사회질서를 유지하기 위한 인위적이고 전통적인 교육은 비이성적이고 불합리한 것이다. 교육은 어린이들의 자연성에 기초한 교육이 이루어져야 한다. 즉 어린이의 자연적인 소질과 능력을 키워주고 자연스러운 방법으로 어린이의 본성에 맞는 교육을 제시하였다(정영근 외, 2001).

3. 교육사상가

1) 루소(Jean Jacques Rousseau, 1712~1778)

(1) 생애와 업적

장 자크 루소(Jean Jacques Rousseau)는 1712년 6월 28일 칼뱅(Calvin), 볼테르(Voltaire), 루소의 도시인 제네바에서 시계 제조업자의 아들로 태어났다.[74] 루소의 어머니는 루소를 낳은 지 9일 만에 고열로 숨을 거두었다. 어머니가 죽은 후 루소는 고모와 유모의 손에 자랐다. 루소의 아버지 아이작은 지적이고 박학다식한 사람이지만 다혈질적 성격과 쉽게 상처받는 민감성 때문에 주변 사람들과 부딪히곤 했다. 루소의 형은 반항적 기질을 가진 소년이었다고 한다. 1722년 아버지는 별 것 아닌 일로 퇴역장교와 벌인 언쟁 끝에 칼로 얼굴을 상처 낸 후, 제네바를 떠나 리용으로 가서 돌아오지 않았다.

루소는 외삼촌에게 맡겨져 외삼촌의 아들과 함께 보세에 있는 랑베

74) 제네바의 시계 제조업자들은 소위 엘리트 노동자에 속하는 중산 시민계층이었다. 이들은 몇 년간의 '콜레주'(College)를 다녀야 했고, 충분한 라틴어 지식을 갖고 있었다. 이들은 매우 박식할 뿐 아니라 정치와 국민 경제 문제에도 관심을 보였다.

르시에 목사 집의 기숙하며 교육받았다. 이곳의 아름다운 자연환경은 그의 자연사상에 많은 영향을 주었다. 그러나 라틴어 문법과 칼뱅의 교리문답을 달달 외우는 것이 적성이 맞지 않았다.

루소는 견습공으로 12세에서 16세 까지 일했다. 먼저 제네바 시 법원 서기인 마스롱의 사무실에서 필사하는 일을 했으나 6개월 만에 해고당했다. 그 후 3년간 동판 조각사의 견습공으로 일했지만, 시간이 있을 때마다 책을 읽고 주말에는 제네바 성 밖을 나가 산책을 즐기던 루소는 주인에게 심한 욕설을 듣고 매를 맞으면서 말수가 적어지고 폐쇄적인 성격으로 변하게 되었다. 루소는 이를 견디지 못하고 1728년 3월 어느 날 작업장을 떠나 방랑을 시작했다.

허기를 채우지 못한 루소는 퐁베르라는 귀족 출신의 가톨릭 사제의 권유로 배고픔을 해결하기 위해 가톨릭으로 개종하고 나서 초기 개종자이며 개종자들의 교육기관을 운영하는 바랑 부인을 만나게 된다. 이후 바랑 부인과의 관계는 루소에게 중요한 위치를 점유하게 된다. 13세 연상으로 '엄마'라고 불렀던 바랑 부인은 루소를 안시 대성당의 합창-음악학교에 보냈다. 평생 음악을 버리지 못했던 루소는 후일 저서 출판보다 악보 베끼는 일로 생계를 유지했다. 그는 사부아 공국의 토지조사부에서 일하면서 철학책과 역사책을 탐독하였는데 존 로크, 말브랑슈, 라이프니츠, 데카르트와 볼테르 저서에 몰입하면서 동시에 수학, 식물학, 라틴어, 역사 그리고 지리학에 대한 지식을 보완하였다.

바랑부인과의 관계가 위기 국면에 접어들면서 리용의 고위 경찰관이자 법원관리의 두 아들을 가르치는 가정교사로 일했다. 그는 마블리 가의 큰아들을 위한 『교육지침』(Projet pour l'education)을 저술하였으나 대부분이 영국의 철학자이자 교육자인 존 로크의 저서들에서 발췌하였기 때문에 루소의 독특한 교육구상은 아니었다.

1741년 가을 파리로 가서 자신의 행운을 시험하려 했다. 1742년 음표를 숫자로 대체하는 표기인 '부호 악보'를 고안하였으나 성공하지 못했다. 그러나 이를 계기로 살롱과 문학 카페를 출입하면서 콩디악, 디드로, 달랑베르, 그림 등과 개인적인 관계를 맺었다. 그는 한동안 상류사회에 적응하려고 노력했고 베네치아의 대사관 비서직을 수행하기도 했다.

루소는 1745년 생 캉탱 여관에서 일하는 9살 연하의 테레즈 르바쉐르와 동거하기 시작하여 23년 후에 정식으로 결혼한다. 이 둘 사이에 다섯 자녀가 있었지만 모두 고아원에 보내졌다.[75] 이 때문에 루소와 경쟁적 관계에 있던 사람들로부터 많은 비난을 받게 되었다.

1749년 10월 루소는 뱅센으로 디드로를 만나러 가던 길에 『메르퀴르 드 프랑스』(Mercure de France)지를 보던 중 디종 아카데미의 주제인 "학문과 예술의 재건이 도덕의 정화에 기여 했는가"를 보고, 『학문과 예술에 관한 담론』(Discours sur les sciences et les arts)을 제출하여 당선되면서 프랑스 사상계에 알려지게 되었다.

1752년 가극 『마을의 점쟁이』(Le devin de village)가 성공적으로 상연된 후, 루소는 루이 15세로부터 평생 연금을 받을 기회를 얻었지만 여러 가지 이유로 이를 거절하였다. 음악 전문가로서의 활동은 디드로와 달랑베르가 1751년부터 펴내기 시작한 『백과사전』에 『이성적인 원칙에 의해 편찬된 학문과 예술 및 수공업에 관한 사전』의 음악란을 맡으면서였고, 이 논문이 후에 집필한 『음악사전』의 토대가 되었다.

루소는 1753년 디종 아카데미의 현상공모의 주제였던 '인간들 사이에 불평등이 생긴 기원은 무엇이며 그러한 불평등은 자연법에 합치하는가?' 라는 문제를 접하면서 정치적 논쟁에 관심을 갖게 되었다. 『인간 불평등의 기원에 관한 담론』은 비록 디종 아카데미 상을 받지 못했지만 그 목적은 달성했다. 루소는 이 두 번째 담론의 의미를 다음과 같이 요약하고 있다.

---

75) 루소 시대에는 자식을 고아원에 보내는 것이 '나라의 관행'이었다. 파리 시 통계에 의하면 1740년에서 1749년 까지 10년간 버려진 아이는 3만 2천 917명에 달했다. 1750년부터 이후 10년간 그 숫자는 6만 7천 33명에 이르러 2배 이상 증가하였다.

"나는 불평등의 기원과 발전, 그리고 정치적 사회의 발생과 남용에 대해 설명하려고 노력했다. 나는 이들 현상이 인간 본성 중 순전히 이성적인 본성에 기초하고 있음을 밝혔다. 그러나 고위 권력이 신으로부터 인가받은 것이라고 주장하는, 신성시되는 도그마들을 고려하지는 않았다. 나의 글에서, 자연상태에서는 불평등이 존재하지 않는 것이나 마찬가지였고, 불평등의 폭력과 크기는 우리 능력의 발전과 인간 정신의 진보와 함께 형성되었으며, 마침내 소유권과 법률의 고안을 통해 항구적인 것으로 또 합법적인 것으로 정착되었다는 것이 밝혀졌다. 한줌도 안 되는 인간이 넘치는 풍요로 숨 막혀 할 때, 대다수 인간들이 굶주리고, 살아가는 데 필요한 물품마저 갖추지 못하고 있다는 것은 자연의 법칙에 어긋난다."(루소, 2006: 104)

1754년 루소는 몽모랑시 근처의 영지인 '라 슈브레트'에 은거했다. 그 집은 '에르미타주'(은자의 집)라고 불리는 그의 취향에 맞는 곳이었다. 이곳에 머물면서 그는 『볼테르에게 보내는 편지』를 썼고, 1757년 12월 어느 날 에르미타주를 떠났다. 여러 가지 이유가 있었겠지만 그 중의 하나는 생의 마지막 20년 동안 여러 번 그를 괴롭힌 추적망상이 1757년 여름에 나타났기 때문이다.

그 후 몽모랑시의 뤽상브르 공작의 작은 성 '프토 샤토'에서 지내면서 1758년 『신 엘로이즈』와 『달랑베르에게 보내는 연극에 관한 편지』를 완성했다. 1761년 출판된 『신 엘로이즈』는 엄청난 성공을 거두었다. 1757년에서 1762년까지 여러 번 건강상의 위기를 겪었으나, 이 기간 동안 번갈아가며 여러 편의 원고를 집필했다. 1762년 교육 소설 『에밀』과 정치적 저서인 『사회계약론』을 출판하였다. 그러나 이 책들은 금서조치와 분서를 당하게 되었다. 『에밀』에 담긴 내용 중 정통 교의와 교회에 얽매이거나 구속되지 않는 종교적 요구 때문에 더 어려움을 겪었으며, 『사회계약론』[76]은 프랑스 혁명의 사상적 기틀이 되었다. 그는 몽모랑시를 떠나 8년간 스위스, 영국, 프랑스 외곽의 외진 곳에서 망명자의 삶을 살았다. 이 시기에 1770년에 완성된 그의 자서전 『고백록』, 『대화, 루소 장 자끄를 판단한다』, 『고독한 산책자의 꿈』을 쓰게 된다.

그는 1778년 7월 2일 뇌졸중으로 사망하여 에르농빌 성 공원 안에 묻혔다. 프랑스 혁명 주도자들은 1794년 10월 11일 루소의 관을 파리의 '프랑스 위인들의 사원' 팡테옹으로 옮겼다.

(2) 아동관

가. 자연인

루소는 그의 두 번째 담론인 『인간 불평등의 기원은 무엇이며, 그 자연법의 토대는 무엇인가?』에서 학문과 예술에 대한 비판을 통해 사회의 부패와 타락이 사회적, 정치적 불평등에서 기인한다고 주장하였다. 이러한 사회상태는 인간을 속박하는 상태이기 때문에 사회적 상태로부터 인간을 회복하는 방법을 모색하게 되었다. 자연상태를 기반으로 한 인간 형성 즉, 자연인을 제시하였다.

루소가 말하는 자연인의 특성은 그 자체가 절대적 선이며 동시에 자기완성 능력이다. 자연인은 비사회적 상태로 살아가는 미개인과 유사하다.

"어떤 동물보다 약하고 민첩하지 못하지만 결국 그 어떤 동물보다 유리하게 조직된 한 동물을 떠올리게 된다. 그는 떡갈나무 아래에서 배불리 먹

76) 이 책의 요지는 다음과 같다. 개인이 자신의 의지를 사회공동체의 뜻에 맞추는 만큼, 사회공동체도 개인의 자유와 평등을 보장해야 한다. 따라서 주권은 국민에게 있다. 국가법은 국민의 뜻이 모아져서 된 것이며 통치자도 국민의 한 사람이기 때문에 통치자 역시 법 위에서 군림할 수 없다.

고 시냇물을 찾아 목을 축이며, 자기에게 먹을거리를 제공해준 바로 그 나무 발치에서 잠자리를 발견한다. 이렇게 함으로써 그의 욕구는 충족될 수 있었다."(루소, 2006: 51)

자연인의 정신적 상태는 이렇게 고립된 삶의 방식과 일치한다. 자연인의 삶은 자유가 있고 자립하지만 이 자립심과 자유는 자연을 벗어나거나 자연을 능가하지 않는다. 자연인은 완전히 스스로 지금, 여기에서 만족하며 스스로 자기 자신을 느끼게 된다. 자연인은 과거나 미래는 모르며, 온전히 현재만 알고 느낀다. 그는 자연적 욕구만을 알고 있으며 그는 단순히 물리적 존재일 뿐이다. "그들의 상상력은 아무 것도 묘사하지 못하며 그들의 마음은 자신에게 아무 것도 요구하지 않는다. 그들은 자질구레한 필수품은 손에 쉽게 닿는 곳에 있다."(루소, 2006: 64~65)

자연은 모든 사회적 요소로 인해 변질되기 이전의 순수한 인간 본성을 말한다. 자연인은 욕심이 없고 자족하기 때문에 항상 평화롭다. 자연인은 다른 사물이나 사람들에게 예속되거나 예속될 필요가 없기 때문에 평등하고 자유로운 존재이다. 이들은 어떤 자극이나 타락 이전의 순수함을 지녔다.

루소는 『인간 불평등 기원론』에서 이미 자연인 '에밀'을 실험하고자 했다. "자연인 homme naturel을 알기 위해서는 어떤 실험들이 필요한가? 그리고 사회 속에서 그런 실험을 할 만한 방법으로는 어떤 것들이 있는가?"(루소, 2006: 35)

『에밀』에서 소년 '에밀'은 순수하게 자연 속에서만 사는 것이 아니라, 사회적 상태에서도 자연스럽게 성장하며 따라서 순수한 자연상태로 돌아갈 필요가 없는 실험을 하였다. 루소는 '에밀'을 순수 자연인으로 성장하게 하려는 시도를 하였다.

어린이는 순수 자연인이다. 그 의미는 첫째, 어린이는 언제나 자연의 순수한 표현으로 세상에 왔으며 따라서 자연적 발달의 기초가 된다. 어린이는 자연인과 일치한다. 둘째, 자연은 아동기와 관련된 중요한 부분이다. 즉, 어린이는 그의 발달이 자연의 원리를 따르고 있는 한 자연인의 상태에 있게 된다.77)

"자연을 보라. 그리고 자연이 가르치는 대로 따르라 ... 이것이 자연의 법칙이다. 왜 여러분은 이러한 자연법칙을 따르지 않는가. 여러분이 이 법칙을 바꾸려는 생각은 자연을 파괴하고 방해하는 행동이다. 자연의 내부에서 하는 일을 그대로 외부에서 적용하는 것이 여러분 생각으로는 위험을 가중시키는 것이라고 생각하겠지만, 사실은 그 반대로 위험을 줄여서 약하게 하는 것이다"(루소, 1997: 18)라고 하면서 합자연의 원리에 따른 교육을 강조한다.

"자연을 따르는 것"(루소, 1997: 머리말, 4)은 『에밀』의 중심사상이다. 여기서 그는 유아로부터 성인이 되기까지의 성장 과정을 그리고 있는데, 아동기까지는 '자연'이 신체적 발달에 집중되어 있는 것 같다. 특히 유아기를 포함한 아동기에 자연을 따르는 길에서는 감각적인 인식모형을 따르고 있다(P. Tremp, 2000: 57).

루소에게 있어 교육의 목적은 곧 자연의 목적이다(루소, 1997: 9). 루소는 이를 증명하기 위해 인간에게는 세 가지 교사와 그에 상응하는 교육이 있어야 한다고 하였다. "교육은 자연이나 사람이나 사물에서 얻어지는 것으로 우리가 지닌 능력과 기관의 내적인 발전은 자연이 주는 교육이다. 이 발달을 이용하는 방법을 우리에게 가르쳐주는 것은 인간에 의한 교육이다. 우리에게 영향을 미치는 갖가지 사물에 대해 우리들 자신의 경험에 의해 얻게 되는 것은 사물들로부터 오는 교육이다." (루소, 1997: 8)

따라서 자연은 교육의 원천이며 동시에 목적이다. 루소에게 있어 자연교육이란 순수한 자연성을 유지하기 위해 모든 인위적이며 제도적인

---

77) M. Rang은 "현존하는 인간의 발생학적 설명"을 통해 루소 철학의 본래적이고 내적 체계를 볼 수 있다(M. Rang 1959: 31 참조)고 하였다.

것을 거부하고 그것으로부터 자유로워지는 것이다. 이러한 이유에서 "자연적인 교육의 모든 규정은 인간의 일반적인 자연성에 근거해야 한다. ... 교육의 목적도 인간의 일반적인 본성으로부터 규정되고, 신분에 따른 교육이나 직업교육을 반대한다."(A. Reble, 2002: 197) 자연적 교육은 정치, 사회적이고 직업적이기 보다는 일반적이고 인간적인 목적을 추구한다.

루소는 '자연이 도대체 무엇인가'에 대하여 질문하면서, 그 개념을 정의해야할 필요성을 느낀 것 같다. "자연은 습관에 불과하다고 말하는 사람이 있다."(루소, 1997: 9) 그러나 "혼란을 피하기 위해 자연의 개념을 자연에 부합된 습관의 뜻으로만 한정해야 한다."(루소, 1997: 8) 그런데 그 다음 루소가 주장하는 내용은 좀 당황스럽게 한다. "아이들에게 길러주어야 할 유일한 습관은, 어떠한 일에도 익숙해지지 않도록 하는 습관이다."(루소, 1997: 36) 이렇게 하여 곧 바로 습관을 자연 욕구에 첨가시키지 않는다.

사회 비판적 관점에서 보면, 자연의 길을 따르는 것과 전통적 교육으로부터 전환은 같은 의미이다. "관습과 상반되는 행동을 하라. 그렇게 하면 언제나 올바른 것을 하게 될 것이다"(루소, 1997: 70)고 했는데 이 의미가 '소극 교육'이라는 개념에서 보다 분명히 드러나고 있다.

"그러므로 초기의 교육은 소극적인 것이어야 한다. 즉, 아이들의 마음을 악덕이나 그릇된 정신으로부터 보호하는 것이다. 만일 여러분이 아이들에게 아무 것도 하지 않고 아무 것도 시키지 않는다면, 또 아이들을 열두 살이 될 때까지 건강하고 튼튼하게만 기를 수 있다면 아이들의 이해력은 이성을 향해 자연히 눈을 뜨게 될 것이다."(루소, 1997: 70)

교육은 어린이 스스로 성장하게 하는 '자연적'인 것이어야 하며 자연의 길을 방해하거나 파괴하는 것으로부터 돌아서서 멀리하도록 하는 일이다. 교사는 단지 어린이의 자연을 관찰하면서 어린이에게 사물을 가르치는 것이 아니라 자연이 가르치도록 해야 한다.

나. 아동기

"사람들은 아동기를 이해하지 못한다. 아동기에 대한 그릇된 생각을 가질수록 더욱 방황하게 된다. 더욱이 현명한 사람들도 어린이들이 배워야 할 것이 무엇인가는 전혀 고려하지 않고 어른들이 알아야 할 것에만 마음을 쏟는다. 그들은 늘 어른이 되기 전에 어린이가 어떠했는가에 대해선 생각조차 하지 않는다."(루소, 1997: 4)

아동은 어른들이 갖고 있는 생각들과는 다르며, 아동기는 성인기와도 다르다. "허무한 공상을 좇지 않으려는 우리의 인간 조건에 알맞은 것을 잊지 말자. 만물의 질서 속에 인류가 자리 잡고 있다. 그러므로 어린이도 인간 생활의 질서 속에 자리 잡고 있는 것이다. 저마다에게 자기 자리가 정해져서 어른은 어른답게 어린이는 어린이답게 보아야 한다."(루소, 1997: 54)

아동기와 성인기는 '제 2의 탄생'을 통해 구분된다. '에밀'이 아동기를 지나 새로운 삶을 살아가게 되는데, 아동기와 청소년기 내지는 성인기로 구분되며 이 시기의 삶의 원리들도 다르다.

아동기와 성인기의 이러한 분명한 구분은 자연적 순수성을 지키기 위한 절대적 조건이다. 아동기에 이러한 순수성을 유지하려면, 악습에 물들지 않게 성인세계와 관계를 끊어야 한다. 이 두 세계의 분리는 교육 소설 「에밀」에도 나타난다. '에밀'은 그의 아동기에 사회를 떠난 공간에서 지내며 어른들과 접촉하지 않았다. 청소년기 들어서야 비로소 사회에 편입된다. 그러나 우선은 어린이는 어린이여야 한다.

"자연은 어린이가 어른이 되기 전에는 아이 상태로 두고 싶어 한다. 만일 우리가 이 순서를 바꾼다면 아이는 익지도 않고 맛도 없는 금방 썩어버릴 조숙한 과일을 만들어 낼 것이다. 즉, 나이 어린 박사나 겉늙은 아이로 만들어 낼 것이다. 유년기에는 보고 생각하고 느끼는 제 나름대로의 독특한 방식이 있다. 그것을 우리의 방식과 같이 생각하는 것보다 더 어리석은 일은 없다."(루소, 1997: 66)

아동기는 그의 고유한 가치와 권리가 있다. 각각의 성장 발달 단계에 있어서 자유롭게 각 단계의 발달과업을 누리도록 보장함으로써 인간은 가장 성숙하고 완전해질 수 있다. "일생의 모든 시기나 모든 상태는 저마다 고유한 완전함이 있고 고유한 그 나름대로의 성숙이 있다."(루소, 1997: 143) 아동기의 고유한 가치는 먼저 생물학적 원리의 근거를 마련하고 있다. 즉 아동기는 인간학적 측면에서 필연적으로 요청되는 것이다.

"한 아이가 태어나면서부터 완전히 어른과 같이 되어서 태어났다고 가정한다면 그 아이는 거의 무감각한 채 움직이지도 못하는 조각품에 불과한 것이다. 그는 아무 것도 보거나 듣지 못하며, 사람을 알아보지도 못하고 보아야 할 쪽으로 눈을 돌릴 줄도 모를 것이다. 그는 주위의 어떠한 대상도 인식하지 못할 뿐만 아니라, 자기가 인간이라는 사실조차도 알지 못할 것이다."(루소, 1997: 34)

다. 아동기의 특성

아동기의 특성은 첫째, 선함과 명료함이다. 어린이가 순수한 자연의 영향을 받게 되는 만큼 아동기는 자연적일 것이며 또 그 만큼 선하다. 따라서 어린이는 자연에 완전히 맡겨져야 한다. 소년인 '에밀'은 우선 전혀 거짓말을 하지 않는 감각인식 즉, 자연의 인상만을 가져야 한다.

왜냐하면 우리의 모든 오류는 완전히 수동적 감각인식이 아닌 능동적인 판단으로부터 생기기 때문이다(루소, 1997: pp.197). '에밀'은 거짓말을 하지도 가장할 줄 모른다. 그의 언어는 간결하고 진실하며 자기 생각을 정확하게 표현한다.[78)]

두 번째 특성은 현재성과 자족함이다. 어린이는 지금, 여기에 살고 있는 자연인과 같다.

"그 어떤 것으로도 동요시킬 수 없는 그들의 마음은 오직 눈앞에 자기 생존에 대한 생각에만 몰두하여 곧 닥쳐올 미래의 일에 대해서는 관심이 없다. 그리고 그들이 세우는 계획은 그들의 시야와 마찬가지로 좁아 기껏해야 그날 하루에 관한 것일 뿐이다. 오늘날에도 카리브 사람의 선견지명이란 여전히 이 정도다. 그는 밤에 필요하리라는 생각을 못하고 아침에 자기 솜이불을 팔아버리고 저녁이 되면 눈물을 글썽거리며 그 이불을 다시 사들인다."(루소, 2006: 65)

어린이는 자연인처럼 현재에 자족할 줄 아는 존재여야 한다. 루소가 현재를 중요하게 여긴 이유는 첫째, 당시의 높은 유아 사망률[79)] 때문이고, 두 번째 이유는 전통적인 교육이 유용한지 그리고 교육의 근본적인 문제가 무엇인지 밝히기 위해서였다.

"아이의 연약한 정신을 짓누르는 현재의 교육이 언젠가는 아이에게 해가 되지 않을 것이라고 누가 장담할 수 있겠는가? 장래의 확실한 목표도

---

78) 루소는 『인간 불평등 기원론』에서 '자연 언어'를 자연의 외침이라고 하였다.

79) "우리는 인간의 수명이 얼마나 되고 그 끝에 이르는 가능성을 어느 나이에서건 생각하고 있지만, 한사람의 수명보다 더 불확실한 것은 없다. 게다가 그 한도의 수명에까지 이르는 사람은 매우 적다. 그러한 점에서 가장 큰 위험은 초기에 있다. 나이가 어리면 어릴수록 살 가망도 적다. 모든 아이들 중 청년기까지 살아남을 수 있는 절반 정도에 불과하다. 여러분의 학생도 성인이 될 때까지 살지 못할 수도 있는 것이다"(루소, 1997: 53)

없이 왜 아이에게 고통을 주는가? 더구나 여러분이 고쳐주어야 한다고 주장하는 그 나쁜 버릇이 여러분의 그릇된 배려에서 생겨나는 것이 아니라는 사실을 여러분은 어떻게 증명할 수 있는가? 언젠가는 행복해지리라는 예측이 옳을 수도 틀릴 수도 있는 극히 터무니없는 희망아래 한 인간을 비참하게 만드는 그릇된 지혜도 있을 수 있다. 만일 방종과 자유를, 또 아이를 행복하게 기르는 것과 아이를 버릇없이 키우는 것을 혼동하고 있다면, 우리는 이를 구별하는 방법을 가르쳐 주어야 한다."(루소, 1997: 54)

이러한 것에서 벗어나는 길은 어린이의 완전한 현재성에서 시작된다. 즉 어린이는 온전한 어린이여야 한다. "아이들에게는 아동기를 마음껏 누리게 하는 것이 좋다. 아무 것도 잃지 않고 목표를 향해 나아가는 것은 유익한 것으로 아이의 내부에서 유년기가 성숙되도록 도와주어야 한다. 내일까지 미루어도 아무런 위험이 없다면, 그 교훈을 오늘 주는 것은 삼가야 한다."(루소, 1997: 71)

따라서 아동은 아동기를 누릴 권리가 있다. 어린이는 아동기를 그들의 고유한 방식으로 살아야 한다. 인생의 미래를 위해 수단화해서는 안된다.. 이러한 현재성은 어린이가 감각세계에 온전히 붙잡히게 될 때 누릴 수 있게 된다. 즉 이러한 세계는 신체적 욕구를 즉시 만족시킬 수 있는 현재에서만 인식할 수 있기 때문이다.

'에밀'은 현재 스스로 만족스러워 한다. 그는 자기 자신을 위해 살고 다른 사람을 위해 살지 않는다. 이러한 자족은 자족을 가능케 하는 '에밀'의 고립된 생활방식으로 그려지고 있다.

세 번째 특성은 자유와 독립이다.

"자기 뜻대로 행하는 사람은 자기 일을 할 때, 자신 이외의 다른 사람의 손을 빌릴 필요가 없다. 그러므로 모든 선(善) 중에서 가장 으뜸인 것은 권력이 아니라 자유다. 진정으로 자유로운 사람은 자신이 할 수 있는 일만을 원하는 것이다. 이 원칙을 어린 시절에 적용시키는 것만이 문제이며, 교육의 모든 규칙은 여기에서 비롯된다."(루소, 1997: 59)

자유와 독립은 발달과정의 목적이다. '에밀'은 인간으로 교육받아야 한다(루소, 1997: 12). 로크의 주장처럼 어린이를 신사나 어떤 특정 상태로 만드는 것이 아니라, 열려진 미래와 사회질서의 변화 가능성을 고려하여 교육해야 한다.

"사람들은 자연의 질서 안에서는 모두 평등하다. 그렇기 때문에 인간이 되도록 훌륭한 교육을 받은 사람은 누구든 인간과 관계있는 일들을 제대로 해낸다. ... 직업을 따르기 전에 자연은 우선 그들이 인간이 되기를 원한다. 살아가는 것, 그것이 내가 그에게 주고 싶은 직업이다."(루소, 1997: 12)

어린이의 자유와 독립은 이들이 가진 욕망과 능력의 균형을 통해 얻을 수 있는 것이다. 욕망과 능력의 조화는 사물에 의존하는 상태 즉, 자연의 상태에서 가능하다.

"욕망과 그것을 채우려는 능력과의 불균형으로 말미암아 불행이 생기는 것이다. 욕망과 능력의 조화를 이룬 사람은 완전히 행복한 존재일 것이다.
그렇다면 인간의 지혜란 무엇인가? 즉, 참다운 행복에 이르는 길이란 무엇인가? 그것은 우리의 욕망을 제한하는 것이 아니다. 왜냐하면 만약 욕망이 우리의 능력 이하가 되면 우리들 능력의 일부는 할 일이 없어져, 우리는 우리의 존재 모두를 즐겁게 하지 못할 것이다. 또 이것은 우리의 능력을 확대하는 길도 아니다. 왜냐하면 그와 동시에 우리의 욕망이 한층 확대해가는 날에는 우리는 더욱 고통을 느낄 것이다. 따라서 참다운 행복에 이르는 길은 능력을 초월한 여분의 욕망을 줄이고, 힘과 의지를 완전히 균형있게 조화시키는 것이다. 그래야만 비로소 마음이 평화스러운 위치에 놓이게 되는 것이다. 모든 것을 최고의 상태로 만들어주는 자연은, 최초에는 인간을 이런 상태에 놓이게 했었다. 자연은 맨 처음 인간에게 자기 보존을 위해서 필요한 욕망과, 그 욕망을 채우기에 알맞은 욕망을 깊이 예비로 감추어 두었던 것이다. 인간이 불행을 느끼지 않는 것은 능력과 욕망과 균형이 이루어진 이 상태에서 뿐이다."(루소, 1997: 55)

인간이라면 누구나 자유로워야 한다. 지배가 아닌 자유, 방임된 자유가 아닌 제한된 자유를 어린이는 만끽해야 한다. 『에밀』에서 아동기 어린이가 자연적 생활환경에서 어떻게 여러 가지 체험을 하고 자유를 지향하는 교육이 이루어지는지 살펴보자.

(3) 『에밀』에서의 교육론

루소는 『에밀』에서 발달 단계에 따른 교육의 모습을 보여주었는데, 1부는 출생부터 2세까지의 유아기, 2부는 2세부터 12세까지의 아동기, 3부는 12세부터 15세까지의 소년기, 4부는 15세부터 20세까지의 청년기, 그리고 5부는 20세가 된 에밀과 소피가 결혼할 때까지의 내용[80]이 담겨져 있다.

이 책은 "창조주의 손에서 나올 때는 모든 것이 선하였으나, 인간의 손으로 넘겨지면서 타락하였다"(루소, 1997: 7)는 말에서처럼 인간의 선한 본성에 대한 믿음과 더불어 자연교육이 인간에게 적합함을 강조하고 있다.

---

80) 제 5부를 여성교육에 관한 내용으로 보는 학자들도 있다. 그러나 엄밀히 말해 에밀과 결혼할 대상인 소피의 교육만 다룬 것이 아니라, 20살이 된 에밀과 결혼 후의 삶을 함께할 사람인 소피를 함께 다루고 있다. 따라서 루소는 시민교육의 중심 주제인 사랑과 결혼, 여행과 정치를 함께 다루고 있기 때문에 여성교육의 내용이라기보다는 시민교육이라고 하는 것이 더 적절해 보인다.(오인탁, 위대한 교육사상가들 II, 1998: 228; 각주 47 참조)

◉ 유아기(출생부터 2세까지)

태어날 때의 인간은 무기력하기 때문에 다른 사람에게 완전히 의존할 수밖에 없다. 인간은 자연의 상태에서 자신의 능력과 욕망이 일치할 때 가장 행복하다. 그러나 출생에서 말을 시작할 때까시 어린이는 자신의 능력이 욕망을 만족시킬 수 없을 만큼 욕망이 우세하다.

"인간의 편견들과 모든 제도가 우리의 타고난 성향을 바꾸기까지, 아이들의 행복은 제한을 받고 있다. 자기가 원하는 것을 행하는 사람은 자기 스스로도 그것에 만족해야 행복하다. 자연상태에 사는 어른의 경우가 그렇다. 그러나 욕망이 그 한계를 넘어서면, 자기가 원하는 것을 행하더라도 결코 행복하지는 못하다. 그와 같은 상태에 있는 아이의 경우도 마찬가지이다."(루소, 1997: 60)

유아기의 어린이는 자연성에도 불구하고 다른 사람의 도움이 필요하다. 여기서 현명한 교사는 자연적인 즉, 신체가 요구하는 욕구를 만족시킬 수 있도록 조력하면서 개입한다. 이것이 자연을 따르는 것이다.

"아이들에게 진실된 자유를 보다 많이 주고 지배력을 보다 적게 주며, 타인의 도움을 받지 않게 해주려는 것이다. 이렇게 일찍부터 욕구를 자기 힘에 맞도록 제한시킬 줄 아는 습관을 들인다면 자신의 능력이 미치지 못하는 것에 대한 불만을 거의 느끼지 못할 것이다."(루소, 1997: 43)

자연의 외침은 필요한 도움을 요구하는 표시이다(루소, 1997: 39 참조). 유아가 일찍부터 모든 것이 타락하지 않도록, 물론 이러한 자연적인 것과 인공적인 것, 예를 들어 고집스럽고 악의적이며 격분하는 것과는 구분되어야 한다. 따라서 교사는 유아와 직접 관계하기보다 감정을 불러일으키지 않는 사물세계와 유아가 직접 관계하도록 하는 것이 좋다(A. Reble, 2002: 199). 자연은 끊임없이 어린이를 단련시킨다. 자연은 갖가지 시련으로 어린이들의 체질을 강하게 만들고, 그들에게 일찍부터 고뇌와 고통을 가르친다.

따라서 이 시기의 교육은 다음과 같은 것이어야 한다. 첫째, 유아기의 어린이는 자연에서 자신의 신체를 자유롭게 사용하여 심신의 단련을 해야 한다. 영아기의 어린이에게는 여기 저기 기어 다니며 자신의 사지를 뻗을 수 있을 만큼 큼직한 옷을 입혀야 한다. 아이를 강보에 싸두지 말고 편안하게 움직일 수 있도록 아이를 푹신하고 큰 요람에 넣어두어야 한다(루소, 1997: 33~34 참조). 이와 같이 이 시기에는 단순한 영양, 자연스러운 활동, 맑은 공기 등 신체훈련과 건강교육이 중요하다.

둘째, 언어학습을 준비시켜야 한다. 그러나 아직 말을 할 수 없는 아이에게 말을 인위적으로 일찍 가르치고 이해할 수 없는 단어를 주입하려 해서는 안 된다.

셋째, 유아의 도덕성에 관심을 가져야 한다. 자연적인 욕구와 인위적인 욕구를 구분해야 한다. 어린이의 욕구가 자연적 욕구 즉 육체적 욕구에 머물도록 한다. 육체적 영역을 넘어서는 욕구는 저지되어야 한다. 어린이의 언어나 표정을 주의 깊게 연구하여, 자연에서 비롯된 욕망인지 자신의 고집에서 생긴 인위적 욕망인지 분명히 구분해야 한다. 어린이의 자연적 욕망은 그가 그것을 필요로 한다는 것이기 때문에 그것을 충족시켜야 한다. 그 방법으로 자연스럽게 사물에 의존함으로써 자신의 필요를 충족시킬 수 있게 한다. 이러한 의존의 준거는 허락과 금지가 아니라 가능과 불가능이다.

◉ 아동기(2세부터 12세까지)

아동기에는 어린이가 가질 능력과 욕구의 균형이 이루어지는 시기이다(R. Lassahn, 1983: 73). 아동기의 어린이는 자신이 원하는 것을 할 수 있다. 왜냐하면 열두 세 살이 되면 소년의 힘은 그의 욕망보다 훨씬 더 빠르게 발달하기 때문이다. 또한 그는 혼자 힘으로 자족할 수 있을 뿐 아니라, 자기에게 필요한 것보다 더 많은 힘을 가지게 된다.

이 시기의 교육은 다음과 같은 것들이다.

첫째, 언어교육이다. 아동기는 말을 배우기 시작하는 시기로 언어학습이 이루어진다. 그러나 스스로 읽기를 원할 때 읽기를 가르쳐라 에밀이 편지나 초대장을 받고서 내용에 대해 궁금해 할 때에, 교사는 내용을 빨리 읽어주지 말고 기다리게 하여 궁금증이 증폭되게 하고, 자연스럽게 읽기에 대한 욕구가 생기도록 한다.

둘째, 이 시기는 감각기관이 발달하므로 감각훈련이 이루어져야 한다. 사람은 감각을 통해서만 사물을 이해할 수 있다. 생각하는 것을 배우기 위해서는 먼저 손과 발 그리고 감각을 훈련해야 한다. 특히 이 시기에 감각을 훈련해야 하는 목적은 감각에 의해서만 학습이 가능하기 때문이다. 이 시기의 힘은 지식적이거나 윤리적 교훈 등을 최대한 멀리하고 육체와 감각에 대한 훈련이 이루어질 때 자유로워진다.

셋째, 어린이가 이해할 수 없는 도덕적 교훈이나 명령 그리고 이성적 설명을 통해서가 아니라 실제 경험을 통한 교육이 이루어져야 한다. 어린이가 자신의 성장 환경에서 직접 체험하고 관찰하여 얻은 지식은 매우 정확히 알기 때문이다 이를 위해 교사는 서두르지 않고 기다려야 한다. 예를 들어 에밀이 방의 유리를 깨뜨렸다면 그의 잘못이나 실수를 야단치거나 벌주지 말고 에밀이 그 방에서 찬바람을 맞으며 하루 밤을 지내게 함으로써 자연스럽게 벌을 받도록 해야 한다.[81]

---

81) 이러한 교육을 소극적 교육이라고 한다. 소극적인 교육은 아무런 교육도 하지 않는

넷째, 이 시기에는 계획적인 수업, 문학, 과학 그리고 예술교육은 고려하지 않는다. 그러나 육체와 감각에 대한 모든 것, 즉 위생, 측량, 자연의 소리 모방하기 등은 자세히 다루어진다.

◉ 소년기(12세에서 15세까지)

소년기는 신체적 힘이 욕구보다 빠르게 성장하는 시기이다. 인생에서 유일하게 힘이 넘치는 시기이다.

"성장하는 아동이 절대적으로는 약하지만 상대적으로는 오히려 강하다. 그의 육체적 욕망이 완전히 발달하지 않았으므로 그가 지닌 현재의 힘은 그의 욕망을 충족시키고도 남음이 있다. 인간으로서는 매우 약하나 어린이로서는 강하다."(루소, 1997: 150)[82] "개인의 체력이 욕망 이상인 이 기간은 절대적으로 최대 체력을 지니는 시기이다. 이것은 일생에서 가장 중요한 시기이며, 유일하고도 매우 짧은 시기이다."(루소, 1997: 151)

루소는 이 시기를 '이성의 시기'로 본다. 이때부터 아이들은 이성(理性)에 눈을 뜨고 지적 호기심이 왕성하여 지식교육이 가능하다. 그러나 책이나 측정도구와 같은 것을 통해서가 아니라 관찰과 경험, 발견과 실험을 통한 교육, 생활에 유용한 지식을 획득해야 한다고 하였다. 이 시기 어린이에게 유일하게 추천할 만한 책은『로빈슨 크루소』이다. 왜냐하면 한 인간이 혼자서 대자연 속에서 삶에 필요한 지식을 분명히 획

단순히 방임적 교육을 의미하는 것이 아니다. 이는 교사가 교육에 방해되는 요인들을 막아주고, 교육적 환경을 만들어 주며, 자연의 질서에 따라 조급하지 않고 인내하며 가르치고, 학습자의 소질이 무엇인지 확인하여 계발시키는 교육을 말한다.

82) "어떤 상상 속의 욕망도 그를 괴롭히지 않으며 다른 사람들의 의견은 그의 관심을 끌지 못한다. 그의 욕망은 먼 데 있는 것이 아니다. 그는 혼자 힘으로 자족할 수 있을 뿐만 아니라, 자기에게 필요한 것보다 더 많은 힘을 가지고 있다. 이런 상태는 그의 일생 중 유일한 시기이다."(루소, 1997: 151)

득해 가는 과정을 그리고 있기 때문이다. 이 시기에는 사물만 다루어지고, 문학, 예술, 종교, 사회과학 등과 같은 사회적인 것이나 윤리적인 것에 대해서는 가르치지 않는다. 이 시기의 교육의 내용을 정리하면 다음과 같다.

첫째, 물리학이다. 교사는 이 수업을 위해 필요한 도구를 아주 단순한 것부터 직접 만들게 한다. 에밀은 직접 무게를 재어봄으로써 저울의 길이와 물건의 무게와의 일정한 관계가 존재함을 알게 된다. 에밀은 언제나 직접 실험하고 직관적인 훈련을 통해 물리학을 학습한다.

둘째, 천문학이다. 아침에 해가 뜨고 저녁에 진다는 사실을 알면서 천문학 수업이 시작된다. 에밀이 그 원인을 정확히 알고 싶어 할 때 교사는 이를 자극하여 천문학 수업으로 이끈다. 단지 호기심만 자극하는 것이 아니라 획득한 지식이 유용하다고 느끼게 해야 한다. 예를 들어 교사는 어느 날 에밀을 몽모랑시 북쪽 숲 속에서 길을 잃게 만들고, 별자리에 대한 지식이 방향을 찾는데 유용하다는 것을 경험하게 하여 천문학의 유용성에 대한 감각을 갖게 한다.

셋째, 지리 수업이다. 지리 수업은 상품이 만들어 진 곳에서 시작한다. 세계지도를 들여다보기 이전에 그가 살고 있는 인근지역의 지도를 서툴게나마 만드는 연습을 한다. 상품이 만들어 진 곳에 대한 궁금증에서 자연스럽게 항해와 무역에 대한 이야기, 값의 척도인 화폐에 대한 개념을 알게 된다.

넷째, 수공업 기술이다. 소년기에는 자주적이고 독립적인 생활을 영위하기 위해 손을 사용하는 노동을 배워야 한다. 자연상태에 가장 가까운 노동은 농업이다. 에밀은 이미 전원에 살면서 농사일을 잘 알고 있었기 때문에 농업을 배우지 않는다. 그러나 유용하고 가장 자연상태에 가까우며 쉽게 밥벌이를 할 수 있는 목공일을 배운다. “나의 제자의 취미에 맞고 또 내가 가장 좋아하는 직업은 목수이다. 그것은 깨끗하고 유용하며, 집 밖에서 하는 일이므로 신체를 충분히 단련시킬 수 있다.

그리고 일꾼에게 숙련과 노력을 요구한다."(루소, 1997: 193)

◉ 청년기(15세부터 20세까지)

이 시기는 '제 2의 탄생기'이다. 이제 어린 시기를 벗어나 성인으로서의 남성과 여성의 역할을 익히고, 어린 시절의 자기애적 삶에서 벗어나 사회적 관계에 관심을 갖는 시기이기 때문이다. 따라서 사회적이고 도덕적 존재로서의 필요한 자질을 쌓아야 한다. 이 시기에는 모든 면에서 적극적이 교육이 이루어진다.

첫째, 사회와 인간에 대해 배우는 역사 수업이다. 단순히 역사적 사실만 배우는 것이 아니라 다양한 역사적 상황에서 이루어낸 행위들의 역사와 그 근거, 여기서 유추할 수 있는 도덕적 내용들을 배워야 한다.

둘째, 종교 수업이다. 에밀은 18세가 되어서 종교적 호기심을 갖게 되었고 신앙과 종교에 대해 교육받는다. 루소는 도그마적인 종교 수업이 아니라 관용과 감성에 의하여 동반된 종교성을 강조하였다.[83)]

◉ 시민교육(20세부터 결혼까지)

이 부분에서는 첫째, 에밀과 결혼 할 대상인 소피의 교육에 대해 언

---

83) 4부에 나온 '사보아 신부의 신앙고백'을 통해 루소는 그의 자연 종교관을 드러냈다. 우주 만물은 질서와 통일에 의해 운동하며, 이 운동을 지배하는 하나의 의지가 있는데 그것이 곧 신이다. 이 신은 모든 자연 만물에 존재하기 때문에 자연이 곧 신이다. 신은 그 속성이 선함으로 신에 의해 창조된 인간의 속성도 선하다. 악은 인간이 모여 사는 사회에서 만들어진 것으로 악을 제거하는 것도 인간이 해야 한다. 이러한 악의 제거는 인간의 양심에 의해 가능하다. 인간의 양심은 신앙의 기초가 된다. 양심은 이성의 힘을 올바른 방향으로 이끄는 안내자이며, 선과 악을 구별하는 심판자이다. 양심은 인간 본성의 우월함과 그 행위의 도덕성을 부여하는 존재이다. 루소는 이와 같은 주장을 함으로써 그의 책 『에밀』은 정부에 의해 압류되고 소각되었다. (정의수 외, 1999: 224이하)

급한다. 여성은 남자의 마음에 들고 순종하도록 태어난 존재로 보았다. 순종과 온순, 우아함이 여성의 기본 덕목이고 바느질, 뜨개질, 레이스 짜기 등이 읽기나 쓰기 학습보다 더 중요하다. 여성은 자기의 고유한 역할인 아내와 어머니로서의 역할에 여력을 쏟아야 한다. 아이들의 건강은 어머니의 건강에 좌우되고 남성의 초기 교육도 여성에게 달려 있다고 보았다. 또한 남성의 윤리나 정념, 기호, 즐거움, 행복까지도 여성, 즉 어머니의 교육에 달려있다고 하여 여성의 교육은 남성과 관련된 부분에서 다루어진다. 루소는 여성이 자신의 고유한 능력을 무시하고 남성과 동일한 교육을 받으려 하거나 남성의 능력을 모방하려 한다면 여성으로서의 이익을 포기하는 것이라고 생각했다(조경원 외, 2005: 296).

둘째, 에밀은 소피와 바로 결혼하지 않고 여행을 떠난다. 두 사람은 서로 사랑하고 주체적으로 결혼을 약속하지만 둘의 결합이 이상적인지 시간과 거리를 두고 냉정하게 생각할 수 있게 한다. 이를 위해 에밀의 마지막 부분에 여행을 떠나는 것으로 끝을 맺고 있다.

chapter

06

신인문주의 시대와 교육

1. 시대적 배경

19세기는 역사적으로 큰 진전이 있었으나 매우 복잡하고 변화가 급격한 시기이다. 정치, 경제, 사회, 문화 그리고 사상 등 모든 면에서 일대 변화가 일어났다.

정치적으로는 합리주의와 계몽주의를 바탕으로 한 미국의 독립과 프랑스의 혁명을 기점으로 자유민주적 정치제도가 실현되었다. 국가는 시민생활을 향상시키고 신분 차별이나 정치적 제한을 폐지시켜 나갔다. 그러나 다른 한 편으로 프랑스 혁명 이후 나타난 나폴레옹의 통치와 자유 전쟁 등은 유럽 각국에 민족주의와 국가주의를 낳게 되었고, 국민은 정치적 역사적으로 강력한 주체가 되어 갔다. 이러한 정치적 흐름과 함께 유럽은 자유주의와 민족주의 그리고 국가주의가 촉진되었다.

경제적으로는 산업혁명을 기점으로 자본주의적 경제체제 발달하였다. 기술, 상업, 금융 분야에서의 발달 뿐 아니라 농업과 공업 분야에 있어서도 생산량이 급증하는 등 거대한 경제 성장이 이루어졌다. 이로 인해 시민계층이 확대되었다. 그러나 도시의 인구 급증과 이농현상, 약자에 대한 노동력 착취 등 또 다른 사회문제가 나타났다.

산업의 발전과 더불어 세계의 강국들은 국내의 사회적 갈등을 완화하고, 산업에 필요한 원료 확보와 상품의 판매를 위해 식민지를 만들기 시작했다. 그리하여 19세기 후반에는 제국주의의 팽창과 식민지 건설이 촉진되었다.

경제적 불평등과 산업혁명으로 인해 나타난 자본주의 사회의 모순을 극복하려는 새로운 사상들이 등장하였다. 마르크스는 자본주의 체제에서 나타난 잘못된 생산관계는 사회의 빈부격차를 증가시키고 '인간소외'[84]라는 비인간적 현상을 일으킨다고 보았다. 사회주의 사상은 이러한 문제를 해결하기 위해 모든 사유재산을 폐지하고 모든 생산수단을 공유하여 평등한 사회를 건설하자는 것이다.

자연과학과 기술의 발달은 보다 나은 세계를 기대하는 낙관적 분위기를 형성하게 되었고, 현실 세계에 대한 관심으로 나타났다. 특히 다윈(1809~1882)의 진화론은 생물학, 의학, 물리학의 발전과 사회적 진화론에 영향을 주었다. 또한 실재 세계에 대한 관심은 자연과학이 실험과 관찰기록 및 통계적 방법을 통해 자연법칙을 발견해 내듯, 인간 개인의 육체와 정신현상부터 사회적 모든 현상에 이르기까지 일반 법칙을 발견할 수 있다는 신념으로 발전하였다. 이러한 실증주의의 대표적 인물로는 콩트와 스펜서가 있다.

문화적으로 낭만주의와 신인문주의가 발달하게 되었다. 18세기의 계몽주의가 인간의 이성 및 합리성을 지나치게 중시하면서 인간의 또 다른 측면인 감성과 비합리적인 측면을 강하게 부정한데 대한 대항 정신으로 질풍노도운동(Sturm und Drang Bewegung)과 낭만주의가 부상하게 되었다. 특히 낭만주의는 이성보다는 감성의 힘을 중시하면서 부드러움, 환타지, 자연, 동경, 언어, 신화, 민중문학, 동화 등 대중사회의 관습과 전설, 음악 등을 주제로 다루었다(조경원 외, 2005: 309). 낭만주의자들은 현실보다는 먼 곳에 매력을 느꼈다. 낯선 민족, 무의식적 민족성, 민족 영혼의 깊은 곳에서 나온 동화 등을 가장 깊은 지혜로 여겼다. 이

---

84) 마르크스는 소외를 두 가지 면에서 다룬다. 하나는 인간이 자신의 생산물에서 소외되는 관계로, 생산물이 인간 노동으로부터 대상화되는 것이다. 즉 노동자는 자신이 만든 물건을 자신이 소유할 수 없다는 사실에 자신이 만든 생산물에서 소외를 느낀다. 다른 하나는 인간의 자기 소외이다. 소외란 인간이 자기가 생산한 것에 의해 지배되는 동시에 인간이 자기의 생활상의 업무에 만족할 수 없으며 인간 상호간의 관계도 이해타산의 관계로 변질되어 스스로 인간성을 상실하게 되는 상황을 말한다.

시기에 민중의 문화 초기 단계를 중요하게 여긴 것처럼, 어린이를 가장 순수하고 타락하지 않은 존중하고 발달에 따른 교육(프뢰벨)을 강조하며 교육자를 정원사로 강조한 것을 볼 수 있다(A. Rable, 2002: 228).

다른 하나는 신인문주의[85] 사상이다. 19세기 사상가들은 이성주의, 주지주의, 합리성을 강조하는 계몽주의와 감성과 비합리성을 강조하는 낭만주의의 조화를 추구했다. 신인문주의자들은 이성과 감성의 조화를 그리스 문화와 예술에서 찾고자 했다. 그러나 인문주의에서처럼 고대 문화의 형식적인 모방을 지양하고, 고대의 문화 특히 인류 문화의 원천인 그리스 문화로부터 그들의 정신과 내용을 본받고자 했다.[86]

---

85) 신인문주의는 프랑스 혁명 이후 나폴레옹이 유럽을 지배하자, 이를 저항하는 독일의 문인과 지식인 사이에서 일어난 운동이다.(김인회, 2002: 230; 조경원 외, 2005: 309 재인용)

86) 르네상스 시대의 인문주의와 19세기의 신인문주의의 차이를 살펴보면 다음과 같다.

1. 인문주의: 고전을 기계적으로 모방하는 키케로주의에 치우쳤다.
   신인문주의: 형식적, 기계적인 모방에 반대하고 고전에 나타난 고대인처럼 스스로 인격을 높이고자 하였다. 고전을 인격도야의 수단으로 삼고, 고전에 나타난 인간 정신을 중시하였다.
2. 인문주의: 로마의 고전 중시하여 언어, 문장, 생활형식 등 형식적인 면을 강조하였다.
   신인문주의: 로마의 고전보다는 그리스의 고전을 존중하여 문학, 사상, 철학과 같은 인간정신의 내면적인 생활을 강조하고 고전의 형식이 아닌 정신과 내용(세계관, 인생관 등)을 중시하였다.
3. 신인문주의: 역사와 민족성을 근저로 하여 국민적 자각을 강조하여 역사주의와 국가주의를 앙양하였고 그리스의 고전문학 속에서 자기의 본질을 인식하고 참된 자기를 파악하고자 하였다.

2. 교육적 배경

19세기의 교육은 그 시대의 정치적 상황과 맞물려 국가주의적 흐름이 나타났고, 사상적 배경에 의해 계발주의가 나타나게 되었다(조경원 외, 2005: 310).

첫째, 국가주의는 공교육과 의무교육 등 교육제도나 조직과 같은 교육 외적인 조건의 변화에 영향을 주었다. 나폴레옹 이후 유럽 국가들에 등장한 민족주의와 국가주의 사상은 국가에 봉사하며 충성하는 국민을 양성하는데 관심을 두게 하였다. 국가는 국민들의 결속력을 강화하고 국가 발전에 기여할 수 있도록 교육적 관리와 통제를 하게 되었다. 또한 국가는 산업의 발달로 국가 경쟁력을 높이고 산업화로 인해 발생하게 된 부작용을 해결하기 위해 대중교육에 눈을 돌리게 되었다. 19세기 자본주의의 성장기에 나타난 의무교육 제도는 자본가와 노동자 계급 모두의 이익을 고려한 것이었다. 즉 자본가의 입장에서는 문맹의 노동자보다 교육을 받은 노동자가 좋은 노동의 질과 훨씬 더 높은 능률을 올려 자본가에게 이익을 가져다준다는 점, 그리고 노동자의 입장에서는 문맹의 노동자보다 높은 임금을 받을 수 있다는 점이 당시에 학교교육의 의무화를 촉진시키는 계기가 되었다(우메네 사토루, 1967/1994: 412; 조경원 외, 2005: 311 각주 1에서 재인용). 유럽의 국가들은 공교육과 의무교육 제도를 통해 국가의 존속과 발전을 꾀하였다.

국가주의 교육사상가로는 영국의 오웬, 랭케스터, 프랑스의 생시몽, 콩도르세, 독일의 피히테, 슐라이에르마허, 그리고 미국의 제퍼슨과 호레이스만 등이 있다.

둘째, 인간 발달법칙에 따라 교육과정을 개혁하려는 계발주의이다. 라마르크나 다윈의 진화론의 영향과 루소의 자연주의 교육방법 원리에 영향을 받았다.

계발주의 교육의 특징은 '교육은 외부에서 성인의 표준을 강제로 주입하는 대신 내부에서 아동의 자연스런 발달을 조성하는 것'(서재복, 2007: 241)이라고 하여 인간 마음의 본성과 그 작용에 관심을 가졌다. 계발주의는 아동 내부에 잠재한 여러 능력의 계발을 중요하게 여김으로서 머리, 가슴, 손의 모든 능력의 조화로운 계발과 도덕적 품성의 계발 그리고 아동의 선천적 능력 계발에 교육목적을 두었다.

계발주의 교육의 대표적인 인물로는 페스탈로치, 프뢰벨, 헤르바르트 등이 있다. 19세기 계발주의의 발전은 심리학이 철학에서 분리되는 계기를 만들어 주었다.

3. 교육사상가

1) 페스탈로치(Johann Heinrich Pestalozzi, 1746~1827)

(1) 생애와 업적

페스탈로치의 생애는 그의 묘비에 잘 기록되어 있다.[87] 페스탈로치의 조상은 이탈리아 출신의 상인 집안으로 1567년 쯔빙글리 시의 시민이 되었다. 증조부와 그의 아들들은 상업에 종사하였으나 페스탈로치의 할아버지는 신학을 공부하여 종교계에 발을 들여 놓았다.

---

87) HIRE RUHT
HEINRICH PESTALOZZI
Geboren in Zürich am 12. Januar 1746,
Gestorben in Brug den 17. Februar 1827.
Retter der Armen auf Neuhof
Prediger des Volkes in Lienhard und Gertrud
Zu Stanz Vater der Weisen
Zu Burgdof und Münchenbuchsee
Gründer der neuen Volksschule
In Iferten Erzieher der Menschheit
Mensch, Christ, Bürger.
Alles für andere, Für sich nichts

여기 편히 쉬다
하인리히 페스탈로치
1746년 1월 12일 취리히에서 태어나
1827년 2월 17일 부르크에서 죽다
노이호프에서는 빈민의 구원자
『린하르트와 게르트루트』에서는 민중의 목자
슈탄츠에서는 고아의 아버지
부르크도르프와 뮌헨부흐제에서는
새로운 민중학교의 창설자
이페르텐에서는 인류의 교사
인간, 기독교인, 시민.
모든 것을 남을 위해, 자기에게는 아무 것도 남기지 않았다.
그 이름 위에 축복이 있을 지어다!

할아버지는 흰크라는 지방에서 목사직을 수행하였고 페스탈로치는 할아버지에게서 많은 영향을 받았다. 외과 의사였던 페스탈로치의 아버지 요한 밥티스트 페스탈로치(Johann Baptist Petalozzi, 1718~51)는 하인리히 페스탈로치가 5살이 되던 해 세상을 떠났기 때문에 어머니인 수자네 호츠(Susanne Hotz, 1720~96)[88]와 하녀 바바라 슈미트(Barbara Schmid) 그리고 목사였던 할아버지 안드레아스 페스탈로치(Andreas Pestalozzi)의 영향 하에 자라났다.

1751년에서 54년까지 3년간의 초등교육을 받고 1754년 라틴어 학교

Segen seinem Namen!

88) 호츠 집안은 취리히로부터 정치 및 행정적인 지배를 받던 지방 출신이다. 당시 1만 명에 불과한 인구를 갖고 있던 취리히는 약 20만 명의 인구를 포함한 인근 지방을 다스렸다. 입법, 행정, 사법에 관한 모든 권력은 취리히 시민만이 누릴 수 있었다. 1723년 시민권 부여를 엄격히 제한한 이후 단 한명도 시민권을 얻지 못했다. 지방민에 대한 조직적 압박은 1794년 슈테프너 민중운동과 같은 소요와 항거를 유발시켰다. 호츠 집안은 취리히 시민권은 얻지 못했으나 의사와 학자를 배출한 집안이었다.

에 다니게 된다. 이 과정을 마친 후 인문학을 공부하기 위해서는 대학 가기 전 단계인 대학의 공개강의를 들어야 한다. 1761년부터 1763년까지 공개강의를 들으며 카롤리눔 대학의 고전학부 입학준비를 했다. 페스탈로치는 카롤리눔 대학에서 전통적인 사유와 교육방식과 기존의 정치체계에 대항하여 독자적인 사상을 펼치던 요하 야코프 보트머(Johann Jakob Bodmer), 요한 야코프 브라이팅거(Johann Jakob Breitinger) 그리고 요한 야코프 슈타인브뤼헬(Johann Jakob Steinbrüchel)에게서 정신적인 영향을 받았다.

그는 할아버지의 영향으로 목사가 되기 위해 신학을 공부하려고 했으나 빈민 구제에 뜻을 두고 법률을 공부하고자 했다. 그러나 페스탈로치는 대학을 중퇴하고 만다. 페스탈로치가 대학 중퇴에 대한 직접적인 이유를 밝히지는 않았지만, 1760년에 취리히의 강력하게 흐르고 있던 정신적 경향인 '젊은 이념들'의 영향으로 본다. 이런 사회적 흐름은 헬베트 협회(Helvetische Gesellchaft)[89]라는 단체로 나타났다. 페스탈로치는 1764년 8월 8일 정식 회원이 되었고 학교를 중퇴한 이후 본격적인 활동을 하였다.

1767년 1월 그는 취리히의 한 정치적 사건에 휘말려 심한 심문을 받고 시청의 구치소에 감금당했다. 이일로 이해 공직에 들어갈 길과 친지들로부터 보호를 받는 일, 심지어는 결혼하는 일까지 어려움을 겪게 되었다. 헬베트 협회의 정신의 영향과 공직생활에 대한 기회 박탈은 페스탈로치로 하여금 새로운 돌파구를 찾게 만들었다.

페스탈로치는 루소의 주장처럼 농촌에 들어가 농촌 계몽사업을 하기로 결심하고 1767년 농사일을 배우기 시작했다. 그는 농사 기술 뿐 아니라 토지의 성분 조사, 배수, 거름주기, 가축 사육, 농산물 저장, 시장

89) 헬베트 협회는 몽테스키외와 루소적 사회, 정치적 견해에 동의한다. 특히 1762~1763년에는 루소 열풍이 불었는데, 간소한 생활, 자연적인 태도 그리고 미래지향적인 중농주의 경제체제에 대한 이념에 공감하는 단체였다.

지식과 상업적 착상에 이르기까지 당시 농부들을 능가했고, 농업 분야에서 이름 있는 전문가들에게 신뢰를 받았을 정도였다.

페스탈로치는 8살 연상인 안나 슐테스(Anna Schultheb)와 1769년 9월 30일 결혼하고 노이호프에 농장을 만들었다. 그러나 악천후와 트랍 재배 농사 기술의 미숙으로 농장경영에 실패하게 된다. 경제적 어려움이 시작되는 시기인 1770년 8월 13일 아들 한스 야콥(Hans Jakob)이 태어난다. 페스탈로치는 4년 동안 야콥의 발달과정을 관찰한 육아 일기를 썼는데 이 때 여러 가지의 교육원리를 발견하게 되었다.

페스탈로치는 농장경영 실패로 경제적 어려움이 지속되었다. 그러나 빈민 아동들의 육체와 정신이 핍박받는 것을 보고 1773년 말에 빈민 아동들을 노이호프 농장에 수용하기 시작했다. 1774년 말 그는 빈민 아동에게 교육과 일자리를 제공하는 빈민 구호시설을 열어 노작교육을 통한 인간교육에 힘썼다. 그는 농촌의 빈민아동과 산업 프롤레타리아의 어려움을 돕기 위해 친구들과 후원자들에게 대출 형식의 돈을 약 6년 동안 매년 빌려줄 것을 요청했다. 1778년 2월에는 빈민 구호시설에 네 살부터 열일곱 살까지 37명의 아이들이 있었다. 그러나 1779년 국가보조가 중단되었고, 수공업 기술을 습득한 아이들이 이곳을 위해 일하려고 하지 않았기 때문에 빈민 구호시설은 문을 닫게 되었다.

1780년대 초부터 노이호프에서 외롭게 지내면서 약 10년간 저작 활동을 하였다. 페스탈로치 교육학의 출발점이라고 할 수 있는 『은둔자의 황혼(Die Abendstunde eines Einsiedlers, 1780)』, 1781년에는 『린하르트와 게르트루트(Lienhard und Gertrud)』 1권을 썼으며[90] 지방민과 도시의 세습 귀족층 사이의 정치적 대립에 대한 입장을 밝히기도 했다. 약 10년간 침묵을 지키며 노이호프에서 농사를 짓고 저술 활동을 하다가 자신의 사회 정치적 관심을 『나의 ABC 책 또는 내 사상의 출발을 위한

90) 이 책은 4권으로 되어 있다. 1권은 1781년 4월, 2권은 1783년, 3권은 1785년, 4권은 1787년에 출판되었다.

도안(Figuren zu meinem ABC Buch oder zu den Anfangsgründen meines Denkens, 1797)』과 페스탈로치의 철학 저서인 『인간발달에 있어서 자연의 길에 대한 나의 탐구(Meine Nachforschungen über den Gang der Natur in der Entwicklung des Menschengeschlechts, 1797)』를 썼다.

1798년 1월 초 스위스 혁명이 일어났다. 지방민들은 도시민으로부터 해방을 선포하였으며, 프랑스 군대는 베른, 프라이부르크 등을 점령하였다. 슈탄스 지역은 프랑스 군대의 주둔으로 상황이 어려워졌기 때문에 1798년 12월 5일 정부는 슈탄스에 빈민 고아 구호시설을 세우기로 결정했다. 페스탈로치는 슈탄스의 이 시설을 맡아 일하면서 자신의 교육이념을 실험해 보았고, 슈탄스에서 보낸 편지인 『슈탄스 통신(Stanser Brief)』은 그의 『교육방법론(Die Methode)』의 기초가 되었다. 슈탄스 빈민 구호시설은 야전 병원으로 내어 줘야 했기 때문에 5개월 만에 문을 닫게 되었다.

그 이후에 1799년 7월 23일 후원자의 도움으로 부르크도르프의 교사 양성소가 있는 학교에서 일을 하게 되었다. 이곳은 하층 계급의 자녀들이 다니는 서민 초등학교였는데, 그는 여기서 종래의 수업방식과는 다른 새로운 교수법으로 아이들을 가르쳤으나 교사와 학부모의 반대에 부딪혀 같은 지역의 중산층의 자녀들이 다니는 시민학교로 옮기게 되었다. 이곳에서는 새로운 교육방법의 시도로 시의 교육위원회로부터 주목을 받았다. 『교육방법론, 1800』과 『게르트루트는 그 자녀를 어떻게 가르치는가, 1801』는 교육방법에 관한 대표작으로 어머니들을 위한 교육 지침서로 집필되었다. 이 시설에서 유럽에 명성을 떨치며 약 4년간 일하다가 1804년 뮌헨부흐제로, 두어 달 후에는 이페르텐으로 옮겨가게 되었다.

1805년 페스탈로치는 이페르텐에 학원을 세워 21년간 교육사업에 전념했다. 이페르텐 학원은 기숙학교였다. 학교의 효과는 이에 상응하는 교사교육이 가장 중요하다고 생각하여 교사교육에 자신의 학교의 가능성을 두었다. 페스탈로치의 교육방법과 함께 이페르텐 학원이 널리 알려지면서 1809년 11월에 학교에 기숙하는 학생은 166명에 이르렀고, 프러시아 등 각국에서 많은 사람들이 그의 새로운 교수법을 배우러 이곳을 방문했다. 그러나 페스탈로치의 교육이념, 즉 빈민교육과 민중교육을 통한 사회개혁이라는 꿈과는 달리 각국의 부유층 자제들이 이 학교로 모여 들면서 명성을 떨치게 되었고, 그의 이념을 나름대로 발전시켜 공명을 세우려는 교사들 간의 갈등이 빚어지는 상황이 초래되었다.

이러한 이유로 그는 자신의 이념에 맞는 빈민학교를 열기 위해 이페르텐 학교를 떠나 1818년 클린디에 빈민 구호시설을 설립하였다. 얼마 있지 않아 이 학교도 유명해지면서 외국의 부유층 자제들이 입학하게 되었다. 결국 1년쯤 지나 두 기관은 이페르텐 학교로 합쳐졌다. 영국인 그리브스(J.P.Greaves)에게 『유아교육 서한』을 보내 말년에 유아교육에 대한 자신의 견해를 피력했다.

1825년 교사와 페스탈로치의 불화로 학원이 폐교되고 손자가 있는 노이호프로 돌아와, 자신의 자서전인 『백조의 노래(Schwanengesang)』를 저술하였다. 1827년 2월 17일 브루크에서 세상을 떠났고, 그의 희망대로 동네 학교 옆에 있는 비어의 공동묘지에 묻혔다.

(2) 인간관

페스탈로치는 『슈탄스 통신』에서 자신의 인간관을 근거로 프랑스 혁명을 해석했다. "모든 혁명은 근본적으로 인간 본성이 타락한 단순한 결과라고 본다... 황폐해진 인간을 신중하게 가장 본질적인 상태로 돌려놓기 위해 생긴 필연적인 것이라고 생각한다."(J. H. Pestalozzi, 1992: 7)

슈탄스 통신이 쓰여 지기 얼마 전인 1777년 『은둔자의 황혼』과 1797년 『인류발달에 있어서 자연의 과정에 대한 나의 탐구 (Meine Nachforschung über den Gang der Natur in der Entwicklung des Menschengeschlechts)』(이하 「나의 탐구」라 칭함)에서 "나는 누구이고 인간은 무엇인가"라는 인간 본질에 대한 질문을 던진다.

"너 자연의 힘, 순수한 인간 도야는 어디 있는가? 인간 내면에 있는 인간 본질의 만족, 순수한 우리 자연의 힘, 현존재의 축복, 너는 꿈이 아니다." 페스탈로치는 인간에게 있는 순수한 자연의 능력을 찾았다. 그리고 그것을 연구했다. 왜냐하면 이것이 인류의 목적이며 고유한 인간의 내적 갈망이라고 보았기 때문이다.

페스탈로치는 『나의 탐구』에서 이 문제를 더 발전시켰다.

"나는 무엇이고 인류란 무엇인가?
나는 무엇을 했고, 인류는 무엇을 하고 있는가?
나는 나의 삶의 방향을, 그리고 내가 무엇이 될지를 알고 싶다.
나는 인생의 방향을, 그리고 인류가 어떻게 되어갈 것인지 알고 싶다....
나의 탐구과정은 자연이 나 개별적인 발달에 부여한 자연의 과정이라 할 수 있다. 따라서 나는 어떤 분명한 철학적 원리에 근거한 것이 아니며, 오늘날 우리 시대에 주장하는 계몽적 관점에 근거한 것도 아니다."(J. H. Pestalozzi, 1981: 6)

여기서 페스탈로치는 인류의 발달과정을 자연적 상태, 사회적 상태 그리고 도덕적 상태로 구분한다.

"인간은 동물적인 우둔한 상태에서 통찰에 이른다. 그의 통찰력은 소득을 얻게 한다. 소득을 얻음으로 소유하게 된다. 소유는 사회적 상태에 이르게 한다. 사회적 상태는 재산과 명예를 얻게 한다. 명예와 권력은 복종과 지배를 낳는다. 복종과 지배는 귀족과 하인과 왕을 낳는다. 이들의 모든 관계는 법적 제도를 유발한다. 법적 권리는 시민의 자유를 부른다. 이런 법이 없으면 독재와 노예가 생긴다. 즉 인간이 상호 연관된 법이 없이 그저 사회에서 어우러져 사는 상태이다. 나는 계속해서 자연의 길을 따른다. 나는 내 안에서 선한 의지를 발견한다. 선한 의지가 있기 때문에 소득, 명예, 소유, 그리고 권력은 나를 내 가장 깊은 곳에서 고상하게 만든다. 이것이 부족하면 이 땅에서 내 사회적 존재로서의 모든 장점이 나의 가장 깊은 곳에서 나의 품위를 떨어뜨린다.

나는 이러한 선한 의지의 본성을 연구한다. 이 선한 의지는 내 본질의 속성에서 감각적이고 동물적임을 발견하게 되었다. 그러나 나는 내 안에 있는 또 하나의 힘을 인식한다. 이것은 선한 의지를 고상하게 해준다. 그래서 이 고상해진 의지를 사랑이라고 한다... 가능한 모든 연구와 지식의 한계를 넘어서서 나를 내 존재의 근원으로 끌어올리고, 내 본성의 약점과 나쁜 점을 찾아 낼 것이다."(J. H. Pestalozzi, 1981: pp.7)

이러한 발달 과정은 개개 인간에게서도 그대로 발견되는 것으로, 인간성을 구성하는 세 개의 층이기도 하다. 페스탈로치는 인간의 발달과정에서 드러나는 일반적인 특징들에서 유추하여 인간의 본질을 밝혀내었다.

"나는 자연의 작품이다
내 인류의 작품이며
내 자신의 작품이다.

나 자신을 구성하는 이 세 개의 단층은 세계의 모든 사물을 보는 다른 세 종류의 단순하고 필연적 결과로서 내 본성이 할 수 있는 것이다.

자연의 작품으로서 나는 나 자신을 위해 존재하는 동물로 세계를 이해한다.

인류의 작품으로서 나는 이웃과 관계 맺고 계약하는 피조물로 세계를 이해한다.

나 자신의 작품으로서 나는 나의 동물적 성향과 사회적 관계의 이기심에 영향을 받지 않고 온전히 나의 내적 고상함을 돕는다는 관점에서만 세계를 이해한다...

나는 나 자신의 작품으로서만 나와 나 자신과 조화를 다시 이룰 수 있다.

나는 실제로 내가 존재하는 것처럼, 내 안에 있는 나의 힘과 욕망 사이의 균형을 동물적으로 유지할 수 없음을 확인한다. 사회적 인간 안에 있는 나의 이기심과 나의 선한 의지는 본질적으로 조화롭게 존재할 수 없다."(P. Menck, 1993: 116재인용)

여기서 페스탈로치는 인간발달의 단계를 명확히 구분하려고 하기 보다는 오히려 인간을 보는 다양한 방법을 다루고 있다.

인간은 발달 가능성, 즉 내면적 힘의 씨를 가지고 태어난다. 이러한 것을 인간 정신의 근본력(Grundkräften)이라고 하는데, 인간은 다양한 근본력에 의해 움직여진다. 이 근본력들은 함께 그리고 서로에게 영향을 미치며 작품을 완성해간다. 자연이 다양한 힘으로 자기의 작품을 만들어 내듯이 인간은 자기 자신의 힘을 사용하고 그 힘을 훈련함으로써 강해지고 힘의 조화를 통해 자기 작품을 만들어 낸다.

페스탈로치는 인간을 자연적 상태, 사회적 상태, 그리고 도덕적 상태로 구분하고 인간이 이 상태에서 활동하는 세 가지 근본력을 가정하고 있다.

자연적 상태의 인간은 동물적 상태의 인간을 말한다. 인간 본성의 선천적 힘은 본능이다. 본능이란 건강하고 동물적인 느낌, 생각 그리고 행동의 성향을 갖고 있으며, 이를 '동물적인 힘', '물리적인 힘' 또는 '충동'이라고도 한다.

인간은 동물적 힘을 통해 본능을 충족시키고 감각적 즐거움을 얻고자 한다. 이 상태에서는 신이나 선악의 개념은 갖고 있지 않지만, 다른 것에 대한 친절과 호의는 갖고 있다. 순수한 의미의 자연적 상태에서 인간은 이기심과 이타심의 조화와 균형을 유지할 수 있다.그러나 사회적 경험이 증가하게 되면서 이 상태에서 멀어진다. 즉 이 동물적 힘은 자연 상태에서 인간의 지나친 이기심으로 오염되면서 약화된다. 자연 상태가 축소됨으로 인간은 다른 것에 대한 호의와 친절이 사라지고 다른 것들과 다투며 경쟁하게 된다. 이렇게 됨으로써 인간은 타락한 자연인이 된다.

사회적 상태는 자연적 상태의 인간이 가진 본성적 욕구를 개선하고 안전하게 충족할 수 있도록 사회적 수단을 통해 제약을 가한다. 법이나 규칙, 사유재산제도, 직업 등을 통해 인간의 동물적 본능을 인위적으로 만족시키게 함으로써 질서를 유지한다.

자연적 상태에서 인간은 쾌락과 고통의 지배를 받는다. 이를 극복하기 위해 인간은 계약으로 성립된 '사회'라는 반대의 힘이 필요하다. 그러나 사회는 자연적 상태에서 누렸던 안락함과 자유를 빼앗았다. 인간은 사회가 정해 놓은 선 안에서 제한적인 삶을 유지하면서 불만족스럽게 살아간다.

그러나 사회적 상태에 대한 불만족은 도덕적 상태에 이르게 하는 조건이 된다. 인간이 사회적 상태에 이를 수 있는 것은 인간 안에 있는 동물적이고 사회적 상태를 그 이상의 고상한 상태로 끌어 올리려는 욕구가 내면에 있기 때문인데, 이를 도덕적 힘[91]이라고 한다. 인간은 사회적 상태에서 동물적 힘과 이기심을 행사하면서 자아를 인식하고 나를 발견하게 된다. 즉 사회적 상태에서 나의 이기심과 허약함을 충족시키지 못하면서 생기는 어떤 욕구를 느낄 때 도덕적 상태와 연결된다. 자연적 상태에서 조화를 이루었던 이기심과 호의의 차원을 넘어서서 순수한 호의가 이기심을 지배하는 자율적 도덕성을 의미한다.

도덕적 상태는 나를 세계와 구분하고 세계를 나와 구분하는 개체성(Individualität), 자기 양심에 따라 판단할 수 있는 자유와 자발성(Freiheit und Selbständigkeit), 도덕적 완성을 위해 노력하는 정신성(Geistlichkeit), 개성을 유지하면서 인간성을 상실하지 않는 인격성(Persönlichkeit) 그리고 자기 한계를 인식하고 지금의 낮은 본성에서 보다 높은 차원의 본성을 지니기 위해 시도하면서 자신을 극복하려는 종교성(Religiosität)를 포함한다(김정환, 1999: 129). 도덕적 상태는 "윤리적 힘, 선한 의지, 사랑, 상상력"에 의해 도달하게 된다(R. Lassahn, 1983: 78ff). 이러한 힘을 통해 나는 나 자신의 작품이 된다.

자연적 상태, 사회적 상태 그리고 도덕적 상태의 내용을 요약해 보면 다음과 같다(Knoop/Schwab, 1981: 79).

1. 자연적 상태 : 인간은 자연과 완전한 조화를 이룬다. 인간은 윤리적 의무 때문에 자신의 감각적 충동을 만족시키는데 아무런 방해를 받지 않는다. 단순한 이기심이 지배한다. (무법 = 아노미).

2. 사회적 상태 : 인간은 외부와 연결된 사회법에 예속되어 있어서 자신의 자연적 성향과 사회적 요구 사이에 갈등이 생긴다. 선천적인 자

---

91) 도덕적 힘이란 "본성의 가장 깊은 곳에 자신을 내면적으로 순화시키는 힘"을 말하며 이는 자율적 의지에 근거한다고 보았다.(J. H. Pestalozzi, Bd. 12, 1938: 105)

연과의 합일이 사라진다. (사회법에 지배 받음 = 타율성).

3. 도덕적 상태 : 인간의 의지와 행위가 자기의 고유한 윤리의식의 내적 법칙에 예속되어 있다. 윤리적 행위는 자기 자신의 작품이다. 원하는 것과 행동하는 것 사이의 조화가 다시 이어진다. (자신의 고유한 법칙 = 자율성)

(3) 인간과 교육과의 관계

페스탈로치는 교육을 통해 인간이 인간답게 살고 이와 함께 이상적인 사회를 건설할 수 있다고 생각했다. 그에게 이상사회는 도덕적인 사회였다. 도덕적인 사회를 건설하기 위해 그 사회를 구성하는 모든 사람들이 도덕적 상태에 이르러야 한다고 보았다. 인간은 자연적 상태, 사회적 상태 그리고 윤리적 상태 중 어느 한 상태에 머무르거나 만족할 수 없다. 각각의 상태는 서로를 견제하고 비판하고 저항한다. 왜냐하면 서로 모순되는 각각의 '나'가 현 상태에서 편안히 머물 수 없기 때문이다. 자연의 작품으로서의 동물적인 나는 인류의 작품인 사회적인 나에게 그리고 사회적인 나는 나 자신의 작품인 윤리적 나에게 저항하며 갈등을 일으킨다.

인간은 지능력(Head), 도덕력(또는 심정력 Heart), 기능력(Hand)의 씨앗을 갖고 태어난다. 이러한 잠재력들은 교육을 통해 조화롭게 발달되어 도덕적 인간을 형성하는데 도움이 되어야 한다.

지능력 도야는 직관을 통해 지성과 사물에 대해 올바로 인식하는 방법을 도야하는 것이다. 어린이는 처음에 사물의 외적 관계를 감각적으로 인식하고, 그 다음에 내적 직관으로 사물의 내면적 관계(사물의 상호관계, 구조관계 등)를 인식한다. 그러나 세계의 여러 사물들이 얽혀져 있어 혼란스럽게 우리 앞에 나타난다. 이러한 혼란스러운 직관을 명확하게 규정하고 분류하게 함으로써 사물의 본질적 관계를 인식하도록 도와주어야 한다.

페스탈로치는 지능력 도야를 위해 수(數), 형(形), 어(語)라는 사물에 대한 기본 인식 도구를 제시했다. 하나의 사물을 분명히 인식하려면 먼저 사물이 몇 개인지 '수'로 세어보고, 그 사물의 형태, 즉 겉모습을 살펴보며, 그 사물이 어떻게 명명되는지 이름을 알게 되며 사물에 대한 명확한 인식에 이를 수 있다.

도덕력 · 심정력 도야는 오늘날 도덕교육, 교양교육, 종교교육을 포함하는 개념이라 할 수 있다. 페스탈로치는 도덕교육이야말로 인간 교육의 궁극적인 목표라고 생각했다. 심정력 도야의 핵심 개념은 '사랑'이며, 신뢰와 순종, 감사와 믿음의 훈련이 필요하다. 도덕적 힘의 도야는 가정에서 어머니와 자녀와의 인간관계로부터 형성되는 사랑, 감사, 신뢰 그리고 믿음에서 비롯된다. 이를 바탕으로 어린이는 인간관계를 맺고 하나님에 대한 신앙을 갖게 되는데 이것이 심정력 도야의 목표라고 할 수 있다.

기능력 도야는 신체, 기술, 직업, 예술 등을 포함한다. 기능력 도야는 인간생활에 필요한 기본 기능을 연습하고 훈련하여 몸에 익히는 것이다. 영유아들에게는 던지거나 잡아당기는 등 신체의 기본 동작을 요소별로 연습시키고 그 후에 전체적이며 종합적인 기능들을 훈련시킨다. 이러한 신체적 능력 배양은 직업적인 기술을 익힐 수 있는 기초가 된다.

세 가지 근본력을 도야하는 방법은 다르지만 모두가 자연의 원리를 따르고 있다. 즉, 어떤 지식이나 기능의 내용을 밖에서 안으로 주입하는 것이 아니라 내면에 지니고 있는 힘들을 스스로 계발하도록 돕는 것이다. 그러나 페스탈로치가 여기서 강조하고 있는 것은 한 사람의 지식인과 기능인을 양성하는 것이 아니라 도덕성 즉, 심정력에 기초한 지능력과 기능력 도야였으며 인간교육을 우선에 두었다. 그래서 『빈민교육시설의 목적과 계획(Zweck und Plan einer Armenerziehungsanstalt, 1805)』에서 좋은 인간만이 좋은 물레방앗간 기술자가 될 수 있다고 하였던 것이다.

(4) 유아교육사상[92)]

가. 유아교육의 중요성

자연적 상태의 인간을 사회적 상태로, 더 나아가 도덕적 상태에 이르게 하기 위해서 유아교육은 매우 중요하다. 어린이는 인간 본성의 모든 능력을 부여받고 있다. 다만 어떠한 능력도 아직 발달되지 못한 상태에 있다. 즉 아직 피지 않은 봉우리와 같다. 교육이란 어린이의 본성안에 잠재되어 있는 모든 능력이 골고루 계발될 수 있도록 돕는 것이다.

특히 삶의 첫 단계에는 사랑과 믿음의 소질이 드러난다. 유아가 보여주는 미소와 여러 가지 애정 표현은 어린이 가슴 속에 있는 사랑의 원동력이며 신앙의 씨앗이 있기 때문이다. 어머니는 사랑과 친절로 어린이의 가슴에 공감을 자아내야 한다.

아동기 조기교육의 성공 여부는 어머니 교육에 달려있다. 어머니가 자녀를 교육할 때 중요하게 요구되는 것은 첫째, 배려 깊은 사랑(a thinking love : eine denkende Liebe)이다. 이 사랑은 충동적이고 세속적인 사

92) 페스탈로치는 이페르텐 학원에서 영어를 가르쳤던 영국인 그리브스에게 『유아교육서한』을 보냈다. 영국은 일찍부터 유아교육에 관심을 갖고 1814년 로버트 오웬이 스코트랜드의 뉴 라나크 공장에, 1818년 윌리엄 알렌이 런던 도심에 보육학교를 세웠다. 그러다가 그리브스에 의해 1824년 유아교육협회(Infant School Society)가 런던에 설립되어 유아교육에 이바지했다. 페스탈로치의 유아교육사상에 대해서는 『유아교육서한』을 중심으로 소개할 것이다. J. H. Pestalozzi,『페스탈로치가 어머니들에게 보내는 편지』,김정환 옮김, 1997: 서원

랑과 대비되는 개념이라고 할 수 있다. 자녀에게 언제나 사랑을 표현하되 늘 생각하고 조절하면서 표현해야 한다. 페스탈로치는 사랑이 교육의 본질이라고 생각했다.

둘째, 어머니는 자녀를 교육하는데 있어서 반성의 시간을 가져야 한다. 어머니는 자기의 자녀가 영원한 생명을 누리기 위해 태어났으며, 하나님이 하나님의 참 자녀로 교육하라고 맡기신 것을 깨달아야 한다. 그리고 자녀를 용기와 겸손(Mut und Demut)[93]으로 교육해야 한다.

나. 교육목적

페스탈로치는 창조주가 인간에게 부여하신 모든 능력을 고르게 계발하는 것이 교육이라고 생각하였다. 즉 모든 교육은 어린이에게 무엇을 주입하는 것이 아니라, 아직 계발되지 않았지만 적어도 계발될 가능성이 있는 것을 선천적으로 지니고 있다는 인식에서 출발해야 한다.

"교육은 '어린이를 무엇으로 만들어야 하느냐'를 결정하는 것이 아니라 '어린이는 무엇이 될 수 있는가'를 묻는 일이 되어야 하겠습니다. 어린이는 어떤 사명을 지니고 태어났는가, 어린이는 이성적, 도덕적 존재로서 어떤 자격을 지니고 있는가, 어린이를 완성시키는 방법은 무엇인가, 전능하신 하나님의 창조와 인류의 완성의 자리에 어린이는 어떤 숭고한 소임을 맡았고 또 맡아야 할 것인가"(J. H. Pestalozzi, 1997: 109)를 물어야 한다.

페스탈로치는 교육의 목적을 다차원적으로 진술하고 있다.

첫째, 하나님이 각자에게 부여한 능력의 계발

둘째, 여러 능력의 조화적 계발에 의한 인격도야

셋째, 각자가 하나님이 맡기신 몫을 하면서 개성을 실현하는 일

넷째, 각자가 그 삶으로 사회의 바람직한 일꾼이 되는 일

---

93) 용기를 지니되 교만하지 말고, 겸손하되 낙심치 말라는 의미이다.

다섯째, 궁극적으로 인류의 완성을 기하여 믿음, 소망, 사랑으로 실천하는 일이다.

다. 교육내용

가) 신체훈련

유아기에 가장 중요한 교육은 신체훈련이다.

신체교육의 첫 단계는 보행이다. 보행은 어린이가 남에게 의지하지 않고 신체적으로 독립하는 결정적인 행위이다. 자기가 원하는 대로 움직일 수 있으며 자유롭고 자발적인 모자관계를 형성하게 된다. 혼자 걷는다는 것은 신체에 관한 모든 능력의 충분한 사용법을 획득하는 발달단계에 이르기 위해서도 큰 의미를 갖는다.

둘째, 체육이다. 어린이에게 체육을 권장하는 것은 어떤 특정한 기능을 연마하는 것도 아니고 많은 힘이나 숙련을 요하는 특정 기능에 대한 자격을 갖추는 것이 아니다. 중요한 것은 그 과정에서 얻어지는 자연스러운 발달이다. 즉 단순한 기능을 익히면서 그 보다 복잡하고 어려운 다른 기능을 익히는 준비를 한다는 것이다.

이를 위해 어린이에게 주어진 연습 과제가 다양해야 하고 쉬운 것에서 어려운 것으로 짜여져야 한다. 또한 운동은 연령과 신체적 힘의 정도에 따라 적절하게 진행되어야 한다. 따라서 어머니는 초보적이고 기초적 운동 중에서 자녀에게 무엇이 가장 이로운지를 알고 잘 선택해야 한다. 체육은 건강의 증진과 신체적 기능연마에 그치지 않고 내면의 세계를 순화하는 정서교육과 단체정신을 일깨울 수 있다. 이른 시기부터 계속적으로 운동하는 과정에서 얻게 되는 덕목은 근면성, 개방적이고 솔직한 성격, 개인적인 용기, 고통을 이겨내는 씩씩한 행위 등이 있다.

셋째, 어린이의 모든 감각을 고루 발달시키기 위해 시·청각 훈련이 필요하다. 일찍부터 이러한 훈련을 하면 재능을 완벽하게 발전시킬 수 있다. 이와 관련된 훈련 방법으로는 기구의 도움 없이 거리를 눈으로 정확히 측정하는 것, 사물의 크기를 직감하는 것, 색깔의 명암을 가려내는 것, 작은 소리에 민감하기 등이 있다. 이러한 훈련은 즐거운 놀이로 시작해야 하며, 이때 모든 것이 즐겁게 수행될 수 있도록 최대한의 자유가 보장되어야 한다. 또한 훈련은 취미와 연관시키는 것이 좋다.

나) 지적 훈련

어린이는 신체적 능력을 연마하여 신체적 독립을 하면서 동시에 지적 독립을 해간다. 지적 독립은 사고의 습관에서 시작된다. 어린이는 사물을 관찰하고 기억력을 통해 사고하기 시작한다. 처음에는 불완전하지만 주변에 있는 모든 사물들을 탐색하고 탐색한 것에서 나오는 호기심의 결과로 질문을 하게 된다.

유아기에 사고의 습관을 형성하는데 도움이 되는 방법은 다음과 같다.

첫째, 그리고, 맞추고, 재고, 관찰하기이다.

유아는 관심이 있는 사물을 모방하려는 욕구가 있다. 모방의 욕구를 충족시키기 위해 초보적인 그림 연습을 한다. 처음에는 사물의 전체보다 사물의 부분을 분석하고 사물을 구성하고 있는 요소를 관찰하게 하여 그려보게 한다. 그림 그리는 습관을 가진 사람은 일상생활에서도 일반인들이 인식하지 못하는 부분을 잘 파악하고, 사물을 보다 정확하게 표현하며 작은 부분까지 관찰할 수 있다. 이런 습관을 가지려면 자연을 직접 묘사 하는 것이 가장 효과적이다. 왜냐하면 사물이 주는 직접적인 인상이 그 사물을 묘사한 것보다 훨씬 강하기 때문이다. 빛의 그림자 처리의 중요성, 원근법의 원리 등을 스스로 배울 수 있다. 자세한 것까지 도와주지 말고 스스로 원리를 익히고 노력하는 과정 속에서 격려해 주는 것이 필요하다.

그림 그리는 연습이 이루어진 후 다음에 조형연습을 한다. 어떤 재료를 사용해도 되며 간편하게 만들 수 있는 것으로 한다.

둘째, 관찰력, 판단력, 인과관계를 익힌다.

어머니는 자녀에게 여러 사물의 이름을 가르친다. 사물의 명칭을 정확하게 가르쳐주고 따라하게 한다. 이러한 훈련은 기억력을 향상시킨다. 그 다음 사물의 부분들을 자세히 관찰하게 한다. 사물의 모양, 크기, 색깔, 표면의 촉각, 부딪쳤을 때의 소리와 같이 사물의 특징이나 성질에 대한 지식을 알게 한다. 이러한 훈련은 관찰력과 판단력을 키워준다. 또한 사물의 이치와 사물의 원인, 기원, 존속, 결과에 대해 가르친다. 이러한 훈련은 인과관계에 대해 생각하는 습관을 갖게 해 준다.

셋째, 기초교육을 가르쳐야 한다.

눈앞에 흩어져 있는 사물들을 어린이들이 분명히 인식할 수 있도록 수, 형, 어를 통해 가르친다.

1. 실제로 대상들이 얼마나 많은가?(數)
2. 형태와 윤곽이 어떻게 보이는가?(形)
3. 소리나 단어에 따라 어떻게 구체화시킬 수 있는가 : 어떻게 불리나.(語)

수, 형, 어의 교육을 받기 위해 먼저 다음과 같은 힘을 길러야 한다.

1. 다른 사물의 형태를 눈으로 파악하고 그 내용을 기억할 수 있는 힘
2. 대상의 수를 나누고 일치점이나 다양성을 분명히 기억하는 힘
3. 수와 형태로 묘사한 사물을 언어로 중복하여 잊지 않게 하는 힘

어머니는 구체적인 사물을 보여주면서 수를 가르친다. 왜냐하면 어린이는 수의 개념을 추상적으로 이해하기 어렵기 때문이다. 구체적 사

물을 통해 습득한 지식은 어린이에게 첫째, 자기가 현재하고 있는 일이 무엇인지, 그 이유가 무엇인지, 왜 답이 이렇게 나오는가의 원리를 알게 한다. 둘째, 신뢰감과 안정감을 얻고 동시에 즐겁게 그 일에 참여할 수 있다. 스스로 기대하고 노력하여 얻은 성과는 새로운 어려움을 극복하는 힘이 된다. 형의 요소를 다룬 연습과정은 기하학을 배우는 기초가 된다. 언어교육, 특히 모국어는 가능하면 이른 시기부터 친숙하게 하고 완전히 익히게 한다. 한 언어에 정통하지 않으면, 정신의 활동을 제대로 할 수 없게 된다.

다) 도덕성 훈련

양심 감각의 각성: 인간의 본성 중에서 동물적 본성과 지능적 본성은 심정적 본성에 기초해야 한다. 즉 머리와 가슴과 손의 조화로운 교육이란 이 세 가지 힘을 균등하게 키운다는 뜻이 아니라, 가슴의 교육이 우선되어야 한다는 것이다. 가슴의 교육은 어머니가 이른 시기부터 자녀로 하여금 내면의 소리에 귀 기울이게 하는 데서 시작되어야 한다. 왜냐하면 하나님은 아동에게 양심을 주셨고, 양심의 소리에 귀 기울이는 능력과 하늘을 바라보는 눈을 주셨기 때문이다. 그러므로 어머니는 양심의 감각을 일깨워 주어야 한다.

자기 부정의 습관 : 도덕성 교육은 도덕적 습관을 형성하는 것이 중요하다. 모든 도덕 중에서 가장 중요하고 기초가 되며 올바른 교육을 통해 형성해야 하는 것은 자기부정(자기극복, 자기희생 등)의 습관이다. 자기부정의 습관을 형성하도록 하기 위해서 다음과 같은 훈련을 한다.

먼저 어머니 스스로가 자기부정의 본을 보인다. 어머니가 힘든 일에 참고 견딜 줄 알아야 하며, 겸손하고 버릴 줄도 알아야 한다. 그리고 현재의 만족보다는 보다 높은 소망의 대상, 즐거움의 순수한 근원을 알아야 한다. 자기의 흥미와 욕구보다 다른 사람의 행복을 위한 사랑과 열의가 있어야 한다.

자기 부정의 습관은 아이의 갈망을 통제하는데서 시작된다. 아이의 어리광을 그대로 다 받아주어서는 안 된다. 어리광은 더 많은 욕구를 채우려 들게 하고 쓸데없는 것을 바라게 한다. 또한 어린이가 고집을 부려 어른을 이기지 못하게 해야 한다.

음악교육: 미를 추구하는 음악교육은 선을 추구하는 도덕교육이 되고, 선을 추구하는 도덕교육은 음악교육을 통해 더욱 효과적이 된다.[94] 음악은 인간을 즐겁고 순결한 성품으로 만들고 인간의 감정을 최고도로 고양시키는데 중요한 역할을 한다. 음악이 올바른 정신으로 교육만 된다면 악하고 편협한 감정, 옹졸하고 천한 기호, 인간성에 적합하지 않은 충동의 뿌리까지 없앨 수 있다.

유아에게 필요한 음악은 꾸밈 음이 있거나 화려한 겉치레가 있으면 안 되고, 숭고하고 감동적일 정도로 단순해야 한다. 단순한 음악은 마음을 고양시키고 순화시켜 경건한 감정을 자아내게 한다.

기독교 교육: 페스탈로치에게 있어서 도덕성 교육은 궁극적으로 기독교 교육과 연결된다. 유아 안에 생동하는 보다 높은 본성의 첫 감정은 유아가 어머니에게서 느끼는 사랑과 신뢰의 감정이다. 이 감정이야말로 인간의 가슴 속에 깃들 수 있는 가장 순수하고 고귀한 것이다. 이 감정은 인간을 겸손하게 함으로써 인간을 고양시켜 신을 사랑하고 믿는 감정을 낳게 한다. 바로 이 감정 위에서 유아교육의 첫 터를 잡아야 한다. 페스탈로치는 머리, 가슴, 손의 조화로운 교육을 하되 가장 중요한 것은 위로부터의 감화에 따르도록 어린이의 마음을 준비시키는 것이라고 하였다. 왜냐하면 위로부터의 감화에 의해서만 인간 속에 깃든 하나님의 형상을 다시 찾을 수 있기 때문이다.

94) 그리스에서 자유인의 교양교육에서 kalos kai agathos(Beautiful and Good)가 미는 선을, 선은 미를 가져온다는 원리를 받아들인 듯하다.

라. 교육방법

가) 직관교육

유아에 가장 중요한 교육방법은 직관교육이다. 이 시기의 어린이들은 지적 능력이 막 움트기 시작했기 때문에 사물을 식별하는 능력은 채 형성되지 못했다. 그러므로 어떤 대상에 대해 서로 다른 관념을 기억하기는 어렵다. 어린이를 가르치기 위한 첫 번째 법칙은 말을 가르치지 말고 사물을 가르치는 것이다. 사물을 직접 보여주는 것이 가장 좋은 방법이다. 사물을 직접 보여주기 어렵다면 되도록 말을 적게 해야 한다. 사물의 감각이 주는 인상을 잘 기억할 수 있다. 외부에서 받은 인상은 내면화시켜야 한다.

관념을 형성한다는 것은 우리 감각 앞에 제시된 대상을 직관하는 것 이상의 것이다. 그 대상의 성질은 무엇인가, 그것이 어디에서 왔는가, 그것이 어떤 부분으로 구성되어 있는가, 그 한 부분이 전체와 어떤 관계에 있는가, 그 용도, 효과, 결과 등이 진술되어야 한다. 이 모든 일들이 분명하고 종합적으로 이루어져서 어느 한 대상을 다른 대상과 구별하고 차이점과 공통점을 진술할 수 있어야 한다.

어린이에게 직접 대상을 제시하지 못할 경우에는 그림을 보여준다. 그림을 보고 생긴 호기심을 적절히 만족시켜 준다면 유용하고 효과적인 학습이 될 것이다.

나) 자발적 활동

어린이를 가르치지 말고 지적 교육의 주체가 되게 한다. 어린이에게는 어떤 생각이나 사실을 주목하거나 간직할 능력, 그리고 스스로 반성하는 능력, 타인의 의견을 경청하는 능력이 있다. 또한 새로운 것에 대한 호기심이 있다. 따라서 강제적으로 학습하라고 할 필요가 없다. 단지 이러한 능력을 계발하도록 어린이들이 관심을 갖는 대상을 제시해 주면 된다. 자연에 속한 것이든 인간사의 노동이나 기술에 속한 것이든 이 일을 통해 중요한 지식을 습득하고, 자신이 본 것을 생각하고, 생각한 것을 말로 표현하도록 돕는다.

이를 위해 어머니는 아이와 많은 '대화'를 나눠야 한다. 말로 설명만 하지 말고 아이로 하여금 주제에 대해 말하게 한다. 주제에 대해 의문나는 점은 질문을 하게하고, 아이들이 스스로 답을 발견하도록 돕는다.

질문은 짧고 분명하며 알아듣기 쉬워야 한다. 사물을 자세히 관찰하고, 배운 것을 기억하여 질문에 답할 수 있도록 돕는다.

2) 프뢰벨(Friedrich Wilhelm August Fröbel, 1782~1852)

(1) 생애와 업적

프뢰벨은 1782년 4월 목사인 요한 야콥 프뢰벨과 야코비네 엘레오노레 프리데리케 사이에서 여섯 번째 중 막내로 독일의 튀링엔(Türingen)에 있는 오버바이스바흐에서 태어났다. 그의 어머니는 출산 후유증으로 1783년 2월 사망하였고, 1785년 아버지는 재혼하였다. 프뢰벨은 새어머니가 자신을 등한시한다고 느꼈으며, 계모와 하녀들과의 갈등은 어린 프뢰벨을 혼란스럽고 기쁨이 없는 유년기를 보내게 했다.

1792년부터 오버바이스바흐와 슈타트틸름에 있는 초등학교를 다닌 후 열다섯 살에 잘레 강변에 있는 히르쉬베르크(Hirschberg)에서 산림관

견습생으로 산림학을 공부했다. 프뢰벨은 식물 보호에 눈을 떴으나 내적 갈등은 해결하지 못했다. 이 기간 동안 그는 방임된 상태에서 식물학과 천문학을 독학했다.

1799년 예나(Jena)로 여행하던 중 어머니의 유산으로 예나 대학 철학과에 등록하였고, 1799년 겨울학기에 예비지식도 쌓지 않은 채 자연과학을 공부했다. 당시 예나 대학에는 관념론 철학자인 피히테와 낭만주의자인 쉘링, 노발리스, 슐레겔 형제 등이 있어 프뢰벨의 교육사상을 형성하는데 영향을 주었다. 그러나 경제적 이유로 빚을 지고 예나 대학의 감옥에 가게 된 그는 2년도 되지 않아 학업을 그만 두고 1801년 5월 말 오버바이스바흐로 돌아왔다.

1802년 2월 아버지의 죽음 이후 바우나흐에 산림청 서기로 일하다가 1805년 초 자신이 건축학에 관심이 있음을 발견하고 건축학 공부를 위해 프랑크푸르트(Frankfurt am Main)로 갔다. 거기서 프뢰벨은 페스탈로치의 제자이며 당시 프랑크푸르트 사범학교의 교장인 그루너(Gruner)를 알게 되어 1805~1806년 그 학교의 교사로 지냈다.

1805년 가을 방학 때 홀츠하우젠(Carolina von Holzhausen) 남작부인의 지원으로 페스탈로치의 이페르텐을 방문하였고, 홀츠하우젠 집안 아이들의 가정교사 일로 1806년 6월 사범학교를 두만 두었다. 1808년 9월 이 집안의 세 아이인 칼, 프리드리히, 아돌프와 함께 이페르텐에 두 번째 머물다 1810년 6월 귀환하게 되었다.

1811년 6월 가정교사를 그만두고 학업을 계속할 목적으로 괴팅겐으로 갔고, 1812년 가을에는 바이스(Weiß)에게서 결정학(結晶學)을 배우려고 베를린 대학으로 옮겨갔다. 1813/14년 나폴레옹에 대항하는 프로이센의 해방 전쟁에 참전하기 위해 학업을 중단했다.

1816년 11월 13일 죽은 형의 세 아이를 교육할 목적으로 형수가 살고 있던 튀링겐의 그리스하임에 '일반 독일 교육시설'(Allgemeine deutsche Erziehungsanstalt)을 설립하였고 1817년 6월 이 교육시설을 카일하우로 옮겼다. 1820년부터 프뢰벨은 자신의 생각을 발전시키기 시작했고, 1826년에 『인간교육, 교육, 수업 그리고 교수예술, 카일하우에 있는 일반 독일 교육시설에서 추구됨; 이 학교의 창설자이며 설립자이고 교장인 프뢰벨에 의해 서술된 제1권. 소년 초기까지』*(Die Menschenerziehung, die Erziehungs-, Unterrichts- und Lehrkunst, angestrebt in der allgemeinen deutschen Erziehungsanstalt zu Keilhau; dargestellt von dem Stifter, Begründer Vorsteher derselben, Friedrich Wilhelm August Fröbel. 1. Bd. Bis zum begonnenen Knabenalter)*를 썼다.

1831년 바르텐제에서 온 슈니더(Schnyder von Wartensee)를 알게 되어 1831년 8월 스위스에 있는 바르텐제에 교육시설을, 1833년 5월에는 빌리자우에 교육시설을 설립하였고 1835년 부르크도르프에 있는 고아원이자 초등학교를 설립했다. 1837년 1월 16일 튀링겐의 블랑켄부르크로 가서 1837년 8월부터 '유아와 청소년의 작업충동을 기르는 시설'을 세웠다. 여기서 장난감을 이용해 유아교육을 위한 교구인 은물(Spielgaben)을 고안하고 제작하였다. 1838년에는 『처음 두 개의 은물에 관한 글』을 발표하여 은물의 바른 사용법에 대한 지침서를 제공하였다.

1840년 6월 18일 독일 일반 유치원을 창설하고 『유치원 설립과 관리에 대한 초안』을 발행하였으며 어린이 지도자 과정을 개설하였다. 1842년 블랑켄부르크에 유치원 교사 과정을 개설하였다. 1844년 『어머니의 노래와 사랑의 노래』(Mutter und Koselieder)가 발간되고 『세 번째 은물에 대한 첫 번째 안내문』을 발표했다. 1845년~1849년에는 유치원의 이념을 전파하기 위해 여행을 했고, 1849년 5월 바트 리벤슈타인에 마지막 유치원을 열었다. 1851년 8월 23일 킨더가르텐(Kindergarten)이 자유주의적이고 사회주의적 사상을 퍼트리며 무신론을 조장한다는 이유로 프로이센에서 유치원 금지령이 내려졌다. 1851년 9월 27~29일 바트 리벤슈타인에서 열린 교육자들 모임에서 프뢰벨을 위한 설명이 있었다. 프뢰벨은 뵐로의 노력으로 유치원 금지령이 해제되는 것을 보지 못하고 1852년 6월 21일 마리엔탈에서 사망했다.

(2) 교육사상

프뢰벨의 교육사상은 종교적 사고와 유기체적-신비적인 세계관으로부터 발전되었다. 이는 가정의 종교적 배경과 자연에 대한 관찰 및 사색, 그리고 교육, 철학, 역사, 정치, 자연과학에 관한 관심과 노력의 결과이다. 특히 괴테(J. W. von Goethe, 1749-1832)[95]와 쉴러(F. Schiller, 1759-1805)[96], 바이스(Ch. S. Weiss, 1780-1856)[97], 크라우제(K. Ch. Friedrich Krause, 1781-1832)[98] 등의 영향을 받았다.

---

95) 괴테는 신이란 냉엄한 자연질서이므로 어떠한 인격을 가질 수 없고 어떤 의미에서도 자연세계 바깥에 존재할 수도 없다고 주장했다. "우리는 자연을 공부할 때는 범신론자가 되고, 시를 쓸 때는 다신론자가 되며, 도덕적 행동을 수행하는 자일 때에는 유일신론자가 된다"고 하였기 때문에 그의 신관의 모호하다고 할 수 있다. 그는 우주가 하나하나 살아 있으면서 다른 것과 조화를 이루고 있는 무수한 독특한 개체들로 구성되어 있다고 보았다.

96) 쉴러는 『인류의 미학 교육에 대한 서신들』에서 인간의 본성이 질료적 충동, 형상적 충동, 놀이 또는 미학적 충동이라는 세 가지 충동으로 이루어졌다고 설명한다. 놀이 충동은 나머지 두 가지 충동을 이어주는 중요한 것으로 본다. 쉴러의 놀이와 미학 충동 개념은 프뢰벨의 교육이론에 강력한 영향을 미친 것 같다.

97) 프뢰벨은 베를린 대학 교수였던 바이스의 지질학과 결정학 강의를 듣고 영향을 받았다. 바이스는 결정(結晶)들의 다양한 구조와 변형의 근원을 근원적 구조 단위, 즉 구(球)로 거슬러 올라가 찾았다. 결정의 세계가 구의 형태를 제시하지는 않지만 형태들의 점진적인 복잡성을 분류하기 위해 구 개념을 사용하였고 표면이 더 복잡해질수록 결정은 구에 더 근접한다는 것을 입증했다. 프뢰벨은 지질학과 결정학을 통하여 자연과 인간이 각자의 헤아릴 수 없이 다양한 발전 단계를 통해 서로를 설명한다는 것을 알게 되었다.

98) 크라우제는 『인간성의 원상(Das Urbild der Menschheit)』(1811)에서 신과 세계가 일체이되 세계에 의해 고갈되지 않는다는 만유재신론(panentheism)을 주장하였다. 그는 이 책에서 유기적이고 자립적 전체인 자의식은 다른 존재들과 신의 본질을 이해하는 실마리라고 하였다. 자의식은 자체의 유한성과 자신이 만나는 다른 존재

가) 우주관

프뢰벨은 『인간교육』에서 자연-인간-신의 거대한 삼화음의 통일성과 다양성을 기술하였다. 신은 인간과 만물을 움직이고 지배하는 영원한 법칙, 즉 통일자이다. 신에 의해 창조된 우주 만물의 본질은 신적인 것, 즉 신성이다.

"만물에는 영원한 법칙이 깃들어 있으며 만물을 움직이며 작용하고 지배하고 있다. 이 법칙은 내부에 있는 정신이 자연에 의해 내부로 드러난다. 그러면서도 이 둘은 하나로 일치하고 있다. 또 생명에도 이 둘이 함께 있다. ... 이러한 모든 법칙의 근저에는 모든 것을 움직이고, 스스로 분명하고, 생명력이 있으며, 자신에 대해 분명하게 알고 있는 그런 영원히 존재하는 통일자가 있다. ... 이러한 통일자가 곧 신이다.[99] ... 만물에는 신이 깃들어 있으며 신은 만물을 움직이며 지배하고 있다. 모든 것은 만물 안에 작용하는 신에 의해서만 존재한다. 각각의 사물에 작용하는 신은 만물의 본질인 것이다."(프뢰벨, 1995: 15-16)

모든 만물의 사명은 각자의 본질, 즉 각자의 신적인 것을 발전시키는데 있다. 즉 각자의 외적인 삶을 통하여 신을 드러내고 계시하는데 있다. 모든 사물은 개별적으로 다양하게 나타나지만 이러한 개별성과 다

의 유한성을 생각하는 가운데 이 모든 것이 의존하는 절대적이고 무조건적인 원칙, 즉 신으로 인도 된다. 신은 존재하는 모든 것의 통일체이다. 신은 세계를 포함하지만 세계를 초월해 있고 세계보다 우월하다. 신과 세계 간의 차이는 전체와 부분간의 차이이다. 또한 인간은 이성과 자연의 최고의 통일체이다. 인간의 주된 목표는 내면생활과 사회생활 양면에서 신적 삶을 닮는 것이다. 인간의 유한은 개체로서 신의 존재와 완전에 참여하도록 하기 위함이다. 자연은 의식 없는 맹목적이고 기계적인 체계가 아니라 신의 예술작품인 동시에 그 자체가 자연을 꾸미는 예술가이다.

99) 프뢰벨의 인간교육 친필에는 "태초에는 통일이었고, 통일은 신 안에 있었으며, 신은 통일자다." (Im Anfang war die Einheit, und die Einheit war in Gott und Gott war die Einheit). 라고 쓰여 있다.

양성 속에 신적인 통일성이 발현되어 모든 현상들은 최종적으로 하나이다. 이러한 우주의 기본 사실이 구(球)의 모습에 분명히 표현된다. 구는 충만한 삶의 상징이고 모든 물체의 근원형태이다. 구는 한정되어 있지만 여러 측면으로 확대되고, 구는 모든 것 가운데 가장 단순한 물체이지만 면의 수와 모서리 수가 끝없이 커지는 다면체이다. 따라서 구는 최대의 다양성에 최고의 통일성이다(A. Reble, 2002: 291). 프뢰벨은 자신 안에서 전체를, 즉 최후의 통일성을, 신을 체험하고 인식한다고 보았다. 이러한 우주의 기본적 의미를 유아교육에서부터 적용하여 제 1은물인 '구'를 제시했던 것이다.

이러한 구의 법칙은 우주 만물과 자연 그리고 인간에게도 적용된다. 우주 만물은 자신 안에 다양하게 분화하려는 힘과 결합하고 통일된 형태로 표현하고자 작용하는 힘을 갖고 있다. 이 힘의 작용으로 우주 만물은 개별성과 다양성 및 통일성의 형태로 표현 되는데, 이렇게 표현될 때만이 비로소 발달하고 있으며 스스로를 발달된 모습으로 나타내는 것이다.

자연은 신의 법칙에 의해 활동하고 통일된다. 인간은 자연 속에 내재된 신의 정신을 인식한다. 인간은 자연을 감각적 직관에 의해 외적으로 관찰하면서 다양하고도 개별적인 자연현상을 파악하지만 동시에 정신을 통일해 자연의 다양성과 개별성 속에서 신적 통일성과 전체성을 드러낸다. 모든 인식은 감각으로부터 출발하여 초감각으로 상승하며, 초감각으로부터 감각적인 것으로 내려온다.

나) 인간관

인간은 무능력하게 태어난다. 따라서 교육에 의존할 수밖에 없으며 의식과 이성을 위해 노력하는 존재이다.

인간은 우주 만물 중 신성을 더 많이 지닌 존재이다. 특히 이성적 존재인 인간은 자신의 본질과 신성 즉, 신의 직분과 사명을 충분히 의식하고 뚜렷이 인식하며 분명히 보기 위해 스스로의 삶에서 자유롭게 결정하고 시행함으로써 자신을 구현해야 한다. 신성의 본질은 창조와 활동을 의미하며 이것은 인간의 본성이기도 하다. 인간은 창조적 활동을 통해 신성을 외부에 표현하고 자신의 정신적이고 신적인 본질 및 신의 본질을 인식하게 된다.

이러한 점에서 노동은 단순히 외적 산물을 생산해 내기 위한 것이 아니라 인간 안에 있는 것을 밖으로 표현해내고, 정신적인 것에 신체를 부여하며 영원한 것에 유한하고 일시적이며 외적인 존재를 부여하는 창조적 행위이다. 이를 통해 인간은 신의 모습을 닮게 되는 것이다.

인간은 자연적 존재이자 문화적 존재이다. 인간은 생물학적 발달이라는 자연법칙 뿐만 아니라 인간 발달의 역사적·사회적 법칙에 종속되어 있다. 프뢰벨은 자연적이고 사회적이며 역사적인 인간의 발달과 인간의 한계가 맺는 관계를 '우주와 자연, 인류와 역사의 통일이라는 법칙과 육체적이고 정신적이며 사회적 세계의 통일이라는 법칙'을 가지고 규정하고 설명했다.

"인류의 일원으로서 각각의 인간 속에는 ... 전체 인류가 존재한다. 그러나 그 전체 인류는 각각의 인간 속에 매우 고유하며 독특하며 인격적이며 자기 자신에 유일한 종류로 묘사되고 각인되어 있다. 그러므로 모든 어린이는 각각의 개별적 인간 속에 있는 완전히 독특하고 유일한 종류"로서 파악되어야 하며 교육되어야 한다."(H.J. Schmutzler, 1991: 32)

(3) 유아교육이론

가) 교육의 기본 전제: 활동 충동

교육은 인간이 자기 자신에 대하여 또 자기 스스로 자신을 명확하게 인식하고 자연과 화합하고 신과 더불어 하나가 되도록 이끄는 행위이다(프뢰벨, 1995: 18). 교육은 이러한 요구를 내적이면서도 가장 깊은 심성에 근거해야 한다. 교육을 하는데 기본 전제는 인간 안에 타고난 활동 충동이 있다는 것이다.

첫 번째, 활동 충동의 본질은 타고난 삶의 에너지가 인간 발달을 촉진시킨다는 것이다. 힘의 본질은 씨앗과 같이 특정 법칙에 의해 분화되어 발육하지만 그 자체로 완결된 통일체의 특성을 지닌다.

둘째, 활동 충동은 전체적이고 세계 지향적 역동성을 가진다. 이 활동성은 어린이의 전인격, 즉 감정, 운동, 감각, 지성 등을 포함하며 이것을 필요로 하고 발전시킨다.

셋째, 활동 충동의 본질은 감각 · 동작의 효과이다. 프뢰벨은 의식 속으로 받아들이는 능력 또는 자발적인 활동과 자기 작업을 향한 욕구라고 하였다. 이를 근거로 프뢰벨은 정신의 기관이자 수단인 어린이의 감각 기관, 육체, 그리고 사지가 법칙에 따라, 부단히 발육될 수 있는 교육이 필요하다고 하였다.

네 번째, 활동 충동의 본질은 어린이가 아직 확정되지 않은 상태이면서 다른 한편으로는 '자신의 의지'를 전개시킬 필요가 있다는 것이다. 무능력하기 때문에 훈련받아야 하고 훈련을 통해 발달에 따르는 필연적 장애를 극복함으로써 힘을 상승시키게 된다. 이는 자기 스스로 자신을 도울 능력을 발달시키게 한다.

다섯 번째, 활동 충동 본질은 발달 단계와 발달 가능성에 따른 전체적인 발달이다. 즉 활동 충동 자체는 확정된 상태가 아니며 그것 역시 교육 가능하다.

여섯 번째, 활동 충동의 본질은 정신적인 활동성으로부터 나온 인식적인 기본 작용들이 감각·동작과 관련되어 발달된다는 것이다. 정신적 기본 작용은 인지하고 식별하고 인식하고 수정하고 비교하는 것이며 분석하고 통합하는 것이다. 어린이는 활동성을 통해 이러한 기본 작용들을 발달시키고 완벽하게 익힌다.

일곱 번째, 활동 충동의 본질은 어린이의 표현 욕구와 형상 욕구가 된다. 어린이는 자유롭게 선택된 놀이에서 활동 충동의 창조적이고 창의적인 잠재력이 드러난다. 활동 충동은 어린이는 자신의 감정, 이념, 표상, 개념을 표현하고 직관적이고 구체적으로 만들 수 있는 힘이다.

여덟 번째, 활동 충동의 본질은 정서, 감각, 신체발달의 조화이다. '언어, 감각, 신체 도구를 자유롭게 하기' 위한 조기교육을 통해 어린이는 숙련도와 능력을 많이 획득하게 되고 이를 통해 신뢰와 확신 그리고 자신, 즉 자신과 세계에 대한 믿음이 발달하게 된다.

아홉 번째, 활동 충동의 본질은 인간의 사회화를 위한 조건인 사회교육적인 요인과 활동성의 연결이다. 어린이의 활동성을 통한 모방은 적응 혹은 사회화 뿐 아니라 심리적이고 정신적인 자유를 획득하는 것을 의미한다.

이러한 활동 충동이 있기 때문에 교육은 명령하거나 간섭, 규정하는 성격이 되어서는 안 된다(프뢰벨, 1995: 20). 교육이 규정적이고 명령적인 형태로 나타나면 신적인 것을 자유롭고 자기 스스로의 결정을 통한 인간의 표현이 불가능하기 때문이다. 규정적이며 요구적이고 명령적인 인간교육의 방법은 자기의식의 각성과 신과 인간의 일치로 생명이 시작되고 더불어 아버지와 자식, 제자와 스승의 상호 이해와 공동의 생명이 시작된 후에 시작되어야 한다.

나) 발달 단계

교육은 인간의 내적인 힘을 외적으로 표현하는 것, 즉 세계를 형성하는 것과 외부로부터 내면으로 끌어들여 내면화하는 것이다. 이 둘은 상호간에 이루어져야 한다. 그러나 발달에 있어서 우선은 하나가 우세하고, 그리고 나서 다른 것이 더 우세하게 된다. 프뢰벨은 인간의 발달 단계를 신생아기, 이유기, 유아기, 소년기, 소년기, 청년기 등으로 구분하였다. 프뢰벨의 발달 심리적 구조를 살펴보면 다음과 같다.

- 출생~3개월 : 무의식적인 전체성, 어머니와 어린이의 일치, 불분명한 직관
- 4개월~1세 : 주체와 객체의 분리, 특정한 직관
- 1세~6세 : 내적인 것의 무의식적 표현, 분화(언어, 숫자, 톤, 색채, 리듬, 멜로디), 명확한 표상
- 6세~10세 : 내적인 것의 의식화, 명확한 표상
- 10세~14세 : 외부적인 것과 배후의 내적인 것을 인식
- 14세~24세 : 내적인 자기 성찰 속에서 내적인 것을 인식, 분명한 개념

프뢰벨은 6세까지의 어린이를 영아기(0~1세)와 유아기(1~6세)로 나누어 관찰하였다. 이러한 구분은 감각과 동작의 발달, 언어와 운동과 관련된 놀이 그리고 어린이의 활동 충동을 통해 정해진 것이다.

◈ 0~1세

이 시기에는 외적인 것이 내적인 것으로 만들어진다. 영아는 세계를 감각적으로 받아들이는 것을 배우고, 자신의 기관들을 강하게 만드는 법을 배운다. 이 시기는 '양육'하는 단계로 어른들의 직접적인 돌봄이

필요하다. 어린이는 나와 세계와의 관계가 뚜렷하지 않아 참된 '나'를 주장하지 않는다. 이 첫 번째 발달 단계에서는 자아의식, 대상에 대한 의식 그리고 시공간에 대한 의식의 시작이라 할 수 있는 말, 똑바로 서서 걷기 전까지의 감각 활동성, 신체 활동성 그리고 사지 활동성의 훈련이 필요하다.

◈ 1~6세

이 시기의 유아는 자신과 세계가 분명하게 분리한다. 유아는 '나 자신'과 사물을 규정하는 것을 배운다. 언어의 습득으로 시작되는 이 단계는 내적인 것을 외적인 것으로 만든다. 유아는 직접적인 표현과 자기표현에 대한 욕구(운동, 흉내 내기, 말하기, 노래하기, 접기, 반죽하기, 그림 그리기 등)가 크게 나타난다. 따라서 이 시기의 어린이에게는 좁은 의미의 교육이 이루어져야 하는데, 어린이의 모든 감각, 지성, 언어 등을 위해 재료를 제공하는 것이 중요하다.

그러나 직접적인 가르침이나 지시보다는 자연과 생활 내지는 사물에 대한 직관과 직접적인 경험을 통해 주변 환경에 대한 자발적인 배움이 가능하도록 하는 간접 교육이 필요하다.

이 시기 어린이는 세계와 교제하는 특정한 방식이 있는데, 바로 놀이이다. 놀이는 어린이들이 자기의 내적 세계를 스스로 표현 하는 것, 자기의 내적 본질의 필요와 요구에 의해 세계를 외계로 표현하는 것이다. 놀이는 이 시기의 가장 순수한 정신적 산물이며 인간생활 전체의 모범이다. 따라서 놀이는 기쁨과 자유와 만족, 자기 내외의 편안과 세계의 화합을 만들어 낸다.

◆ 소년기

소년기는 주로 외적인 것을 내면화하는 단계, 즉 학습의 단계이다. (프뢰벨, 1995: 106) 영아기는 주로 양육의 시기라고 한다면, 유아기는 교육의 시기이고 소년기는 수업[100]을 통한 학습을 강조하였다. 소년기에는 자신과 세계와 뚜렷이 거리를 둔다. 세계는 이제 알고 싶어 하는 그 어떤 것이며 자신의 모든 감각으로 지배하고 정신적으로 극복하고자 하는 현실이다.

소년기에는 정신과 의지가 형성되어야 한다(프뢰벨, 1995: 108). 소년기의 교육은 지식과 통찰과 전체적인 개관에 의해 사물의 내면적인 관찰과 보편적인 영원한 법칙, 인간과 사물 모두가 복종하는 법칙에 따라 이루어져야 한다. 이를 돕는 것이 수업이다. 또한 이러한 것을 인식하도록 인도하는 곳이 학교이다. 프뢰벨이 의미하는 학교는 교실의 의미가 아니라 계획한 목적에 의해 내적 연관성을 가지고 의식적으로 행하는 전달의 의미이다. 수업은 가정에서 시작되고 학교로 이어지지만, 인간성을 내면화하고 생기를 부여하기 위해서는 모든 학교에서 자연과 인간세계 및 신에 대한 깊은 관계에 관한 의식으로 소년을 인도해야 한다.

다) 유아교육의 내용과 방법

프뢰벨 유아교육의 핵심은 활동 충동에 근거한 놀이이다. "놀이를 하는 것은 유아 발달의 시기에 있어서 인간발달의 최고의 단계이다. 왜냐하면 놀이란 안에 있는 것의 자유로운 표현 즉 안에 있는 것 자체의 필요와 요구에 바탕을 두고 있는, 안에 있는 것의 표현이기 때문이다. 놀

---

100) 프뢰벨은 수업, 즉 독일어의 Unterricht를 사물 상호간의(unter)의 여러 가지 방향짓기(richten)라는 독특한 설명을 함으로써, 수업을 개개인의 교육을 자신과 여러 가지의 내면적인 방향 상호의 관계에서 고찰하였다.

이는 이 단계의 인간의 가장 순수한 정신적 소산이며, 동시에 인간 생명 전체로서의 인간과 모든 사물 속에 숨어있는 내적인 것과 숨겨져 있는 자연의 생명 그 원형이며 모사이다. 그러므로 놀이는 기쁨과 자유와 만족과 자기 자신의 안녕과 세계와의 화합을 만들어낸다."(프뢰벨, 1995: 62-63)

놀이교육의 목표는 '생명의 합일'과 '생활 의식'이며 이를 위해 필요한 육체적이고 심리적이며 정신적이고 사회적인 힘과 능력들을 체계적이고 법칙에 맞게 발달시키는 것이다. 놀이교육은 '다방면적이고 조화롭게 활동적인 생활에 영향을 미쳐야' 한다. 즉 정해진 법칙에 따라 모든 방면이 동일한 정도로 발달되고 교육되어야 한다. 이는 법칙에 맞게 끊임없이 외관과 신체, 사지 그리고 감각, 감각기관, 정신기관을 도야하며, 신체를 강화시켜야 한다.

◈ 신체교육

『어머니의 노래와 사랑의 노래』에 실린 놀이는 어머니와 아이와의 올바른 신체접촉과 이를 통한 정서적 조화를 다룬 내용이다. 여기서 동작과 섬세한 운동, 눈 마주치기, 눈과 손의 협응을 위한 기본 훈련을 다루고 있다.

은물을 통하여 손가락, 손, 팔의 발달이 이루어진 후, 다른 사물을 올바르게 움켜잡고, 올바르게 처리할 수 있는 손가락 근육, 손 근육, 팔 근육의 강화가 이루어진다.

◈ 감각교육

프뢰벨은 어린이가 정신을 자유롭게 하는 과정 속에서 감각과 사지를 보다 일찍 사용할 수 있게 해야 한다고 주장한다. 초기 감각교육은 영혼과 정신을 도야하는 것이기 때문에 감각교육은 1세부터 시작해야 한다.

『어머니의 노래와 사랑의 노래』에서 프뢰벨은 한 살짜리에게 의식적으로 감각을 훈련하게 했다. 이 시기에 어린이는 후각과 미각을 의식적으로 사용하고 의식하도록 놀이 노래 형식으로 자극을 받아야 한다. 간접적으로 놀고 노래하면서 청각교육이 이루어진다. 촉각은 일찍이 공과 그와 관련된 기구들 그리고 손가락 놀이를 통해 발달되고 양육된다.

시각은 내적 세계와 외적 세계, 내면세계와 정신세계의 중개자이기 때문에 시각 발달은 특별한 의미가 있다. 따라서 프뢰벨은 일찍부터 색채를 구분하는 훈련을 시도했다. 어린이는 제 1은물인 푹신한 공을 통해 기본 색깔을 알게 된다. 색감 발달의 목표는 색깔의 법칙에 맞게 전체 색깔에서 자발적이고 자유롭게 발명할 수 있도록 하는 것이다.

형태에 대한 감각 발달은 공 그리고 구, 원통, 정육면체와 원추를 통해 시작되며 보다 많은 체계적인 은물을 통해 형태 감각의 발달이 완성된다.

◈ 정서와 사회교육

정서 양육과 안정적인 신뢰감 형성은 초기 교육의 주요 과제이다. 부모는 주의 깊게 어린이가 신뢰와 확신과 침착함을 지닐 수 있도록 해야 한다. 어린이가 아직 무의식적이고 미약하고 불확실 할수록 더욱 그렇다.

『어머니의 노래와 사랑의 노래』는 세계에 대한 기본적 신뢰를 기르는데 중요한 놀이가 된다. 은물과 작업도구 그리고 운동놀이 또한 신뢰를 발달시키고 훈육하는데 도움이 된다. 어린이를 돌보고 같이 놀면서, 사랑으로 보살피면서, 어머니는 어린이에게 신뢰의 감정을 심어준다. 이러한 감정은 어린이 최초의 자기 감각이고 생활에 대한 감각이다.

신뢰는 후에 놀이교육을 통해 기본적 자신감으로 자라난다. 어린이는 놀이대상과 교구를 다루면서 자신의 손재주를 감지하며 자유롭고 자발적으로 시행하면서 자신의 능숙함에 대한 기본적인 신뢰를 느끼게 된다.

◈ 어머니의 노래와 사랑의 노래

유아기의 어린이는 놀이감을 가지고 놀면서 자신의 힘을 발달시키지만, 그 보다 어린 시기에는 놀이감보다 자신의 팔과 다리를 가지고 놀이하면서 음성을 실험하며 기쁨을 느낀다. 『어머니 노래와 사랑의 노래』(1844)는 아이의 최초의 교육장소인 가정에서 최초의 교사인 어머니를 위해 쓰인 부모교육서이다. 책의 원 제목은 『자, 우리들의 아이들과 함께 살아보자! 어머니의 노래와 사랑의 노래, 신체와 팔, 다리와 감각의 놀이를 위한 노래, 어린이의 생활의 조기 보호와 자기 보호를 위한 프리드리히 프뢰벨의 부모교육서(Kommt, Laßt uns unseren Kindern leben! Mutter und Koselieder, wie auch Lieder zu Körper-, Gliedes- und Sinnenspielen. Zur frühen und einigen der Pflege des Kindheitlebens Ein Familienbuch von Friedrich Fröbel)』이다.

이 책은 합자연의 교육을 위한 출발점이 되었다. 왜냐하면 인간의 소질이 건전하고 완전하게 발달되려면 인간 소질의 맹아가 보호되고 양육되어야 하는데 그 방법을 이 책에서 제시하고 있기 때문이다.

이 책은 프리드리히 웅거(Friedrich Unger, 1811~1858)가 그림을 그렸고, 로버트 콜(Robert Kohl, 1813~1880)이 노래를 작곡했다. 50개의 놀이노래는 어린이와 어머니가 친밀하게 어울려 팔, 다리와 감각을 훈련시키고 나아가 예감이 가득한 상징적인 방법으로 어린이를 생명과 세계를 이어주고 있다. 프뢰벨은 글과 그림을 하나의 교육적인 단위로 생각했다. 제시된 글과 그림을 관찰하게 만들고, 놀이하게 만들고 이야기하게 만들고 어머니와 어린이 사이에 대화를 이끌어 낼 수 있도록 만들었다.

이 책의 삼분의 일은 노동세계, 자연 그리고 동물에 대한 내용, 약 오분의 일은 가정과 유치원이 모범이 되는 사회적인 것에 대한 내용이며 노래의 마지막 부분은 정서, 캐릭터 그리고 종교와 신의 영역을 다루고 있다. 이를 좀 더 구체적으로 살펴보면

- 자연으로부터 온 대상들을 다룸(동물, 돌, 식물 등)
- 사회적인 상황들을 다룸
- 직업과 경제적인 영역에 원천을 둠(두 번째 자연 내지 문화의 창조자로서의 인간)
- 우주의 영역에 원천을 둠(태양, 달, 별 등)
- 종교적인 영역에 원천을 둠

◈ 은물[101]과 작업

프뢰벨은 어린이의 정신 자체가 형성하는 힘을 연습시키고 어린이의 심정과 인식을 풍부하게 하는 교수 도구 및 작업 도구를 고안해 내었다. 1838년부터 은물을 고안했는데, 은물은 유아기 아동이 가지고 활동하기에 적합한 단순함을 내포한 훌륭한 놀이 자료이다. 은물의 기본사상은 가장 단순하고 가장 근원적인 형태에서 어린이의 형성하는 힘이 가장 잘 발달될 수 있으며 이 형성하는 힘은 존재 전체의 기본 법칙성을 가장 명확하게 드러내기 때문에, 어린이의 형성하는 힘은 우주의 모든 현상을 지배하는 근원법칙과 근원적 힘의 의미를 가장 아름답게 형

101) 프뢰벨이 처음 고안해 낸 은물은 20종류였으나 나중에 10가지로 축소되었다. 은물은 형태(4차원의 세계), 면(3차원의 세계), 선(2차원의 세계), 점(이념의 세계)의 네 영역으로 분류되어 있다. 은물의 원리는 단순한 것에서 복잡한 것으로, 가벼운 것에서 무거운 것으로, 잘 알려진 것에서 덜 알려진 것으로 나아가게 하는 것이다.(곽노의, 1996: 7)

성할 수 있다는 것이다. 이러한 근원적 법칙성은 놀이를 하면서 형성되며 저절로 어린이의 영혼 속으로 형성된다.

은물을 이용한 놀이는 어린이에게 자연과 정신의 두 가지 세계를 중재한다. 은물의 구조를 통해 이를 살펴보자.

분석하기	Ⅰ. 형체를 가지고 놀이함	연결 지으면서
	1) 공-첫 번째 은물	변화함(톤)
↓	2) 구와 정육면체, 원통과 원뿔 - 두 번째 은물	
	3) 형체 블록(나무로 깎아 만든 크리스탈 모양)	
서로 구성하기	4) 짓기 블록으로서 나뉘이진 형체, 조각으로 나뉘어진 정육면체 (4개의 형태)	↑
↓	3~6은물(이외에 2개의 형태가 기획되어 있음)	
	Ⅱ. 평면체를 가지고 놀이	
	1) 판자	만든다
	2) 종이 정사각형	접다
자르기		↑
↓	Ⅲ. 선을 가지고 놀이함	만든다
	1) 나무 막대기	실에 꿰어 놓다
	2) 평평한 나뭇조각	접다
	3) 종이끈으로 형태 만들기	교차시키다
찌르기	4) 그림이 그려진 선들	땋다(꼬다)
		수놓다
↓	Ⅳ. 점을 가지고 놀이	↑
	1) 쿡쿡 찔린 선	
모으기	2) 돌, 열매, 모래, 구슬	열을 지어 놓다

- 은물과 작업 도구를 사용하는 시기를 살펴보면 다음과 같다.

은물과 작업 도구	나이
공	6개월~2세
구, 정육면체 원통	2~4세
첫 번째 짓기 블록	3~5세
두 번째 짓기 블록	4~6세
세 번째 짓기 블록	5~8세
네 번째 짓기 블록	5세 반~9세
판자	5~8세
교차된 나뭇조각	5~8세
막대기 놓기	4~6세
원 놓기	5~7세
실 놓기	4~6세
콩 작업	4~7세
선긋기	3~5세
접기	4~6세
땋기	3~5세
묶기	5~7세
자르기	5~7세
구멍 뚫기/바느질하기	4~6세
본뜨기	5~8세
운동놀이	3~8세
정원가꾸기(식물과 동물)	4~8세

◈ 운동놀이

프뢰벨은 운동놀이를 다음과 같이 나누었다.

첫째, 표현하는 운동놀이이다. 이 놀이는 생활과 자연에 주의를 기울이게 하는데 목적이 있다. 예를 들어 다른 집을 방문하거나 시냇물이 흐르는 것 같은 일상과 자연 속의 장면들이 행해진다.

둘째, 살아있는 자연 대상들을 모방하는 놀이이다. 새나 물고기를 모방한다. 이는 표현능력을 훈련하는데 이용된다.

셋째, 달리기 놀이와 건기놀이이다. 신체를 강화하고 사회적인 태도, 신중함, 주의력, 사려 깊음을 교육하는데 목적이 있다. 예를 들어 걷기놀이를 하면서 눈을 감은 채 앞뒤로 걸어 다니면서 기억을 더듬어 줄지어 서 있는 아이들의 이름을 외운다.

넷째, 보행놀이이다. 이 놀이는 신체에 대한 지배력을 훈련시키고, 신체의 태도, 사지, 특히 발의 올바른 사용을 훈련한다.

마지막으로 원놀이가 있다. 원놀이는 놀이와 생활 전체의 통일성을 상징적으로 재현하는 한편, 원놀이의 고유한 내용을 가지고 있으며 원놀이를 하면서 별, 꽃, 무늬, 화환 등을 표현할 수 있다.

◈ 정원활동과 동물 돌보기

'생명의 합일'을 이루는 일은 아이들이 정원에서 실제 활동을 통해 대체될 수 있다. 즉 자연과의 만남을 통해 대체된다. 자연과의 만남은 어린이 자신의 현존의 자연적 토대와 자연법칙, 동물과 식물 세계의 성장 법칙을 알게 한다. 가정과 유치원에 아이들이 정원사가 될 수 있는 자유로운 공간을 마련해 준다. 이를 통해 어린이는 그를 둘러싼 것에 대한 눈을 열게 되며, 자연과 자연의 변화에 대해 보게 되고, 생각하고 관찰하는 습관을 들일 수 있다.

chapter

07

현대의 교육

1. 시대적 배경

외적인 발전에 있어서 19세기와 20세기 전반을 구분하기는 어렵다. 실제로 과학기술과 경제 발전은 같은 흐름 속에서 진행되었다. 과학기술과 학문에 있어 그 양과 질에서 폭발적 증가를 이룬 20세기는 다윈의 '진화론'이 상식화되었고, 자연과학 기술은 인간에 의한 인간의 생산이 이루어질 정도였다. 이러한 폭발적 외적 발전은 전 세계의 정치, 경제, 사회적 위기를 초래했다.

자본주의 형성은 잉여자본의 축적과 자본의 독점을 초래하였고, 빈부차의 심화와 사회문제를 불러일으켰다. 국가는 이러한 내부의 문제를 밖으로 돌리기 위해 제국주의 정책을 촉진시켰다. 과열된 제국주의 팽창은 열강들의 이해관계 대립을 가져오고, 결국 세계대전으로 이어졌다.

자본주의에 실망한 국가를 중심으로 1910년 이후 마르크스 이론과 레닌주의를 따르는 사회주의 국가를 건설하면서, 세계는 자본주의를 경제 원칙으로 하는 자유 민주진영과 자본주의를 부정하는 사회주의 국가 간의 대립을 심화시키고 있었다.

1929년 세계 경제공황은 후진 자본국가인 독일, 이탈리아, 일본 등이 점차 전체주의적 정치체제의 출현을 가져오게 했다. 이들 전체주의 국가들은 국외적으로 침략전쟁을 수행하였고, 전체주의와 민주주의 세력들 간의 대립으로 제2차 세계대전으로 이어졌다. 세계대전은 미국을 중심으로 한 민주주의의 승리로 끝났으나, 전쟁 이후 세계는 소련을 중심으로 한 사회주의와 미국을 중심으로 한 민주주의 세력이 대립한 냉 전체제를 거쳐 공존 분위기가 조성되었다.

정신사적 의미에서 20세기는 정신적 혼란과 가치의 변화를 가져온 시기이다. 사람들이 겪는 공허함은 물질적 빈곤에서 오는 것이 아니라, 오히려 넘쳐나는 물질에서 생겨나는 것이라고 말할 정도였다. 모든 것을 쉽게 해결할 수 있을 만큼 편리해진 기술문명과 안락한 생활에서 오히려 더 많은 불안을 겪었다. 이러한 문제를 해결하기 위해 19세기의 물질화된 삶을 반격하였다. 이 시기에 기계주의에서 생명주의로, 합리주의로부터 비합리성을 인정하는 입장으로의 전환을 꾀하였다(A. Reble, 2002: 345).

자연과학 또한 인과론적이고 기계론적 설명의 한계에 도달했다. 자연도 객관적이고 합리적으로 설명할 수 없는 부분이 있다는 것을 파악하게 되었다. 자연과학적 세계관은 탈물질화 되어 심리학과 생물학에서는 기계론적 사유보다는 유기체적 삶과 영혼의 삶에 관한 연구로 전환하게 되었다. 인간을 하나의 통일체로 보았으며, 특히 인간의 정신영역에서 중요한 요소인 무의식의 세계를 깊이 연구하기 시작하였다(프로이드: S. Freud[102], 아들러: A. Adler[103], 클라게스: L. Klages, 융: C. J. Jung[104])(위의 책, 346).

---

102) 프로이드에 의해 시작된 정신분석학에서는 이드와 자아, 초자아라는 세 개의 측면으로 이루어진 정신 구조의 도식을 상정한다. 그의 고찰방식은 제자인 아들러와 융에 의해 수정되기도 하였다. 정신분석은 예술에 영향을 미쳤을 뿐 아니라 문화 인류학, 사회학, 교육학 등의 인간과학에 많이 수용되었다.

103) 오스트리아의 정신 의학자로 프로이드에게 지도를 받았지만, 성을 중심으로 하는 학설에 반대하고 자아를 중심에 두는 개인 심리학을 주장했으며 열등감과 보상 작용을 지닌 각종 심리현상의 해석을 시도했다.

104) 스위스의 심리학자이며 정신 의학자로서 정신분석에서 콤플렉스라고 하는 용어의 창시자이다. 한때 프로이드와 협력(1903~1913)하기도 했지만, 그는 자신의 입장을 분석적 심리학이라 불렀으며 많은 점에서 프로이드와 다르다. 리비도에 관해서는 생명의 에너지로 넓게 이해했으며 무의식의 문제는 그 심층에 신화나 정신병 환자의 망상체계를 만들어내는 원천인 보편적 또는 집단적 무의식을 인정하고 신화의 비교연구에 의해 그 무의식의 내용을 이루고 있는 세계 파악의 잠재적 경향이 선천

과학과 마찬가지로 철학도 큰 변화를 이루었다. 이 시기의 주제는 무엇보다도 인간 삶의 문제이며, 인간과 세계의 관계였다. 베르그송에서 시작하는 삶의 철학은 끝없는 '삶의 도약'105)을 말하며, 실존주의에서는 한 인간이 어떻게 하면 거대하게 기계화 된 세상에서 자신의 내적 존재를 지켜나갈 수 있느냐하는 문제를 거론하고 있다. 실존은 자유의지에서 발견할 수 있는 것으로 삶은 나의 선택이며 결단이다. 나의 삶은 내가 책임질 수밖에 없고 어떤 기술 문명도 나의 삶을 대신해 주지 못한다. 이런 의미에서 사르트르는 '실존은 본질에 앞선다'고 하였던 것이다.

2. 교육적 배경

1) 신교육운동

신교육운동은 유럽에서 1890년부터 1933년까지 집중적으로 시도되었는데, 특히 당시의 획일적이고 권위주의적 학교교육에 대한 비판에서 시작되었다. 19세기 말부터 20세기 초 유럽의 상황은 산업화, 기술화, 도시화 등으로 외적 발전을 가져왔으나, 오히려 이러한 변화는 스

적으로 존재하는 것임을 주장했다.

105) 베르그송에 의하면 인간의 삶은 삶의 도약(elan vital)에 의해 항상 새로운 모습으로 발전하며 세분화 된다고 보았다. 'elan vital'이란 생명의 근원적 힘이며, 이 우주에 본래 있는 삶에 대한 충동을 말한다. 우주와 그 안의 모든 생명은 이 근원적 힘에 따라 새로운 모습으로 변화하고 발전한다.

스로 위기의식을 느끼게 하였다.

이러한 위기의식은 내적인 인간에 대한 관심으로 전환하게 되었고 사회, 문화적 문제가 교육의 문제로 고스란히 전환되었다. 사회, 문화 비판은 교육개혁 운동으로 이어지면서 과거의 지식위주의 기계적인 교육과 피교육자를 사회에서 필요한 형식으로 교육하는 상황을 비판하면서 그 대안을 실천하려고 하였다.

신교육운동은 교육에 있어서 일체의 간섭이나 강요를 배제하고 아동의 개성 존중과 교육에 있어서의 자유를 강조하였다. 이 운동은 영국의 세실 레디(Cecil Redie, 1858~1932)가 애버츠 호움에 학교를 설립하면서 비롯되었고 이 운동이 세계 각국으로 퍼져나갔다. 이들은 기존의 학교를 개혁하기 보다는 새로운 실험학교를 설립하여 그들의 교육이념을 실천하였다. 당시의 각국의 대표적인 실험학교들을 다음과 같다(팽영일, 2004: 287).

- 영국: 레디(C. Redie)의 애버츠호움 학교(1889), 배들리(J. H. Badley)의 비데일즈 학교(1892), 오닐(F. ONeil)의 랭커샤 공립초등학교(1918), 니일(A. Neil)의 섬머힐 학교(1924)
- 프랑스: 드모랑(J. E. Demolin)의 로슈 학교(1899)
- 독일: 리츠(H. Lietz)의 일젠부르크 전원학사(1898), 하우빈다 학교(1901), 비에베르슈타인 학교(1904), 뷔네켄(G. Wyneken)과 게헤프(P. Geheep)의 자유학교 공동체(1906), 게헤프의 오덴바르트 학교(1910), 오토(B. Otto)의 가정교사 학교(1906), 슈타이너(R. Steiner)의 발도르프 학교(1919), 사르렐만(H. Scharrelmann)의 공동사회 학교(1920)
- 미국: 듀이(J. Dewey)의 실험학교(1898), 쿡(F. Cook)의 파커학교(1901), 매리암(J. Meriam)의 실험학교(1904), 존슨(M. Johnson)의 유기체 학교(1907), 워트(W. Wirt)의 게리학교(1908)

- 러시아: 젤렌코와 샤츠키의 콜로니아(1905), 샤츠키의 뽀또라야 시즈니(1911), 벤츨리의 자유로운 아동의 집
- 이탈리아: 몬테소리(M. Montessori)의 어린이 집(1907)
- 벨기에: 데크롤리(O. Decroly)의 엘미타쥬 학교(1907)
- 스페인: 페레르(F. Ferrer)의 에스쿠에라 모데루나(1901)
- 인도: 타고르(R. Tagore)의 평화의 집(1901)

(1) 예술교육 운동

19세기의 교육은 여러 측면에서 인간의 개성을 무시하고 상상력을 억누르는 지식위주의 교육과 형식화된 교육 그리고 사회에서 필요한 형식으로만 교육하던 시대였다. 이와 같은 교육에 대한 비판과 함께 문학, 회화, 조각 그리고 수공예 등을 통해 삶에 개성과 의미를 부여하려는 예술교육 운동이 일어났다.

예술교육이란 원래 예술작품을 이해하고 창조적 행위를 했던 인간을 예술을 통해 모든 억압에서 해방하고 즐길 수 있게 하는 것이다. 이러한 예술교육 운동은 당시 학교교육에 영향을 미친다. 예술교육 운동은 예술을 이해하고 즐길 수 있는 능력을 개발하고 인간 본래의 창조적이고 비이성적인 힘을 중시함으로써 완전한 의미의 인간을 형성하려고 했다.

예술교육 운동은 학교를 강요와 억압적 장소에서 자유롭게 무엇인가를 시도하고 느낄 수 있는 장소로 바꾸어 놓았다. 학생들이 수동적으로 배우는 것이 아니라 능동적으로 참여하는 방식으로 바뀌게 된 것이다.

(2) 전원기숙학교 운동

전원기숙학교 운동(Landerziehungsheimbewegung)은 학교를 단순한 수업과 학습의 장이 아니라 교육의 장으로 만들기 위해 세워진 학교이다. 학교는 도시 문화의 좋지 못한 영향을 받지 않도록 시골의 전원적 환경에 위치하게 하며 교사는 학생과 함께 이곳에서 생활한다. 학교는 위생적이어야 하며 수업과 함께 음악회나 연극 같은 예술적 활동도 중시한다. 도보여행과 기도생활 등을 통한 윤리적, 종교적인 면과 애국심을 고취시킨다. 수업에 자발적인 참여가 이루어지고 실천이 뒤따라야 한다.

전원학사는 가정을 모범으로 하는 생활공동체로, 교사 1인당 5~12명의 학생을 한 단위로 이루어 생활하게 하고 수업을 받게 하였다.

(3) 청소년 운동

당시 교육의 최대 피해자였던 청소년들은 자신을 규제하던 문화 전반에 대항하였다. 산업화, 도시화, 조직화된 사회 그리고 인간을 조직의 일원으로 보고 전체적인 틀에 가두는 기성세대의 문화에 대항했다.

청소년들은 외부에서 주어지고 강요되는 것을 거부하고, 스스로 느끼고 알기를 원했기 때문에 그들만의 모임을 결성했다. 이 모임을 통해 성인들의 형식적인 생활양식으로부터 스스로를 해방시키고, 사회화 과정에서 그들 스스로가 선택하고 결정하고자하는 확고한 의지를 확인하였다(E. E. Geißler, 1963).

청소년 운동의 특징은 첫째, 자연적이고 본래적인 것으로 돌아감으로써, 전통적 민족문화를 선호하고 신체적 측면을 강조한다. 둘째, 자유롭게 스스로 결정한 공동체 내에서 생활함으로써 생활 공동체 문화를 지향한다. 셋째, 청소년들만의 생활양식을 개발함으로써 새로운 청소년 문화를 창출한다. 마지막으로, 사회와 국가로부터의 영향력에서 벗어나 청소년 활동의 자율성과 비정치성을 보장받는다.

이러한 사상과 맞물려 학교는 하나의 '교육공동체'(W. Scheibe, 1994: 47ff.)가 되어야 하며, 학급은 교육공동체의 사회적 단위로 생각했다. 교육공동체에서 학습자는 모든 내용을 배울 수 있어야 하기 때문에, 수업은 구체적 삶 속에서 개별적 체험을 할 수 있도록 모든 것을 제공해야 한다.

(4) 노작교육 운동

노작학교(Arbeitsschule)는 당시 교과수업 위주의 교육과 주지주의적 교육에 대한 비판에서 시작되었다. 노작학교는 학생들의 자발적인 노동과 작업을 통해 경험할 수 있는 교육을 의미한다. 이미 페스탈로치와 프뢰벨의 교육에서 노작교육이 강조되었으나 19세기 후반 학교는 노작교육을 경시하기도 하였다.

노작교육 운동은 유럽에서 시작되었으나 미국과 영국의 교육사상의 영향으로 더 발전하게 되었다. 특히 미국의 듀이는 제임스의 실용주의적 측면에서 인간의 활동을 실제적이고 수작업적 측면에서 파악하고 이러한 활동이 교육과 수업에서 가장 근본적인 것이라고 주장한데 착안하여 진보주의 교육을 발전시켰다.

노작의 개념을 교육적으로 어떻게 받아들이느냐에 따라 다양한 교육으로 발전하게 된다. 첫째, 시민운동 계열로 수작업 또는 정신적이고 방법론적인 작업에 교육을 두는 개념이다. 둘째, 사회주의 계열로 생산작업이나 산업노동에 교육적 가치를 두는 개념이다. 셋째, 심리주의 계열로 노작을 학생들의 관심이 실제 행위로 연결되는 것으로 이해하고,

학교는 학생들의 창조적인 힘과 재능을 계발하고 보호하는 곳으로 파악한다.

3. 교육사상가

1) 몬테소리(Maria Montessori: 1870~1952)

(1) 생애와 업적

마리아 몬테소리는 1870년 8월 31일 이탈리아 안코나의 까라발레에서 무남독녀로 태어났다. 아버지는 세무 관리였으며 소시민층에 속한 사람으로 보수적 성향을 지녔고, 어머니는 지주가문 출신의 교양 있고 진보적인 성향을 지녔다. 아버지의 근무지가 바뀌면서 마리아가 5살 되던 해 로마로 이사했고 그녀의 부모들은 그 곳에서 일평생을 지낸다. 1876년부터 1883년까지 초등학교를 다닌 후, 1883년 자연과학-기술 중등학교인 Regia Scuola Tecnica Michelangelo Buonarotti에 입학한다. 이곳에서 3년간의 중등 I 과정과 4년간의 중등 II과정을 성공적으로 마쳤다. 1890년부터 1892까지 로마대학교 자연과학부와 1892년부터 1896년까지 의학을 공부했다. 그러나 의학부에 입학하기까지 여러 가지 난관에 부딪혔다. 당시 의학부에 입학원서를 여러 차례 냈지만 거절당했다. 그러나 의지를 굽히지 않고 대학 총장과 교황 레오 13세에게 청원서를 내어 입학허가를 얻을 수 있었다.

1890년 가을 로마대학에서 수학, 물리학, 자연과학을 공부하고, 1892년 초 라틴어와 이탈리아어를 포함하여 좋은 성적으로 예과 시험을 통과하여 임상의학을 할 수 있는 자격(diploma di licenza)을 얻었다. 1892년 가을, 본격적으로 의학을 공부하였다. 1896년 7월 10일 이탈리아 최초의 여의사가 되었다.

1896년에서 1906년 사이에 몬테소리의 관심은 의학에서 교육으로 전환하게 된다. 19세기 말 유럽에서는 사회개혁 운동과 여성해방 운동이 본격적으로 전개되고 있었는데 몬테소리는 이탈리아 여성 대표로 강연하였다. 다른 한편 1896년 11월부터 외과 의사로 일하다가 1897년부터는 로마대학교 정신병원에서 일했다. 특히 그 곳의 어린이들을 관찰하면서 교육적 치료의 가능성을 발견하였다. 구체적인 연구를 위해 프랑스의 의사이면서 정신지체아 교육에 공헌한 이따르(G. Itard; 1774~1838)와 세갱(E. Seguin; 1812~1880)의 의학적-치료교육에 관한 저술을 찾아내어 연구하였다.

1899년 가을부터 몬테소리는 로마에 위치한 여교사 교육원에서 보건학과 인간학을 강의하였다. 1900년부터 1901년까지 국립특수학교(Scuola Magisteale Orrofrenica)에서 특수 교사들을 훈련하면서 정신지체아 교육에 대한 전문적인 방법을 개발하였다. 1902년 연구소를 사임한 뒤 로마 대학에서 교육학, 실험 심리학, 인간학을 다시 공부하였다. 1904년부터 1908년까지 로마대학 교육학과에서 인간학과 생물학을 강의하고, 1904년부터 1906년까지는 여교사 양성기관에서 강의하기도 했다.

1907년 1월 6일 몬테소리는 로마의 산 로렌조(San Lorenzo)의 어린이집(Casa dei Bambini)을 개원하였다. 1909년 가까운 친구들의 권유로 이 어린이 집에서 관찰하고 경험한 내용을 바탕으로 『과학적 교육학의 방법론(Il metodo della pedagogica scientifica)』을 쓰게 되었고 그 다음해 세계 각국어로 번역되었다.

1911년에는 이탈리아와 스위스 초등학교에서 몬테소리 방법론 도입을 적극적으로 추진하였고 영국과 아르헨티나 학교에서는 실제로 적용되었다. 파리와 뉴욕 그리고 보스톤에 몬테소리 시범학교가 세워졌고 동시에 몬테소리 협회가 설립되었다. 1909년에는 이탈리아 가스텔로(Castello)에서 제1회 몬테소리 교사훈련과정을 개설하고, 많은 사람들의 요구에 맞추어 1912년에는 로마에서 제1회 국제교사훈련과정이 진행되었다. 1913년부터 미국, 네덜란드, 파리, 암스테르담, 로마, 네팔, 베를린 등 여러 국가와 도시에서 강연을 하였다. 1914년『몬테소리 핸드북(Dr. Montessori's own Handbook)』이 출판되었다.

1916년 강연 차 스페인의 바르셀로나 갔으나 유럽에서 발발한 1차 세계대전으로 1936년까지 그곳에서 지내게 되었다. 1916년에는『학교에서의 자기교육(L'autoeducazione nelle Scuole Elementari)』가, 1922년『교회 안에서 사는 어린이 (I bambini viventi nella Chiesa)』와 1923년『가정에서의 어린이(Das Kind in der Familie)』가 출판되었다. 제 1차 국제몬테소리회의가 1929년 덴마크 헬싱키에서, 제2차 국제몬테소리회의는 1932년 프랑스 니스에서, 제3차 회의는 1933년 암스테르담에서, 제4차 회의는 1934년 로마, 제5차 회의는 1936년 옥스퍼드, 제6차 회의는 1937년 코펜하겐, 제 7차 회의는 1938년 에딘버그, 제8차 회의는 1949년 산 레모, 제9차 회의는 1951년 런던에서 개최되었다.

몬테소리는 1939년 강연 초청으로 유럽을 떠나 인도로 갔으나 2차 세계대전의 발발로 1946년까지 인도의 아드야[106]에 머물게 된다. 그

---

106) 당시 인도의 아드야는 신지학회의 중심지였다. 신지학(Theosophie) 사상은 고대 그리스의 피타고라스와 플라톤, 영지주의자들, 중세 유럽의 신비주의자들로부터 독일의 낭만주의 철학자 쉘링에 이르기까지 찾아볼 수 있다. 기독교 전통과 기독교 밖에서 주장하는 내용은 본질적으로 다르나, 신지학 사고의 다양성에도 불구하고 공통적 특징은 다음과 같다. 심오한 영적 실재가 존재하며 인간은 직관, 사색, 계시 또는 정상적인 의식을 초월하는 상태를 통해 영적 실재와 직접 만날 수 있다는 것이

사이에 인도에서 몬테소리 교육운동이 인도에서 전개되었다. 1946년 유럽으로 귀환하였고 같은 해 무솔리니 정권에 의해 해체되었던 이탈리아 몬테소리협회가 재 설립되었다. 1947년 1월 4일 첫 번째 어린이집 개원 40주년 행사가 암스테르담에서 있었다. 몬테소리는 영아교육과 언어교육에 대한 관심을 1949년 『흡수정신 (The Absorbent Mind)』을 통해 피력하고 파키스탄에서 한 달 간 교사훈련과정을 진행하였다. 1949년 아들 마리오와 함께 인도를 떠나 유럽으로 영구 귀환하였다. 1950년 80세의 고령에도 불구하고 노르웨이와 스웨덴에서 강연할 만큼 교육에 열정을 가졌다. 1952년 5월 6일 네덜란드의 노르딕 (Nordwijk aan Zee)에서 사망하여 가톨릭 묘지에 안치되었다.

(2) 교육사상

가. 인간 이해

인간은 정신적 존재이다. 인간은 동물과 마찬가지로 육체적 태아기(Pränatale Embryo)를 거쳐 이 세상에 태어나지만, 동물과는 달리 출생 후에 정신적 태아기(Postnatale Embryo)를 거친다.

인간은 다른 생명체에 비해 불완전한 존재로 태어난다. 동물은 자연적 존재로 환경에 적응하는 행동양식을 완성된 잠재력으로 가지고 태어나지만, 인간은 자연적 존재이며 동시에 문화적 존재로써 인간 특유의 행동양식을 배울 가능성만을 갖고 태어났다. 인간은 자신의 주위 환

다. 근대 신지학은 러시아의 신비주의자 블라바츠키(H. P. Blavatsky: 1831-1891) 여사와 미국의 변호사이며 언론인 이었던 올콧(H. S. Olcott: 1832-1907)이 함께 창립한 신지학회를 통해 제창된 이론과 대체로 동일시된다. 몬테소리는 인도에 머무는 동안 신지학자들과 교류하고 영국의 진보주의 교육계열인 신지학 그룹과 교육적 대화가 있었던 것으로 본다.

경과 상호작용하면서 언어, 생활 그리고 사고양식 등을 익혀 나간다. 즉 어린이는 공동체 안에서 살 때에만 그 공동체의 문화적 행동양식을 습득하게 된다. 이러 의미에서 인간을 '정신적 태아'라고 한다.

인간은 발달을 촉진시키는 잠재력만 소유하고 있다. 이러한 잠재력은 교육적 영향에 따라 발전할 수도 있고 발전에 방해가 될 수도 있다. 이 부분은 '네불레(Nebule)'와 '호르메(Horme)'라는 용어를 빌어 명확하게 설명할 수 있다.

네불레란 성운(星雲; Stern-Nebel)이란 뜻으로 천문학에서는 보이지 않는 구름과 같은 형태가 일련의 과정을 거쳐 구체적인 전체를 형성하게 된다고 본다(M. Montessori, 1991: 73). 인간에게 있어서 성운은 주위 환경을 흡수하여 그 환경에 적응하여 나갈 수 있는 창조적 에너지를 말한다. 어린이에게는 환경과의 상호작용을 통해 보이지 않는 네불레를 구체적 형태로 발전시켜 나가려는 본능적 힘이 존재한다. 즉 개체 속에서 발달하도록 이끄는 생명력이 활동한다. 이러한 힘을 호르메라고 한다(M. Montessori, 1995: 77).

생물들은 일정한 시기에 어떤 특정 능력을 소유하기 위한 감수성이 민감하게 나타나는 주기가 있다. 이 시기에는 그 능력을 정확하게 습득하지만, 시기를 놓치게 되면 특정 능력에 대한 민감한 감수성이 사라지게 된다. 몬테소리는 동식물에게만 민감기가 있는 것이 아니라 인간에게도 생물과 유사한 일정한 주기의 감수성과 그에 준하는 감각시기가 있음을 관찰하게 되었다. 일정하게 나타나는 감수성과 관련된 결정적 시기를 활용하여 교육의 기회를 제공하면 교육적 효과를 극대화 할 수 있음을 알게 되었다.

◈ 민감기에 따른 발달 단계

몬테소리는 민감기에 따른 발달 단계를 세 단계로 구분하였다.

제1단계 (0~6세)에서 어린이는 성격을 조직하고 인격의 기본 바탕을 형성한다. 이 시기에는 성인과는 질적으로 다른 정신형태인 '흡수정신'을 가지고 있다. 흡수정신이란 무의식적이고 자발적이며 자신도 모르는 사이에 많은 인상들을 동시에 빨아들여 흡수하는 어린이의 능력을 말한다. 어린이는 이성을 통해서가 아니라 자기의 정신적인 힘을 동원하여 주위 환경을 자기 것으로 만들고 자신의 정신적인 살(Fleisch)로 만든다. 흡수정신은 무한한 창조적 기능이 있으나 무의식적이면서 정신적 자아가 환경과 세계의 인상을 적극적으로 흡수하는 기능을 수행한다. 이런 의미에서 인간은 이미 생물학적으로 교육 가능성과 발달할 수 있는 근원이 내면에 결정 지워졌다고 본다. 그러나 인간 내면에 숨겨진 능력의 발달을 촉진시키거나 지연시키는 것은 환경적 요인으로 볼 수 있다.

어린이는 흡수정신의 활동으로 주위 환경을 완벽하게 받아들임으로써 그 환경에 동화한다. 0세에서 3세까지의 어린이는 동작과 언어, 질서에 민감하다.

3세에서 6세에는 주위 환경 속에서 자발적인 활동을 하면서 단계적으로 무의식으로부터 의식의 단계로 발전시키고, 흡수정신을 통해 얻은 여러 가지 능력들을 완성시키며 풍요롭게 만들어 나간다. 또한 이 시기에는 친구들과의 사회생활에 민감하다. 어린이는 공동체 속에서 공동체의 일원으로 행동하기를 원한다. 그리고 무의식적으로 자신이 공동체의 몫을 담당한다고 느낀다.

두 번째 단계는 7세에서 12세로 다음과 같은 세 부분에 민감성을 갖는다.

첫째, 행동의 범위를 확장하려고 한다. 어린이들은 가정과 학교 같은 폐쇄된 환경에서 벗어나 포괄적인 사회생활과 사회적 관계를 확장하고자 한다. 둘째, 이 시기는 어린이의 정신이 추상화되는 과도기에 속한다. 표상능력이 점차 발달하여 교구 없이도 정신활동을 할 수 있게 된다. 이 시기는 어린이의 표상능력에 대한 감수성이 있기 때문에 이를 바탕으로 학문 연구의 눈을 띄워준다. 셋째, 사회성 발달과 관계있는 도덕적 문제에 예민하다. 자기 행동뿐만 아니라 다른 사람의 행동에서 선악을 구분하려고 한다. 선악을 판단하는데 관심을 가지면서 도덕의식이 형성된다.

세 번째 단계는 12세에서 18세 사이의 청소년기 단계로, 심리적 변화가 심하고 의심, 우유부단함, 극심한 정서불안, 낙담, 지적 능력 감소현상 등이 나타난다. 모든 면에서 불안하고 불확실하기 때문에 사회적인 보호와 안정된 삶을 찾으려는 욕구가 있으며 현재와 미래의 자기 역할의 정체성을 찾으려고 한다. 또한 창조적 활동과 자신감을 강화시키려고 한다.

몬테소리는 어린이를 학습의 주체이며 매우 가치 있는 존엄한 존재로 보았다. 어린이는 성장하고 있는 인간이며 삶에 대한 권리가 있다. 어린이는 인격체이며 어린이에게만 속한 비밀이 있다. 그러므로 원칙적으로 어른들이 어린이를 마음대로 조종할 수 없다. "어린이는 (성인과는) 다른 존재이다!" 즉 어린이는 성인과 똑같은 인간이다. 그러나 어린이라는 존재는 일반적으로 생각하고 있는 것과는 다르다. 모든 어린이는 개별적으로 다르다. 그러므로 교육 평등주의에 입각한 교육이나 규격화된 교육으로 어린이를 불평등하게 가르치지 말아야 한다.

나. 교육목적 : 정상화

몬테소리 교육의 목적은 일탈된 어린이를 정상화시키는데 있다.'정상화 된 어린이'는 독립적으로 자기 인격을 구축할 능력이 있으며 자기의 관심과 능력을 계발할 자유를 지닌 어린이를 일컫는다. 어린이는 내면에 존재하고 있는 소질과 성장법칙 그리고 객관적인 사회와 문화, 역사의 법칙의 상호작용에 의해 정상화 될 수 있다.

자연이 자연법칙을 순조롭게 따를 때 조화롭고 건강한 자연을 만들어 내듯이 인간도 자신의 내적 형성법칙을 순조롭게 따를 때 정상적인 발달을 한다. 즉 어린이는 내적 형성법칙에 따라 잠재된 힘을 자유롭게 발현할 수 있어야 한다. 이것을 인지하지 못한 어른들은 어린이에게 잠재된 힘을 억압하거나 무시했고, 이러한 과정을 거친 어린이는 심리적 일탈현상을 보였다. 어린이는 어른의 억압을 스스로 방어할 능력이 부족하기 때문에 신체적, 정신적인 에너지를 통합시키지 못하고 분산하게 된 것이다. 몬테소리는 일탈된 어린이를 다시 정상화시키는데 교육 목적을 두었다.

정상화된 어린이는 신체적, 정신적, 영적, 도덕적 통일을 이룬 전인적인 존재로서 내적 평형을 이루고, 자신의 정신적-신체적 총 에너지를 조화롭게 발전시킬 수 있는 능력을 지니게 된다.

다. 구조화된 교육적 환경

가) 준비된 환경

인간의 영혼에 감춰진 능력을 계발하기 위해서는 발달에 적합한 자유[107]와 발달을 촉진하는 자극 환경이 보장되어야 한다(M. Montessori, 1991: 74). 또한 내적 욕구인 민감기와 자극 환경이 일치하게 되면 발달이 촉진된다. 그러므로 교육에서 준비된 환경과 준비된 교사가 가장 기본적인 요소라고 할 수 있다.

준비된 환경 또는 적합한 환경이란 어린이의 자발성을 촉진시킬 목적으로 어린이가 자기 활동을 통하여 책임감 있게 자기 인격을 형성할 수 있도록 만들어진 물리적 환경과 비 물리적 환경을 포함한다. 즉, 자

107) 어린이에게 주어진 자유는 책임감과 자기규율(자기 자신의 주인이 되는 적극적 규율의 기능을 의미)이 동반되어야 한다.

연과 문화, 공동체와 같은 물리적 환경뿐만 아니라 자유와 질서 그리고 사랑과 같은 비 물리적 환경을 포함하고 있다.

어린이의 적극적인 발달을 촉진하기 위해 다음의 몇 가지를 고려해야 한다.

첫째, 교육적 원리인 연속성을 들 수 있다. 각 발달 단계에 적용되는 원리들은 정도의 차이가 있지만, 서로 내적 관계를 맺어야 한다.

둘째, 교수학적 교수 원리로 '점진적 관심'을 가질만한 환경이 준비되어야 한다. 어린이에게 많은 사물이나 대상을 제공하는 것은 의미가 없다. 어린이가 생활하는 환경에서 어린이는 민감기에 적합하며 자기 활동을 할 수 있는 구체적인 대상을 발견할 수 있어야 하고 그 대상과 적절한 상호작용이 이루어져야 한다. 어린이는 관심과 홍미가 있을 때에만 행동을 시작하게 되고 그 행동을 반복하게 되기 때문이다(M. Montessori, 1988: 13).

셋째, 어린이를 위한 환경은 단순한 구조로 만들어져야 한다. 어린이를 위한 환경은 복잡해서는 안 된다. 환경은 어린이가 보아서 일목요연하게 한 눈에 들어 올 수 있어야 한다.

넷째, 준비된 환경에는 활동하고 싶은 욕구를 충족시켜 줄 수 있을 만큼 풍부한 내용이 있어야 한다.

다섯째, 준비된 환경 속에서 어린이가 자유롭게 활동을 선택하고 움직일 수 있는 자유가 보장되어야 한다.

여섯째, 준비된 환경은 어린이의 체격에 적합해야 한다. 준비된 환경에 있는 사물의 크기가 실물 크기보다 작아야 할 뿐만 아니라, 서너 살 되는 어린이들이 그 사물을 가지고 움직이며 옮길 수 있을 정도가 되어야 한다.

나) 교구

교구는 준비된 환경의 중요한 구성요소이다. 특히 일탈된 어린이를 정상화시키는데 필요한 도구로써 교구는 어린이에게 내재된 모든 힘을 통합하는데 도움을 준다.

몬테소리 교구는 다음과 같은 특징이 있다.

첫째, 교구의 수가 제한되어 있다. 몬테소리 교구는 '세계에 대한 열쇠'로서의 역할을 한다. 많은 제한과 한계가 있는 현실에 일찍부터 적응하도록 돕는다는 의미가 담겨 있다. 어려서부터 제한과 한계의 의미를 알고 인내심과 타인에 대한 존중과 감정이입을 몸에 익히도록 돕는다.

둘째, 교구는 외적으로 아름다워야 한다. 다양한 연령층에 잇는 어린이들에게 제공되는 각종 교구는 외적으로 매력적이고 아름다워야 한다. 교구의 외적 아름다움은 어린이들을 자극하여 교구에 관심을 갖게 하는 기능을 한다. 사물이 들려주는 소리에 귀 기울이며 순종하고 사물에 책임감을 느끼게 한다.

셋째, 교구는 어린이들의 활동을 지속적으로 자극해야 한다. 교구의 외적인 모습이 아름다울 때 어린이는 그 교구에 관심을 갖는다. 일회적 관심이 아니라 지속적이고 반복적인 작업을 하도록 자극한다. 지속적 관심과 집중을 유도하기 위해 교구 자체가 눈에 띠어야 한다. 또한 교구는 어린이가 스스로 움직일 수 있을 만큼 작고 편안해야 한다. 교구를 반복적으로 배열하고 포개어 보고, 이리저리 옮겨보고 새로 정리하는 등의 계속적인 손동작을 함으로써 이 작업에 오랫동안 집중할 수 있어야 한다.

넷째, 몬테소리 교구에는 오류를 통제하는 기능이 내재되어 있다. 따라서 다른 사람의 간섭이나 직접적인 개입 없이도 자신의 실수를 스스로 통제할 수 있다. 처음에는 기계적으로 오류통제가 이루어지지만, 여러 번의 시행착오를 거친 후에는 오류통제의 본질을 깨닫게 되어 자신의 잘못이나 실수를 미리 예측하는 수준에까지 이르게 된다. 스스로 오류를 통제하는 능력은 어린이의 독립심과 자립심의 기초가 된다.

라. 어린이의 정신적 능력 : 집중화

몬테소리는 어린이가 스스로 작업을 진행해 가는 중요한 거점이며 교육에서의 필수 요소를 정신의 '집중화 현상'이라고 하였다(M. Montessori, 1991: 224). 몬테소리가 어린이집의 한 여자 아이에게서 우연히 발견한 이 정신현상은 몬테소리 교육의 출발점이 되었다.

어린이와 환경을 하나로 만드는(M. Montessori, 1988: 15) 집중화 현상은 모든 어린이에게 나타나는 일반적인 현상임을 알게 되었다. 이 정신현상은 어린이의 모든 능력을 통합할 수 있는 조건이 충족될 때 나타나게 된다.

첫째, 아동의 민감기를 고려해야 한다. 교사는 어린이를 섬세하게 관찰하고 민감기에 맞는 교육적 지원을 해야 한다.

둘째, 집중할 수 있는 구체적인 대상이 있어야 한다. 어린이는 정신적인 힘과 신체적인 힘을 통합할 때 집중이 가능하다. 집중화 현상이 정신적 활동이기는 하지만 아직 어린 아동들은 신체적 작업 없이는 정신 집중이 불가능하다. 어린이는 작업할 수 있는 구체적인 대상을 가지고 손작업을 함으로써 자기의 정신과 감각과 동작을 하나로 통합할 수 있으며, 내면의 욕구가 충족될 때까지 활동을 지속적으로 반복하면서 자기를 지배하는 능력을 얻게 된다.

셋째, 준비된 환경과 교사의 간접적인 개입이 필요하다. 준비된 환경은 세계와 자기 이해를 돕기 위한 묵시적 특성이 담겨져 있어야 하며 어린이의 지능과 인격을 스스로 발전시킬 수 있도록 구조화되어야 한다. 교사는 어린이를 돕기 위한 자기 준비와 어린이가 언제든지 작업할 수 있는 환경을 구성하고 간접적인 지도를 해야 한다. 교사는 어린이가 스스로 사물과 만나고 자기의 관심을 기울이도록 인도해야 한다.

넷째, 어린이에게 보장된 자유는 집중을 가능케 한다. 어린이가 자발적인 정신활동을 수행하면서 주변 환경에 순조롭게 동화, 조절하여 성장해 나가기 위해서는 발달 과정에서 어른들의 지나친 간섭이 없어야 한다.

어린이에게 주어지는 자유는 여러 가지 의미를 포함한다. 어른들의 간섭이나 억압을 받지 않고 작업할 수 있는 정신적 자유, 작업할 것을 선택하는 선택의 자유, 원하는 시간만큼 작업하는 시간의 자유, 자유롭게 교실과 학교를 돌아다닐 수 있는 동작의 자유, 언제든지 원하는 대상과 말할 수 있는 자유, 학습방법을 스스로 결정할 수 있는 자유(단독 작업, 협동 작업 등)가 보장되어야 한다. 이러한 자유가 보장될 때 어린이들은 오랫동안 작업에 몰입할 수 있다.

(3) 유아교육과정

가. 일상생활훈련

일상생활 훈련은 어린이에게 모방 본능이 있다는 점에 주목하여 어린이가 일상생활을 성공적으로 수행해 나갈 수 있도록 다양한 경험의 기회를 제공하는 것이다. 왜냐하면 어린이집은 적어도 인간이 이 세상을 살아가는데 필요한 감각을 발달시키며 어린이들이 처해있는 환경과 문화에 대해 책임감을 느끼도록 도와주는 곳이어야 하기 때문이다. 일상생활 훈련을 통해 세상을 살아갈 정신적 자세를 가르치는데 목적이 있다.

일상생활 훈련은 어떤 행동에 대해 기계적으로 숙달되게 하려는 것이라기보다 자신이 해야 할 일을 미리 계획하고 그 계획에 따라 수행함으로써 내적 절제력과 자신감을 기르게 하는데 목적이 있다. 일상생활훈련은 어린이의 자립심과 자주성을 양성하여 환경에 대한 책임감을 배양하게 한다. 주변의 사물을 주의 깊게 관찰하고 소중히 여기며 더 나아가 사물의 소리를 듣게 된다. 이러한 훈련을 통해 어린이는 첫째, 성인으로부터 정신적 독립과 일상생활에서의 독립을 할 수 있게 되며, 둘째, 주변 세계와 사회에서의 질서의식을 습득하게 된다.

일상생활 영역에는 자기 돌보기 훈련(손 닦기, 머리 손질, 옷 갈아입기, 일용품 정리하기 등)과 타인과 관계 맺는 훈련(인사하기, 자기 소개하기, 원하는 것 표현하기, 자리 양보하기, 부탁 들어주기, 물건을 예의 바르게 전달하기 등) 그리고 환경을 돌보는 훈련(동식물 돌보기, 청소하기, 상차리기, 설거지하기 등)으로 구분할 수 있다.

나. 감각교육

인간은 인식을 통해 지식을 형성하고, 인식은 경험을 통해 이루어지고 경험은 실체를 통해 형성되는데 이러한 지식 형성과정은 감각에 의해 흡수된다. 특히 영유아기의 지식은 감각을 통해 흡수됨으로써 획득된다. 따라서 감각교육은 어려서부터 시작해야 한다. 어린이는 흡수정신으로 주변 환경의 인상들을 자발적이고 적극적이며 무의식적으로 빨아들여 자신의 정신의 구성요소로 바꾼다.

감각교육은 시각, 청각, 미각, 후각, 촉각 등의 감각기능을 보다 민감하게 훈련시켜 어린이로 하여금 주변 세계의 사물에 대한 속성을 빠르고 정확하게 파악하여 어린이의 정신생활을 풍요롭게 만드는데 도움을 준다.

감각교구는 어떤 구체적인 물질이 내포하고 있는 물리적 속성들을 추상화하여 그 추상화된 속성을 다시 구체화한 것이다. 또한 감각교구는 신체의 심리적 특성과 함께 구체물이 포함하고 있는 물리적 속성(예를 들어 차원, 형태, 색깔, 성질, 맛, 냄새, 크기, 소리, 무게, 온도 등)에 일정한 차이를 두어 구체적인 속성을 명확히 하고 그 속성을 의도적이고 조직적으로 변화를 주어 만든 것이다. 감각교구 활동을 통해 어린이는 여러 가지 구조나 형태를 익히면서 추상적 개념화가 기능하고 여러 가지 특성들을 분류하고 분석하게 된다. 이런 점에서 감각교구를 '교구화된 추상개념(materialisierte Abstraktion)'이라고 한다.

다. 언어교육

언어는 자연적 현상이 아니다. 모든 인간이 같은 언어를 사용하시 않는다. 어린이는 듣고 말할 수 있는 잠재 가능성만 가지고 있으면서 주변 환경에서 사용하는 언어를 단계적으로 배우고 익힌다. 따라서 언어는 "초자연적 창조"(M. Montessori, 1991: 102)이며 인간의 한 집단의 합의된 표현이다.

언어는 자연이 인간에게 부여한 기능 중 위대한 것 중의 하나이다. 인간은 언어의 네불레를 내면에 지니고 있다가, 흡수정신으로 주변에서 사용하는 언어를 무의식적으로 내면화하고 구체화시킨다.

언어는 연속적 발달이라기보다 폭발적으로 진행된다. 약 3세경 문화적 기술을 익히려는 민감성이 나타나면서 상징적 사고를 할 수 있는 능력이 생긴다. 즉 기호와 기호의 의미 그리고 단어와 단어의 의미에 대해 관심이 증가한다.

언어교육은 듣기, 말하기, 쓰기, 읽기로 나눈다. 듣기는 음성화된 언어를 들음으로 어휘를 확장하고 언어의 구조와 의미를 파악하게 한다. 말하기는 생각과 정보 그리고 경험 등을 음성언어로 표현하는 것이다. 쓰기는 생각이나 느낌, 정보 등을 문법적 규칙에 맞추어 문자언어로 표현하는 것이다. 읽기는 문자언어를 의미 있게 해독하고 해석하는 과정을 말한다.

라. 수학교육

수의 세계를 알기 위해 수 체계를 따르는 엄격한 질서를 알고, 어떤 규칙을 따라야 하는지 알아야 한다. 이러한 수의 체계를 어린이가 이해하기는 쉽지 않다. 어린이는 처음에 수를 일정한 양의 표시로 이해한다. 그래서 양의 개념을 알게 된다. 사과 세 개, 자동차 다섯 대와 같이 간단한 숫자를 알게 된다. 그러나 100이나 1000에 대해서는 단순히 많다 정도로만 생각한다. 수의 체계에서 1의 단위, 10의 단위, 100의 단위, 1000의 단위가 있다는 것을 이해하기 어렵다. 추상적인 표시 뒤에 숨겨진 규칙을 안다면 수의 가치를 알게 되는 것이다.

수학교구에는 수세기에 대한 이해를 돕는 교구, 십진법의 체계와 사칙연산의 본질에 대한 이해를 돕는 교구, 수세기와 연산 연습 교구, 기하학 이해를 위한 교구, 제곱근과 수의 근 구하기 이해를 돕는 교구 등이 있다.

마. 우주교육

우주교육이란 우리나라에서 문화교육이라는 말로 소개되었다. 우주교육은 자연과학적 의미에서의 우주를 일컫는 것이라기보다는 사물교육, 전체교육, 모든 사물과 인류에 대한 윤리적 사명을 의미한다.

첫째, 사물교육이다. 물리적 사물과 생태계의 인식을 위해 모든 교육은 세계에 대한 상황과 현상을 인식하는 교육이어야 한다. 어린이는 문화와 자연 그리고 사물세계와의 관계를 이해하면서 발달한다. 어린이는 주변 환경을 통해 세계를 볼 수 있어야 한다. 이런 의미에서 학교는 소우주의 역할을 하고 어린이에게 환경을 탐구할 수 있는 열쇠를 제시하며 자기 능력을 개발할 수 있는 세계가 되어야 한다(M. Montessori, 1979: 125).

둘째, 전체교육이다. 우주교육은 어린이에게 창조물에 대한 우주적 관점을 알게 하고 그에 필요한 능력을 전체적으로 발전시킨다. 기본적이고 전체적인 방향 감각과 시공간 감각으로써의 우주교육, 즉 시공간 개념을 의미하는 교육이다. 여기에 우주의 질서와 운동을 포함한다.

세계의 만물은 우주의 한 부분이며 서로 관련되어 있다. 인간을 포함한 돌, 동식물, 공기와 물 등은 모두 신의 창조물이며 하나의 통일체를 형성하고 조화를 이루어야 한다. 지능과 의식을 가진 인간은 우주법칙과 자연의 법칙을 인식하고 연구해야 하며 그러한 능력도 갖추고 있다. 우주 안의 모든 것들은 우리가 존재할 수 있는 근거이다.

셋째, 윤리적 사명으로서의 우주교육이다. 우주의 생태계를 보존하는데 있어서 인간은 인류애와 세계의 평화가 필요하다는 우주교육을 해야 한다. 인간의 우주적 사명은 신이 인간에게만 주신 지능을 사용하여 창조활동을 계속해야 한다.

2) 슈타이너(Rudolf Steiner, 1861~1925)

(1) 생애와 업적

교육에서 뿐만 아니라 건축, 의학, 문학, 예술 등 여러 방면에서 풍부한 성과를 남겼던 루돌프 슈타이너는 1861년 2월 27일 크랄예벡(Kraljevek: 당시 헝가리 영토였으나 현재는 크로아티아의 영토임)에서 철도 공무원의 아들로 태어났다. 8살에 그의 가족은 오스트리아-헝가리 국경에 있는 노이될플(Neudörfl)로 이주하였고, 그곳에서 학교를 다녔는데 이 시기에 지리에 큰 관심을 가졌다. 몇 년 후 비엔나의 실과학교(Realschule)에 들어가 공부하는 중, 특히 수학과 자연과학에 특별한 재능을 보였다. 그러나 여가시간에는 철학에 몰두하기도 하였다. 일찍이 15세 소년으로서 슈타이너는 칸트의 『순수이성비판』에 심취하였다. 1879년 고등학교 졸업시험에 합격하여, 그 해 비엔나 공과대학에 입학하였으며 생물학, 화학, 물리학 등 자연과학을 공부하였다. 슈타이너는 대학시절 공부한 자연과학적 인식방법이 인식의 근원적인 문제를 탐구하는데 방해가 되었다고 회고하였다. 왜냐하면 자연과학적인 관찰 방식이 정신세계를 인지할 수 있는 여지를 주지 못하는 것처럼 보였기 때문이다.

슈타이너는 자연과학을 공부하면서 동시에 대학에서 철학과 문학, 심리학, 의학에도 큰 관심을 가졌다. 특히 그 당시 괴테 연구가로 정평이 나있는 슈뢰어(K.J.Schröer) 교수의 독문학 강의를 들으면서 괴테의 사상과 괴테의 자연과학적 연구방법에 정통하게 되었다. 슈뢰어 교수의 주석이 달린 파우스트를 읽고 아는 능력의 한계를 갖지 않는 인간의 영혼을 발견하였다. 또한 괴테의 자연과학적인 사상들을 연구함으로써 정신과 자연의 세계를 연결할 수 있는 모티브를 발견하게 되었다. 17세기 이후 발달하기 시작한 근대과학은 자연현상을 합리적이고 기계론적으로 설명하고 있으나, 괴테의 자연과학은 고대 아리스토텔레스 당시 자연학에 나타난 형이상학적 요소가 포함되어 있다. 즉 괴테의 자연과학은 자연세계를 물질적인 관점으로만 파악하는데 그치지 않고 자연세계 안에 살아있는 정신성과 신성을 찾으려고 하였다. 슈타이너는 이러한 사상에 영향을 받아 근대과학이 전제하는 이원론을 극복하고, 주관과 객관, 과학과 예술, 물질과 정신이라는 극단적인 이원론을 지양하면서 통합성을 발견하려고 하였다.

1882년 슈타이너는 슈뢰어 교수의 소개로 괴테의 작품을 편십하여 발간하는 퀴르쉬너(Josef Kürschner)를 알게 되었고, 괴테의 자연과학적 저서들에 대한 자세한 주석을 쓰게 되었다. 1883년 이 일을 시작하면서 동시에 비엔나의 상인 슈페히트 가정의 가정교사를 하게 되었는데, 특히 네 명의 아들 중 정신지체아로 보이는 오토를 개인적인 관심과 교육적인 열정으로 지도하여 의사로 성공시키기도 하였다.

1891년 슈타이너는 독일 로스토크(Rostock) 대학에서 특히 「피히테의 자연과학적 교수를 고려한 인식론의 기초」 라는 논문으로 철학박사 학위를 받았다. 1894년 『자유의 철학』, 『정신과학의 관점에서 본 어린이 교육』, 1904년에 『신지학』, 1909년에 『인간은 어떻게 더 높은 세계에 대한 인식을 얻는가?』 등을 저술하여 정신과학적 저작들의 학문적 기초를 다졌다.

슈타이너가 활동할 초기에는 신지학자(Theosophist)로 알려졌다. 그러나 에니 베선트(Anni Besant)가 1907년 신지학운동을 주도해 나간 다음부터 신지학이 힌두교적 성향이 짙어지게 되면서 슈타이너는 신지학회를 탈퇴하여 1913년 인지학회(Anthroposophische Gesellschaft)를 독자적으로 만들었다.

인지학(Anthroposophie)은 체제도 아니고, 이론의 묶음도 아니며 교리나 도그마도 아니다. 단어 자체는 인간이라는 'Anthropos'와 지혜라는 'Sophia'의 합성어이며, 'Anthropos'의 어원은 'turning upwards'를 의미한다. 이런 관점에서 볼 때 인지학은 '인간의 삶을 하늘에서 찾는 사람이 가지고 있는 지혜와 지식'이란 뜻을 담고 있다. 즉 물리적 존재이면서 정신적 존재로서의 인간에 대한 지식을 말한다. 슈타이너는 인지학적 인식을 하는 방법으로 신비주의적인 방식을 벗어나 수학이나 자연과학처럼 정확한 방법을 통하여 정신세계나 보다 높은 차원의 세계에 대한 인식을 얻고자 하였다. 결국 인지학은 정신과학이라는 말과 같은 의미로 사용되었다.

독일은 1918년 1차 세계대전에서 패배한 이후, 전쟁의 패배를 정치적, 경제적, 사회적 쇄신의 기회로 삼았다. 이때 슈타이너는 1919년 2월 2일 '독일 국민과 문화계에 (An das Volk und die Dreigliederungsidee)'를 발표하였다. 이 글에서 그는 개인과 사회 생활영역을 신적-문화적 생활영역, 경제적 생활능력, 법적-정치적 생활영역으로 분리하되, 상호 독립성 속에서 관리되는 세 개의 사회기능으로서 그 각각은 고유의 특정한 합법칙성을 지녀야 한다고 하였다. 특히 경제생활과 정신생활의 기능은 국가의 직접적인 세력 범위에서 벗어날 때 권력 독점의 위험이 제거될 수 있다고 보았으며, 특히 정신적-문화적 생활영역(그 안에 교육과 학교제도가 포함되어 있다)이 독립적인 위치를 차지해야 한다고 보았다. 이 부분이 교육적인 모티브를 제공하고 있음을 볼 수 있다.

슈타이너는 1919년 4월 23일 슈투트가르트의 발도르프-아스토리아 담배공장 노동자들과 사무직원들에게 현대 프로레타리아 계급을 위한 교육의 절박성에 대해 강연하게 되었다. 인지학자이며 발도르프-아스토리아 담배공장 사장이면서 상업 고문관이었던 몰트(Emil Molt)는 슈타이너의 교육이념을 기초로 하여 공장 구성원들의 교육을 계획하였고 이를 위해 자신의 소유재산과 회사 재산을 투자하여 이 일을 실현시키고자 하였다. 1919년 5월 13일 사회민주당 소속 문화부 장관인 헤이만은 1학년에서 12학년까지의 통합학교(Einheitsschule) 설립을 승인하였다. 이로써 몰트는 6월 초에 울란츠훼에(Uhlandshöhe)에 학교 부지를 구입하여, 슈타이너를 학교 책임자로 모시고, 8월 21일 발도르프 교사를 모집하여 교사교육과정을 시작하였다. 교사교육과정은 매일 오전 인지학적 교육의 기초인 인간학으로 시작되었고, 인지학적 인간학에 근거한 방법론적-교수학적 주제들이 이어졌다. 오후에는 세미나식으로 실제적인 훈련이 계속되었다.

1919년 9월 7일 최초의 '자유 발도르프 학교(Freie Waldorfschule)'가 축제적 분위기에서 문을 열었다. 학교는 8개의 학급과 약 300명의 학생으로 첫 걸음을 내딛었다. 이 학교를 통하여 슈타이너는 자신의 교육적 이상을 펼쳤으며, 그 후 전 세계적으로 30여개 국가에 713 학교가 설립되기도 하였다.

최초의 자유 발도르프 유치원은 슈타이너의 개인적인 만남과 그의 강연을 통해 감명을 받았던 엘리자베스 그린레스(1895~1981)가 1926년 슈투트가르트에 설립한 것이다. 그린레스는 1938년 독일 민족주의자들에 의해 강제로 유치원이 폐쇄될 때까지 책임자로 활동하였다. 발도르프 유치원은 현재 전 세계적으로 유럽, 미국, 일본, 인도, 아프리카 등 1200개 이상이 있다.

(2) 인지학적 인간학

슈타이너가 발도르프 교사교육을 할 때 인지학적 인간학에 관하여 집중적으로 강연한 이유는, 교육이 인간에 대한 올바른 인식에 기초를 두어야 하며, 인간에 대한 올바른 인식을 위해서는 인간 본성의 겉모습 밑에 숨겨져 있는 부분을 드러내야 한다고 생각했기 때문이다.

슈타이너는 신(神)이 인간을 자신의 모습으로 창조하였기 때문에 인간은 하늘의 것과 땅의 것 모두에 속해 있다고 본다. 그의 신체적 특성은 지구와 관계되고 그의 삶은 하늘과 관계된다. 또한 인간 존재는 초감각적인 세계와 감각적 세계에 교차하여 존재하고 있다. 태어나기 전에 인간의 영혼과 정신은 초감각적인 세계에 살았었다. 또한 신체가 소멸한 이후에도 영혼과 정신은 존재한다. 태어나면서 영혼과 정신은 신체와 결합하게 된다. 이런 의미에서 모든 인간에 대한 편견 없는 이해와 세계에 대한 편견 없는 관찰을 하는 것이 중요하다. 슈타이너는 인간의 참된 본질을 파악하기 위하여 보이지 않는, 즉 초감각적 세계에 대한 연구를 전개하였다. 인간의 본질을 파악하는데 있어서 대우주의 발전과정과 연관하여 소우주로서의 인간 발전과정을 설명하고 있다. 인간 본질의 구성을 두 가지 방식, 즉 신체, 영혼, 정신이라는 삼원적 본질구조와 '물리체', '생명체', '감정체', '자아체'라는 네 가지 구성체로 설명하고 있다.

가. 신체, 영혼, 정신의 통합체

"신체를 통해 우리는 바깥에서 우리 감각에 제공하는 많은 것을 지각한다. 바깥 세계의 질료가 우리 신체를 구성하며, 바깥 세계의 힘은 우리 안에서 작용한다. 우리가 외부 세계의 것들을 우리의 감각으로 관찰하듯이, 우리는 우리의 신체를 볼 수 있다. 그러나 영혼은 볼 수 없다. 나에게 일어나는 모든 신체적 과정들을 육체의 감각으로 인지할 수 있으나, 나의 좋고 나쁜 감정이나 기쁨, 고통 등의 감정은 나도 다른 사람도 육체적 감각으로는 인지할 수 없다. 영혼은 육체적 관찰로 다가갈 수 없는 영역이다. 신체는 모든 사람의 눈에 보이지만, 영혼은 내 자신의 세계로 내 안에 있는 것이다. 정신을 통하여 나 바깥의 세계는 더욱 고차원적으로 내 안에 드러난다.... 우리는 하늘의 별을 본다. 이때 영혼이 경험하는 기쁨은 우리에게 속한 것이다. 그러나 사고와 정신이 파악한 별들의 영원한 운행법칙은 우리의 것이 아니라, 별들에게 속한 것이다.

결국 인간은 세 세계의 시민이다. 인간은 자신의 신체를 통하여 자신이 자신의 신체로써 감지하는 세계에 속한다. 영혼을 통하여 인간은 자신의 고유한 세계를 건설한다. 정신을 통하여 앞의 두 세계를 초월하는 하나의 세계가 그 자신에게 나타난다."(R. Steiner, 1910: 12f)

슈타이너는 인간이 세 개의 현존재 구역에 있다고 하였다. 신체는 감각세계에 속해 있으며 영적 삶의 신체적 기초가 된다. 영혼을 통하여 영혼세계에, 정신을 통하여 정신세계에 속한다고 보았다. 인간은 신체, 영혼, 정신이라는 삼지적 구조를 통해 형태(Form), 삶(Leben), 의식(Bewußtsein)을 경험할 수 있고, 공간, 시간, 영원성이라는 '세계 삼체성(Weltdreiheit)' 속에서 이들의 대응관계를 발견한다.

슈타이너는 『영혼의 수수께끼에 관하여(Von Seelenrätsel, 1917)』에서 인간의 영혼의 삶을 사고, 느낌, 의지로 나누고 있다. 인간은 사고하기 때문에 개념을 형성하고 추상적 작용을 하며, 느낌을 통해 의지를 보여줄 수 있다. 이렇게 보이지 않는 내적 부분을 영적 활동이라고 할 수 있는데, 이 영혼의 활동을 통해 인간은 고차원적인 정신세계와 관계 할 수 있다. 인간의 영혼활동 중에서 의지는 신체의 신진대사 조직에 의지하여 행동으로 구체화 된다. 모든 사람은 행동을 함으로 사실과 연결된다. 따라서 인간은 행동하는 가운데 살아간다. 느낌의 활동은 율동적인 과정과 관계있다. 예를 들어 말하기, 어조, 언어표현, 언어강세에 그 느낌이 표현된다. 신경 감각조직과 상호관계가 있는 사고활동은 침착한 관찰과 거리를 두게 한다. 모든 영적인 과정 속에서 세 가지 요소인 사고, 느낌, 의지가 상호작용한다. 그러나 교육은 인간의 발달 단계를 고려하여 하나의 영역에 집중적으로 호소하는 것이 바람직하다.

나. 네 가지 본질 구성체

인간의 영혼과 정신은 보이는 신체처럼 파악할 수 있다. 인간에게는 물리체(Physische Leib), 에테르체 또는 생명체(Ätherleib), 아스트랄체 또는 감정체(Astralleib), 자아체(Ichleib)라는 네 가지 본질 구성체가 있다. 그 중에서 우리는 물리체만 볼 수 있다. 네 개의 구성체는 인생에서 네 번의 계기를 통해 탄생한다. 인간의 발달과정에서 물리체는 출생하면서, 에테르체는 일곱 살 때, 아스트랄체는 열네 살 때, 자아체는 스물한 살 때 탄생하게 된다.

슈타이너는 인간의 발달을 연속적인 과정으로 보지 않고 단계적 과정으로 보았으며, 인간발달의 비약적이고 질적인 특성을 강조하기 위하여 '성숙'이나 '발전'이라는 용어보다 '탄생(Geburt)'이라는 말을 사용하였다(W. Kugler, 1991: 34f). 물리체의 탄생, 생명체의 탄생, 감정체의 탄생, 자아체의 탄생이 그것이다. 탄생이라는 말 속에는 이미 하나의 신체(Leib)속에 잠재력이 포함되어 있음을 시사하고 있다. 각각의 신체는 발달 단계와 일치하며, 각 단계는 그에 속한 발달 과제를 수행해야 한다.

◈ 물리체 (Physische Leib)

우리의 물리적인 신체는 무기질과 자연의 요소로 구성되어 있다. 인간의 물리체는 생명이 없는 광물계의 성질을 공유하고 있어서, 살아있는 몸은 분해되지 않으나, 죽게 되면 인간의 물리체는 광물과 같은 상태가 된다. 이것은 모든 물질과정의 담지자로서 혼합, 결합, 형성, 소멸의 물리적 법칙을 따른다.

◈ 에테르체(Ätherleib) 또는 생명체(Lebensleib)

인간 안에 있는 두 번째 구성체는 '생명체' 또는 '에테르[108]체' 이다. 여기서 의미하는 에테르체는 오늘날의 자연과학적 의미를 담고 있기보다는, 슈타이너 당시 자연과학과 자연철학에서 어떻게 무기체가 유기체로 변하는가에 대한 문제를 다루었던 것과 관련하여 물리체와 더불어 에테르체의 존재에 대한 의미를 담고 있다(H. Kallert/ E. -M. Schleuning/ C. Illert, 1984: 635f). 에테르는 '물리체를 구성하고 있는 광물적 내용물에 분명한 형태와 모습을 부여함으로써 그 효과를 파악할 수 있는 어떤 것'을 뜻한다. 즉 인간의 신체를 포함한 기관들에 형태를 부여하고 기관들을 움직이게 하는 힘(氣)으로서 에테르체는 일종의 물리체의 건립자요 건축가이며, 물리체에 살고 있는 거주자이다.

에테르체는 생명의 담지자로 광물을 제외한 동식물과 공유한다. 이것은 또한 물리체의 형태를 보존하는 작용을 하기 때문에 '형성력체'라고도 한다. 에테르체가 물리체 안에 있어 활동하기 때문에 물리체는 무기체가 되지 않고 살아 움직이게 된다. 또한 부분적으로 신체의 일부가 붕괴되거나 파괴되는 경우는 물리체에 작용하는 에테르체가 약화되었기 때문이다. 따라서 에테르체는 물리체의 붕괴를 막아주는 근원적인 힘일 뿐만 아니라, 물리체의 성장, 증식, 체액의 내적 운동 등의 담지체가 된다(R. Steiner, 1910: 23f).

◈ 아스트랄체(Astralleib) 또는 감정체(Empfindungsleib)

인간의 세 번째 구성체는 아스트랄체 또는 감정체이다. 인간은 아스트랄체를 동물과 공유한다. 아스트랄체는 의식과 내적 체험, 즉 고통과

---

108) 에테르는 그리스 용어로 '빛남'을 뜻한다. 신플라톤주의자들은 에테르를 '빛나고 혼이 담겨 있으며 하늘에서 반짝이는 신성한 물질'로 이해했다.

기쁨, 충동과 탐욕, 열정, 동감과 반감 등의 감각과 감정의 전달자이기 때문에 감정체라고도 한다. 인간은 아스트랄체를 통하여 외부로부터 받아들인 감각 인상을 내적으로 체험하고 내면화시키게 된다.

의식과 관련하여 아스트랄체를 쉽게 이해할 수 있는 단서는 잠이다. 인간에게는 잠을 자는 것만큼 잠에서 깨어나는 것도 중요하다. 잠에서 깨어날 수 있게 하는 초감각적인 힘을 슈타이너는 아스트랄체라고 하였다. 만약 사람에게 아스트랄체가 없다면, 그 사람은 살아있으나 영혼과 정신의 활동이 없는 식물인간이 된다. 아스트랄체는 인간을 깨어나게 하여 식물인간의 상태를 벗어나게 하는 초감각적인 힘이다. 깨어있는 인간에게는 신체만이 아니라, 영혼도 활발하게 활동한다(정윤경, 1998: 60).

◈ 자아체(Ichleib)

인간의 네 번째 구성체는 자아체이다. 자아는 인간에게만 존재하는 것으로, 모든 사람이 스스로 '나'라고 말할 수 있는 힘이다. 즉 자기 자신을 우주 안에서 다른 모든 것으로부터 구분하여 자신을 독립적인 존재로 의식하게 하는 것이다. 자아는 어느 무엇과도 공유하지 않는 유일무이한 개체성으로서의 자의식을 갖게 하며, 영혼의 중심에 위치하며 혼이 갖는 여러 가지 경험을 총괄한다.

자아는 에테르와 아스트랄의 충동을 지시하고 통제한다. 그리하여 높은 수준으로 이들을 개발할 수 있도록 전환시키며, 자신의 노력으로 새로운 힘을 발전시키는 것이다. 자아체는 인간이 기억할 수 있도록 하는 근원적인 힘이다. 인간이 아스트랄체에 의해 의식을 하더라도 자아가 약하거나 결여된 경우에 그것을 망각하게 된다. 이렇게 인간이 체험한 것을 기억할 수 있게 하는 힘이 자아이기 때문이다.

에테르체는 물리체를 성장하게 하고 재생산하게 하는 형성적인 생명력의 수단이다. 아스트랄체는 그 생명력이 외부 세계로부터 자극을 받아 충동, 욕망 등 내적 동기유발을 낳게 한다. 자아체는 낮은 단계의 인간 본성을 이루는 구성체를 순화시키고 고양시키는 역할을 한다. 만약 에테르체가 없다면 물리체는 썩어 버리고, 아스트랄체가 없다면 에테르체는 무의식 상태가 된다. 자아체가 없다면 아스트랄체는 망각상태에 빠지게 된다.

물리체는 우리의 신체에 해당한다. 에테르체는 중력법칙에 의해 뻗어나가는 힘을 가지고 번식이나 유전 등과 같은 생명현상을 담당한다. 아스트랄체는 욕망과 감정을 담당하며, 자아는 인간을 다른 존재와 구별해주는 것으로 인간 영혼의 핵심이 된다.

(3) 교육론

가. 기질론

바른 교육을 실천하기 위해서는 개개인의 성향과 유형을 잘 파악해야 한다. 슈타이너는 어린이들의 타고난 품성인 기질을 이해하고 그에 맞는 교육을 할 때 보다 효과적인 교육이 이루어질 수 있다고 생각했다.

인간은 이 세상에 태어나기 이전에 살았던 정신세계에서 가져온 넋과 부모로부터 물려받은 유전적 요소의 중간 단계에 있는 기질(Temperament)을 갖고 있다. 기질은 위에서 언급한 인간을 구성하는 네 가지 구성체가 어떻게 혼합되느냐에 따라 결정된다. 자아가 지배적인 사람은 담즙질, 아스트랄체가 지배적인 사람은 다혈질, 에테르체가 지배적인 사람은 점액질, 물리체가 지배적인 사람은 우울질로 결정된다.

윌킨슨은 이 네 가지 기질이 각각 불, 공기, 흙, 물의 네 요소와 관계

있다고 하였다(윌킨슨, 1997: 80-83). 불의 특성은 담즙질과 공기의 특성은 다혈질과 물의 특성은 점액질과 흙의 특성은 우울질과 관계가 있다. 그러나 하나의 기질만 지니고 있는 사람은 없다. 일반적으로 하나의 기질이 지배적이고 두 가지 정도의 기질이 혼합되어 있다.

각 기질의 특성을 살펴보면 다음과 같다. 담즙질의 사람(자아가 지배적인 사람)은 격하기 쉬운 기질을 가지고 있으며, 공격적이고 모든 이에게 명령하길 원한다. 주도력이 있으며 에너지가 풍부하여 자신을 확신한다. 원하는 대로 잘 되지 않으면 관용하지 못하고 참지 못하는 감정을 드러낸다. 이런 아이들에게 교사는 그의 에너지를 소모시키는 일을 시켜야 한다.

다혈질의 사람(아스트랄체가 지배적인 사람)은 신경계통 기능이 발달되어 있어 자신이 가진 관념의 이미지, 동요하는 감각적 작용 그리고 감정의 변화 속에서 살려는 경향이 있다. 이런 사람은 쾌활해 보이고 어떤 것에 대한 근본적인 관심 없이 기분대로 밀고 나간다. 오래 집중하는 일을 시키면 억압받는다고 생각하게 된다. 담즙질의 어린이에게는 그를 지치게 하는 활동이 주어져야 했듯이, 다혈질의 어린이들에게는 그를 흥미롭게 하는 다양하고 깊은 인상들이 주어져서, 그 풍부함이 그 기질을 소모시키고 동시에 그를 유지하게 한다.

점액질의 사람(에테르체가 지배적인 사람)의 특징은 외부 세계로 향하는 의지를 개발하기 보다는 내적 안정감을 중시한다. 외부 세계의 움직임에 흥미를 보이지 않아서 정체되어 있거나 의존적이고, 주의 깊은 사람이기는 하지만 자신의 가능성을 개발하려 하지 않는다. 교사는 이런 유형의 어린이들에게 무기력한 행위를 더 부과하여 어린이를 지루하게 만들어 그 상태에서 깨어나게 한다.

우울질의 경우에는 물질체가 가장 우세하다. 우울질의 사람은 수단에 해당하는 물질체를 완벽하게 조종하지 못할 때, 일종의 억압을 경험한다. 또한 그의 내적 존재는 물질체를 지배할 힘이 없기 때문에 내적 장애를 느낀다. 자신의 힘을 내적 장애를 제거하는데 사용하는 경향이 있다. 항상 조용하고 주눅 들어 있고, 자기 내면에 몰입하여 주변에 별로 관심이 없고 침울하며 내성적이다. 이런 유형의 어린이에게는 자신의 분위기로 접근해야 한다. 그에게 삶이란 심각한 것이며 근심과 걱정으로 가득 차 있다. 이런 점을 고려하여 접근한다면, 우울함을 동정과 친근감으로 발전시킬 수 있으며, 동시에 그를 해방시키고 타인의 경험을 알게 됨으로써 그의 짐을 덜어주게 된다.

사람은 매 연령에 따라 특징적인 기질을 보인다. 모든 건강한 어린이에게는 다혈질적인 기질이, 청소년들에게는 약간의 담즙질적 역동성이, 성인에게는 심각한 우울실적 성향이 보이고, 노년층에는 점액질적 명상에 젖어들기도 한다.

또한 기질은 신체적 특징과도 결합될 수 있다. 담즙질은 땅딸막한 체격, 점액질은 둥글둥글하고 뚱뚱한 체격, 우울질은 길고 여윈 형태를 보인다.

기질론은 인간을 구분하는데 사용되어서는 안 된다. 기질론은 현재 아이들에게서 드러나고 있는 고유한 개체성, 즉 서로 다른 모습을 이해하는 차원에서 고려되어야 한다. 교사는 어린이 개개인을 잘 관찰하고 여기서 드러난 어린이의 기질에 맞는 방식으로 대해 주어야 한다. 수업의 내용, 방법 등을 선택할 때에도 이 부분을 고려하여 지도하는 것이 바람직하다.

교사는 어린이를 처음 만날 때부터 여러 가지 방법을 통하여 기질을 파악해야 한다. 입학 전에 면접에서 똑똑히 말하는 아이, 창밖을 멍하니 쳐다보는 아이, 어머니 곁에 서서 말을 하지 않는 아이 등의 모습에서 기질의 실마리를 찾는다. 처음 유치원에 와서 인사하는 모습에서, 물건을 주었을 때 받는 모습에서, 선을 그리거나 색을 선택하는 일 등을 교사는 주의 깊게 관찰하여야 한다. 이는 색칠하기나 색의 선택에서도 그의 기질이 나타나기 때문이다.

나. 발달 단계론

슈타이너는 인간의 네 가지 구성체와 연관하여 각각 7년을 주기로 구성체가 탄생한다고 보았다. 물리체는 에테르체의 보호막에 싸여 있고, 에테르체는 아스트랄체의 보호막에 싸여 있으며, 아스트랄체는 자아체의 보호막에 싸여 있다. 이 세상에 출생할 때 물리체의 탄생이 이루어지며, 7세경을 전후로 하여 영구치가 나기 시작하면서 에테르체의 탄생이, 14세경을 전후로 한 성적 기관의 발달과 함께 아스트랄체의 탄생이, 21세를 전후로 하여 자아체가 탄생한다고 하였다.

이러한 것은 신체, 영혼, 정신의 변화와도 상응관계에 있다. 처음 7년은 신체-정신-영혼이 하나인 상태이고, 이갈이는 신체와 정신이 분리되고 영혼이 두드러지게 활동하는 것을 상징한다. 사춘기 이후에는 육체적 존재, 정신적 존재, 영혼적 존재가 독립적으로 나타나며 정신이 두드러지게 발달하기 시작한다.

◈ 1 단계(0～약 7세)

인간은 물리체가 태어나기 전에 어머니 몸에 싸여 보호를 받았다. 출생과 더불어 육체가 자유롭게 되었고 이제는 스스로 완전한 발달을 이루어야 한다. 신생아는 물리적이고 감각적인 환경과 상호작용하기 시작한다. 영양, 공기, 온도 등 모든 외적인 것들이 어린이에게 직접 영향을 미치게 된다. 탄생 후 약 7살까지 특히 3살초까지는 뇌와 신경계통이 완성된다.

이 시기 어린이의 발달은 감각기관과 관계가 있다. 이 시기는 에테르체 또는 생명체가 보호막 속에 있어서 어린이 안에 있는 영혼과 정신은 내적 자의식 상태에 아직 이르지 못했다. 에테르체는 아직 신체를 성장시키는 데에만 영향을 미친다. 어린이의 경험과 의식은 감각을 통해 외부 세계를 받아들인다. 어린이의 신체는 전체가 하나의 거대한 감각기관이다. 따라서 어린이는 직접적인 감각 체험을 통해 자기 주위의 환경을 모방한다. 이 시기의 어린이는 직관적이고 자발적으로 환경에 적응해 가는 특징이 있다. 어린이 주변에 있는 외적인 모든 사회적 환경이 어린이에게 영향을 미친다. 특히 그를 돌보고 있는 사람들과 함께 모방을 확대해 간다. 이런 의미에서 첫 번째 단계에서는 "본보기(Vorbild)와 모방(Nachahmung)" (K. Prange, 1992: 139)이 학습의 원리가 된다. 이 때 교사는 어린이들의 감정과 생각 속에 모방힐 만한 가치가 있는 본보기가 되어야 한다.

7세 전까지 세 단계로 구분할 수 있다. 2~3세까지는 머리가 크고 신체는 전체적으로 불균형 상태에 있다. 3~5세까지는 율동조직이 발날한다. 숨쉬기, 혈액순환, 정신적으로는 기억력과 상상력이 계발된다. 5~7세까지는 팔, 다리가 계발된다. 이 시기에 형성된 힘은 머리에 집중되고 발달과 관계된 기관을 형성하며 이후의 생애에 자신에 대한 신뢰감을 형성한다. 이 시기에는 걷기, 말하기, 생각하기(어른들의 논리적인 사고가 아니라 창의성 있는 정신적 상상력을 의미함)의 기능이 계발되며, 주위 환경에 많은 영향을 받지만 자신의 내적인 힘도 계발된다.

이 시기의 어린이는 감각활동을 통하여 주위 환경과 상호작용을 한다. 이러한 어린이의 자기 활동의 근거는 어린이 내면에 자리하고 있는 '창조적 정신'이다. 창조적 정신은 어린이 스스로 일깨울 수가 없다. 정신을 깨우기 위해서 성숙한 어른의 정신이 반드시 필요하다. "어린이는 태어날 때 합리적 정신을 가지고 태어났다. 어린이는 합리적이다. 그러나 아직 정신은 깨어나지 못했다. 우리들이 어린이의 정신을 깨우지 못한다면, 그것은 우리가 어리석은 것이지 어린이가 어리석은 것은 아니다."(R. Steiner, 1979: 37) 어린이의 정신활동은 삶을 통해 드러낸다.

◈ 2 단계 (약 7~14세)

유치에서 영구치로 바뀌는 이갈이가 시작되면서 두 번째 단계에 접어든다. 이 시기는 '에테르체' 또는 '생명체'가 탄생하여 작용한다. 이제 신체를 형성하는데 작용했던 힘들은 약화되고 대신 영혼적 특성이 현저하게 나타나게 된다. 우리는 '생명체'를 육안으로 볼 수 없지만, 어린이가 내적으로 드러내고 있는 힘들을 통해 경험할 수 있다. 그 힘은 상징들을 창조해 내는 표상능력과 기억능력으로 나타난다. 이 시기에는 규칙들을 생각하고 크기의 관계를 생각하는 등의 중요한 능력들이 탄생한다. 이 표상력은 객관적으로는 경험되지 않지만, 순수하게 내적으로 진행되는 독립적인 표상과 내적인 비교를 전제로 하는 관념 활동의 기초가 된다.

슈타이너는 인간의 영혼을 의지, 감정, 사고로 세분하고 있다. 이 중에서 7세 이후 활발하게 발달하는 부분은 감정이다. 감정은 신체 중에서 율동조직과 관계가 있다. 율동체계란 호흡과 순환을 담당하는 기관으로 가슴부위에 해당된다. 따라서 이 시기에는 머리와 관련된 교육이 아니라 가슴과 감정에 관련된 교육이 필요하다. 일찍부터 사고력을 향상시키고 추상개념을 통한 학습을 하게 되면 '아스트랄체' 또는 '감정체'가 조산하게 되어, 나중에 감정 표현이 미숙한 인간이 되기 쉽다. 이 시기의 어린이는 추상적 개념이나 논리적인 학습이 아니라 상상력을 통해 세계를 인식한다.

이 시기에는 에테르체가 탄생한다. 에테르체의 형성 및 성장이란 개인의 성향, 습관, 의식, 성격, 기억 그리고 기질을 형성하고 발달시킨다는 것이다. 이 때 부터 본격적인 학습을 시작해도 좋다. 그러나 학습은 모두가 감정을 통한 것이어야 한다.

예를 들어 6살에서 10살 사이에 일종의 그림사고(Bild-Denken)가 최고로 발달하게 된다. 어린이는 그림으로 세계를 지각하고 이해하는 것을 배울 수 있다. 외적인 자극 없이 자신이 원하는 것을 기억할 수 있다. 따라서 발도르프 학교에서 결정적인 수업의 수단으로 수업내용을 회화적인 묘사와 형성을 통해 학생들이 학습내용을 그들의 고유한 정신과 감정세계에 연결시켜서 배우고 체험할 수 있게 한다. 교사는 어린이가 지적으로가 아니라 상상과 느낌을 통해 자극하여야 한다.

두 번째 7년 동안에도 약간의 변화가 있다. 9~10세에는 외적 세계에 관심을 기울이고 독립적인 존재가 되려고 한다. 12~13세경에는 정신이 뼈 조직에 스며드는 시기이다. 좀 더 물질세계에 관심을 기울이고 자기주장이 강해진다. 이 시기에는 교사의 권위(Autorität)를 존중하고 학생은 제자로서 권위자를 따른다(Nachfolge). (K. Prange, 1992: 139) 7세경부터는 외부의 것을 그대로 모방하는 단계에서 벗어나, 내적 자각을 통해 본 것을 권위를 가지고 있는 사람과 연결시킨다. 권위라고 하는 것은 힘이나 강압에 의해 만들어진 것이 아니라, 자연스럽게 우러나오는 존경심과 같은 것이다. 권위자를 통해 어린이는 자신의 의식과 성향 그리고 성격을 형성해 나가기 때문에 이 시기에 교사의 역할은 매우 중요하다.

◈ 3 단계 (약 14~21세)

사춘기에 이르러 인간의 신체와 영혼과 정신은 더 정교하게 분리된다. 그 중에서 정신이 크게 발달하여 사고력과 판단력이 계발된다. 즉 이 시기에는 아스트랄체 또는 감정체가 탄생하게 된다. 이 때 권위의 상징이었던 어른들로부터 벗어나게 되고, 교사와 학생은 인격과 인격으로 만나게 된다. 추상적인 사고능력과 독립적인 판단을 할 수 있는 시기이므로 추상적이고 개념적인 전문교과를 배울 수 있다. 학습방법에 있어서도 학생들이 자신의 판단을 분명하게 형성할 수 있도록 여러 사실들을 개괄적으로 표현할 수 있는 방법을 채택한다. 청소년들은 사고과정을 통해 현상들로부터 정신적인 관련을 나타내는 개념과 이념을 끌어내는 것을 배운다.

이 시기는 성(性)에 눈 뜨게 되는데, 이것은 세계 전체와의 관계를 추구하는 징후이다. 이제부터 자신들의 관심을 인류와 세계 전체로 확대시킨다. 따라서 세상에 대한 지식을 통해 만족을 얻어야 한다. 그렇지 못할 경우에 이러한 관심이 내부로 향하여 에로티시즘이나 권력욕으로 변할 수 있다고 경고하고 있다.

(4) 유아교육론

슈타이너는 자유 발도르프 학교(Freie Waldorfschule)를 세우고, 그의 독특한 사상인 인지학과 그것을 토대로 성립된 인지학적 인간발달론과 그에 따른 교육 단계론에 근거하여, 특히 초등교육에 크게 이바지 하였다. 인지학적 발달을 토대로 8년 과정의 초등교육과 4년의 중등과정을 포함한 12년제의 통합학교를 계획, 추진하였고, 특히 교육방법에 있어서 우리나라에서 뿐만 아니라 독일에서도 볼 수 없는 모델을 제시하였다. 또한 학교조직의 특성과 교사의 역할, 교육과정과 수업 운영, 학교 건물 및 교실환경 등이 교육개혁의 한 모델로 제시되었다.

언제, 어떻게, 무엇을, 왜 가르치느냐 하는 것은 매우 중요하다. 특히 어린 시절의 경험은 훗날까지 영향을 미치기 때문에 이 시기의 교육은 그 중요성이 더하다고 할 것이다. 가르치는 내용과 가르치는 방법은 인간의 발달 순서에 따라야 하며, 인간의 총제적인 삶, 즉 신체와 정신과 영혼을 돌보는 교육이 되어야 할 것이다.

가. 교육원리로서 모방과 본보기

0세에서 7세까지의 어린이들은 몸 전체가 감각기관으로 되어 있어 다른 사람의 행위를 몸 전체로 흉내 내는 존재이다. 즉 어린이들은 지적인 행위를 감정이나 사고를 통해 받아들이는 것이 아니라 몸 전체로 받아들인다. 이는 아직 생명체나 감정체가 탄생하지 않았기 때문이다. 이 시기에는 충분한 모방을 통해 강한 의지의 육성을 해야 한다. 유아기 때 충분한 모방이 이루어지지 않으면, 그 이후에 어린이들은 스스로 판단하거나 사고하지 않고 모방을 통해 현실생활을 하기 때문에 이 시기의 모방활동은 매우 중요하다.

모방은 어른의 시범적인 행동을 따라 하는 것이라기보다는 어른과 유아의 내적인 상호작용을 의미한다. 유아의 모방능력은 유아의 내면에 있는 자유를 표현하는 것이며, 이는 유아가 주위의 인물들과 비교될 수 있는 것을 인지할 경우에 개발되는 능력이다.

모방과 본보기의 원리를 기초로 발도르프 유치원에서의 교육은 다음과 같은 면에 초점을 둔다.

* 인간은 모든 가능성들이 내면에 집중되어 있다.
* 어린이가 행하여 얻은 경험들은 어른이 되어서도 행할 수 있는 여러 방식에 영향을 준다.
* 교육의 기본원리로서 사랑, 어린이 안에 본질적인 사랑을 발달시키려는데 중점을 둔다.
* 교육한다는 것은 학문, 예술, 종교를 배양하는 것이다.
* 어린이에게는 스스로 발전할 수 있는 시간과 공간이 필요하다.
* 놀이는 어린이의 진지한 작업이다.
* 능숙한 손가락 놀림은 활동적인 생각을 만들어 낸다.
* 교육의 중심은 어린이의 자립적인 발달을 돕는 것이다.

나. 교육내용

0세에서 7세 사이는 인간의 전체 발달과정 중에서 가장 중요한 시기이다. 이 시기의 아동들에게는 지속적인 관심과 관리가 이루어져야 하며 가끔은 혼자만의 시간도 필요하다.

이 때 익혀야 할 내용으로는 0세에서 3세 사이에는 걷기와 말하기를 3세에서 7세에는 말하기와 생각하기를 배워 익혀야 한다. 아이는 말하기 전에 걷기를 배워야 한다. 걷기는 단순히 똑바로 서는 자세를 유지한다는 의미 이외에도 세계 속에서 사지의 균형을 유지한다는 의미를 포함한다. 손과 팔은 우리 주변의 사물들과 관계하며, 영혼의 균형을 이루게 하는 기관이다. 발과 다리는 리듬과 박자와 관계한다. 슈타이너는 팔 다리의 움직임이 말하기의 기초가 되며, 특히 다리의 움직임은 건강한 어조와 일치한다고 보았다.

어린이는 온갖 종류의 옹아리부터 말하기를 시작한다. 이 때 어른들은 아이들이 내는 소리를 흉내 내지 말고, 자연스럽게 말을 함으로써 모범을 보여야 한다. 어린이는 몸 전체가 감각체제이기 때문에 어른들이 말하는 것을 듣고, 그것이 올바른 것이든 아니든 모든 인상을 흡수한다. 처음에 유아는 들은 소리를 따라하고, 그 다음에 단어들과 조리에 맞는 문장들을 따라한다. 유아들은 말하면서 생각하는 법을 배운다. 왜냐하면 말하기는 사고능력의 기초가 되기 때문이다.

교사는 7세 전에 유아들에게 분명하고 똑똑하게 말하는 법과 글을 정확히 쓸 수 있는 기초를 다져주어야 한다. 정확한 발음을 위해서 언어의 단위요소인 낱자를 내용과 연관시키지 말고 가르친다. 모음, 자음, 이중모음을 마음대로 결합시켜 정확한 발음을 하도록 한다. 어린이들은 단순한 모방에 의해서 문법에 대한 무의식적인 지식을 갖는다. 약 9세 전까지는 의식적으로 이러한 지식을 습득하기 어렵다.

정확한 말하기는 정확한 듣기를 전제로 한다. 특히 동사의 듣기는 현실에의 참여와 관련이 있다. 다른 사람의 말을 이해하기 위해 경청하는 능력은 매우 중요한 사회적 기능이 된다. 다른 사람의 말을 듣는 것은 수동적인 것이 아니라, 다른 사람이 말하고 있는 것을 따라하는 적극적인 행동이 된다. 슈타이너는 듣기능력을 향상시키기 위해 이야기해 주기를 권한다. 이 시기에는 기억력 훈련과 같은 지적 훈련은 하지 말아야 한다. 지적 훈련 보다는 적합한 장난감을 제공하고 이야기를 들려주는 등 어린이의 상상력을 자극하여 생각할 기회를 주는 것이 더욱 바람직하다. 또한 아이들은 주위에서 일어나는 모든 것을 영적 거부감 없이 받아들이기 때문에 모방할 만한 세계와 도덕적인 환경을 만들어 주어야 한다. 이들은 지적 사고에 의해 보방하는 것이 아니라 감각적 활동을 모방한다.

다. 교육방법

발도르프 유치원의 경우 혼합 연령집단으로 학급을 구성하며, 집단교육 보다는 개별화 교육이 이루어진다. 발도르프 학교에서 1학년부터 8학년까지 한 사람의 교사가 계속 담임을 맡듯이, 3세에서 5세까지 3년 동안 한 교사가 계속 담임을 맡는다. 그리고 자기 반의 교육은 전적으로 담임교사에게 맡겨진다. 교사는 학습 대상의 인지학적 발달 특성을 잘 알고 있어야 한다. 이 시기는 모방을 통해 사고하고 내면화하기 때문에 모방할 수 있는 대상물을 제공한다. 그리고 이 시기에는 가능하면 상상력을 충분히 동원할 수 있는 방법과 예술적인 방법을 활용하여야 한다.

교실 내 환경구성은 매우 단순하고 자연적이다. 교구는 모방의 원리와 상상력을 동원할 수 있는 예술적인 것이어야 한다. 이런 의미에서 발도르프 유치원에는 완제품 장난감이 없다. 완제품 장난감은 모방할 수 있는 대상물로는 적합하지 않다. 예를 들어 상품화된 인형은 인형에 나타난 것 이상의 것을 상상할 수 없게 만들기 때문이다. 상품화된 인형은 이미 진짜 머리카락을 붙이기도 하고 색을 칠하고 눈을 움직일 수 있어서 비예술적이며 어린이들 마음에 상처를 초래한다. 오히려 어린이가 손으로 직접 만든 인형, 즉 오래된 손수건을 말아서 손수건 양쪽 끝에는 발을 붙이고, 다른 양쪽 끝에는 팔을 만들며 매듭을 따서 머리를 만들고, 잉크로 눈과 입을 만든다. 이렇게 제작된 인형은 예술적이라고 할 수 있다. 이렇게 단순한 인형을 만드는 이유는, 이 시기에 어린이들은 인간이 직립하고 있다는 것, 몸은 상부와 하부로 나뉜다는 것, 상부에는 머리와 두 눈이 있다는 것 정도만 인지하기 때문이다. 중요한 사실은 인간의 중요한 부분을 자기의 상상력을 동원하여 인형을 만들었고, 그 인형을 반복해서 가지고 놀 수 있다는 것이다.

발도르프 유치원에는 TV나 비디오, 컴퓨터, 미끄럼틀, 그네, 정글짐, 완성된 장난감 등이 없다. 그 대신 실외 공간에는 모래밭, 오막살이 집(상급학년 학생들이 만들어 준 집), 고목나무 등이 있고, 실내 공간에는 색연필, 크레용, 물감, 붓, 조소용 점토, 예쁜 의자와 책상, 간단한 장난감, 나무토막 잘라 놓은 것, 다양한 형태의 나뭇가지, 나뭇잎, 밀짚, 헝겊, 견과류, 씨앗, 조개껍질, 돌, 수작업 한 숟가락, 그릇, 칼, 집 등이 있다.

자연적 재료이면서 단순한 놀이감을 사용하는 효과는 대단하다. 먼저 자연적 재료를 만져보면 촉감을 통해 전달되는 느낌과 힘은 합성재료와는 다르다. 합성재료는 크기에 따라 무게를 비교한다거나 같은 크기라도 촉감의 차이를 구분하기 어렵다. 그러나 자연적 재료는 어린이의 모든 감각을 통해 세상을 경험하게 한다. 즉, 근육 등이 밀접하게 연결될 수 있다. 단순한 놀이감은 하나의 놀이에 고정되지 않고 다양하게 활용할 수 있어서 상상력에 도움이 된다. 예를 들어 나무토막의 경우 하나의 역할에 고정되지 않기 때문에 어린이는 나무토막에 능동적으로 의미를 부여한다. 어린이의 능동성은 여기에 그치지 않고 세계를 향해 뻗어 나갈 수 있다. 이렇게 변화와 변형이 가능한 단순한 놀이감은 어린이가 그 놀이감을 신뢰하고 개인적인 관계를 형성해 간다. 이는 어린이 스스로가 행함으로 내적인 기쁨을 유지하고 발전시켜 나갈 수 있게 한다. 이런 의미에서 발도르프 유치원에서는 자유놀이를 할 수 있는 시간을 충분히 주고 있다.

발도르프 교육에서는 예술적인 것을 매우 중시한다. 발도르프 학교 건물의 특징에도 나타나 있다. 발도르프 학교에는 각이 없다. 교실이나 복도나 건물 자체가 모두 곡선으로 이루어졌다. 자연은 각이 없고 다양한 곡선으로 이루어져 있기 때문에 나온 생각이다.

하루의 수업 또한 예술적이다. 한 가지 예를 들어 자유놀이를 하다가 집중력이 떨어질 때면 교사는 어린이에게 어떤 멜로디를 들려준다. 그 소리를 듣고 어린이들은 놀이감을 정리하고 손을 씻은 다음 서로 손을 잡고 노래를 부르며 원을 그리면서 한 자리로 모인다. 사지의 움직임을 통하여 총총거리는 난쟁이의 모습, 거인의 걸음걸이, 고양이의 날렵한 걸음 등 신체를 통한 상상적인 역할놀이를 하기도 한다.

그림 그리는 시간에도 예술성이 더 가미된다. 일반적으로 도화지에 색연필이나 크레용을 사용하여 그림을 그린다. 그러나 발도르프 학교에서는 수채화를 권한다. 수채화 그리는 방법도 매우 독특하다. 도화지를 일정시간 물에 담구어 놓았다가 꺼내 천으로 물기를 닦아낸다. 물에 젖은 붓을 물감가루에 찍어 도화지에 그린다. 물감이 스며들면서 은은히 선이 만들어지면서 각이 나타나지 않는다.

발도르프 교육에서 독특한 것 중에 하나가 0'오이리트미(Eurythmie)[109]이다. 오이리트미는 슈타이너가 만든 하나의 예술로서 '볼 수 있는 언어'이며 '볼 수 있는 노래'이다. 오이리트미 시간은 체육시간이나 단순한 신체표현과는 다른, 몸을 움직이는 놀이시간이다. 소리의 높낮이

109) 오이리트미는 그리스어 Eu(아름답다, 좋다)와 Rythmus(리듬)의 합성어로 '아름다운 리듬'이란 뜻이다.

나 자음 모음에 따라 음의 소리와 언어의 소리들을 신체로 표현하는 것이다. 우리가 소리를 내면 우리의 내면에는 일종의 보이지 않는 '의지의 몸짓'이 진행된다. 이것을 외적으로 볼 수 있는 움직임으로 형태화 시키는 것이다. 이렇게 예술적인 활동을 중시하는 이유는 이해하고 분류하고 사고하는 '두뇌적인 인간'보다는 움직이고 사물을 만들고 더 아름답게 하려는 '율동적인 인간', '손발을 가진 인간'의 욕구를 만족시키고 형태화 하려는데 있기 때문이다.

발도르프 교육에서는 반복을 중요하게 여긴다. 예를 들어 동화 들려주기가 있다. 동화를 경청할 준비를 하기 위해 조용한 노래를 부르게 한다. 어린이들은 동화를 자연스럽게 이해한다. 왜냐하면 동화의 줄거리에 빠져 들어가서 그 줄거리 안에서 생각하기 때문이다. 동화책을 읽어 주는 것 보다는 이야기를 해주는 것이 좋다. 똑같은 동화를 이 주에서 삼 주 동안 계속해서 반복하여 이야기 해 준다. 단어 하나 틀리지 않게 열 번에서 열다섯 번 정도 이야기 한다. 아이들은 반복해서 듣는 것을 좋아한다. 반복하여 이야기를 듣는 동안 자기 확신을 경험한다. 동화나라에는 도덕적인 법칙이 존재한다. 좋은 사람은 곤경에서 빠져나올 뿐 아니라 더 강해지는 것을 볼 수 있다. 도덕적인 법칙에서 생각하고 배우는 것은 초등학교 다닐 때 자연법칙에 대해 생각하는 것을 배울 수 있게 하는 힘이 된다.

말하는 방법을 배울 때에도 어린이는 말을 생각하기 위해 반복적인 연습을 하며, 생각한 언어를 반복해서 사용한다. 말을 습득하는데 연습을 할 경우에 어린이 스스로가 반복을 해야 한다. 의식적인 반복에 의해서 만이 인간의 의지가 육성되기 때문이다.

참 고 문 헌

강상희(1993). 발도르프 교육학(Waldorfpädagogik)에 관한 연구. 연세대학교 대학원 석사학위논문.

강희천, 고용수, 김재은, 오인탁, 은준관, 이숙종, 이영호, 정웅섭, 주선애(1992). 기독교교육사. 서울: 교육목회.

게오르크 홀름스텐(1999). 루소. 한미희 옮김, 시울: 한길사.

곽노의(1996). 프뢰벨-생애와 교육. 서울: 양서원.

곽노의(1998). "유아교육 개혁모델로서 자유 발도르프 유치원교육 탐색." 열린유아교육연구. 3 (1)

곽노의(1999). 자유발도르프 유아교육. 서울: 밝은누리.

구경선(2005). 영유아교사를 위한 몬테소리 교육의 사상과 실제. 서울: 교육아카데미.

구경선(2005). 코메니우스 교육과의 만남. 서울: 교육아카데미.

김수연(1997. 5). '교육예술을 실천하는 슈타이너 학교의 교육과정'. 새교육. 한국교육신문사.

김수연(1997 5). '대안학교: 슈타이너 학교'. 『새교육』(16). 한국교육신문사.

김정임(1998). 자유 발도르프 유치원의 교육론과 실제. 한국 슈타이너 교육예술협회 발표자료.

김정환(1982). 페스탈로치의 교육사상. 서울: 고려대학교 출판부.

로이 윌킨슨(1997). 루돌프 슈타이너의 교육론. 고려대학교 교육사 · 철학연구회 편. 서울: 내일을 여는 책.

루소(1997). 에밀. 권응호 옮김. 서울: 홍신문화사.

루소(2006). 인간 불평등 기원론. 주경복, 고봉만 옮김. 서울: 책세상.

린덴베르크 크리스토프(1998). 슈타이너. 이정희 옮김. 서울: 한길사.

리트케, 막스(1997). 페스탈로치. 이온화 옮김. 서울: 한길사.

몬테소리 마리아(2007). 어린이의 비밀. 구경선 옮김. 서울: 지만지고전천줄.

박승찬(2006). 서양철학 이야기: 중세-신학과의 만남. 서울: 책세상.

박해용(2002). 청소년을 위한 서양철학사. 서울: 도서출판 두리미디어.

서재복(2007). 교육사 교육철학의 이해. 서울: 학지사.

쇼유지 아사코(1998). 유아교육사상의 이해. 팽영일 역. 서울: 창지사.

쇼이얼 한스(2004). 교육학의 거장들 I. 서울: 한길사.

쇼이얼 한스(2004). 교육학의 거장들 II. 서울: 한길사.

슈타이너 루돌프(1997). 신지학: 초감각적 세계의 인식과 이난본질에 대한 고찰. 양억관/타카하시 이와오 옮김. 서울: 물병자리

아리스토텔레스(1986). 니코마코스 윤리학. 최명관 역. 서울: 서광사.

안건상(1986). 코메니우스(J. A. Comenius)의 Pampaedia 연구. 연세대학교 대학원 석사학위논문.

연세대학교 교육철학연구회 편(1996). 위대한 교육사상가들 I. 서울: 교육과학사.

– (1998). 위대한 교육사상가들 II. 서울: 교육과학사.

– (1999). 위대한 교육사상가들 III. 서울 교육과학사.

– (2002). 위대한 교육사상가들 V. 서울: 교육과학사.

오인탁(1980). J. A. Comenius의 범교육(Pampaedia)이론. 신학사상 29호.

오인탁(1983). 발도르프 학교- 교장이 없는 부모들에 의하여 운영되는 학교. 사학 (83).

오인탁(1994). 고대 그리스의 교육사상. 서울: 종로서적.

이숙종(1995). 코메니우스의 교육사상. 서울: 교육과학사.

윌킨스, 로이(1997). 루돌프 슈타이너의 교육론. 고려대학교 교육사·철학연구회 편. 서울: 내일을 여는 책.

임태평(2000). 플라톤 철학과 교육. 서울: 교육과학사.

子安美知子(1996). 슈타이너 학교의 참교육 이야기. 임영희 / 이연현 옮김. 서울: 밝은누리.

자이츠 마리엘레, 할바흐 우르슐라(2001). 몬테소리 교육학과 발도르프 교육학. 이명환, 곽노의 옮김. 서울: 밝은누리.

정영근, 정혜영, 이원재, 김창환(2001). 교육학적 사유를 여는 교육의 철학과 역사. 서울: 문음사.

정영수(1995). 인간교육의 탐구. 서울: 동문사.

정영수, 강선보, 박의수, 강승규(1999). 교육의 역사와 철학. 서울: 동문사.

정영수(2000). 독일의 학교교육 개혁운동에 관한 연구. 한독교육학연구. 5 (1).

정윤경, 슈타이너의 인지학적 교육론 연구, 고려대학교 박사학위 논문, 1998.

정혜영(1997). 발도르프학교 교육의 사상적 · 이론적 기초: 슈타이너의 인지학적 교육론. 교육학연구. 35(1)

정혜영(1996). 초등학교 개혁을 위한 모델로서의 발도르프 학교에 대한 연구. 공주사대 논문집. 33 (1)

조경원, 김미환, 최양미, 장선희, 정광희(2005). 서양교육의 이해-역사와 사상. 서울: 교육과학사.

조성자(2005). 유아교육의 역사와 철학적 이해. 서울: 창지사.

주영흠(2003). 자연주의 교육사상. 서울: 학지사.

최종인(1998). 개혁교육학과 아동으로부터의 교육. 한독교육학연구, 3 (1).

코메니우스(1987). 대교수학. 정확실 역. 서울: 교육과학사.

코메니우스(1995). 분석교수학. 이숙종 역. 서울: 교육과학사.

코메니우스(1996). 범교육학. 정일웅 역. 서울: 여수룬.

코메니우스(1999). 세계 최초의 그림교과서. 남혜승 옮김. 서울: 씨앗을 뿌리는 사람.

코메니우스(2003). 유아학교. 이원영, 조래영 공역. 서울: 양서원.

팽영일(2004). 교육의 철학과 역사. 서울: 양서원.

페스탈로치(1997). 페스탈로치가 어머니들에게 보내는 편지. 김정환 옮김. 서울: 서원.

프뢰벨(1993). 어머니의 노래와 애무의 노래. 서석남 옮김. 서울: 양서원.
프뢰벨(1995). 인간교육. 서석남 옮김. 서울: 이서원.
플라톤(1995). 플라톤의 국가론. 최 현 옮김. 서울: 집문당
플라톤(2003). 소크라테스의 대화록. 최현 옮김. 서울: 집문당.
한스 쇼이얼 외(2004). 교육학의 거장들 I. 정영근 외 옮김, 서울: 한길사.
홀름스텐, 게오르그(1999). 루소. 한미희 옮김. 서울: 한길사.

Barrow, R.(1987). 플라톤과 교육. 박재문 · 서영현 역. 서울: 문음사.
Berg, H. K.(1994). Montessori für Religionspädagogen: Glauben erfahren mit Hand. Stuttgart.
Böhm, W.(Hg.)(1985). Maria Montessori: Texte und Gegenwarts- diskussion. Bad Heilbrunn.
Boyd, W. & King, E. J.(1994). 서양교육사. 이홍우, 박재문, 유한구 역. 서울: 교육과학사.
Carlgren, F.(1990). Erziehung zur Freiheit. Stuttgart.
Comenius, J. A.(1970). Das Labyrinth der Welt und das Paradies des Herzens. Luzern und Frankfurt/M.
Ders.(1985). Grosse Didaktik, A. Flitner(Hrsg.), Stuttgart.
Ders.(1992). Informatorium der Mutterschul. In: K. Goßmann/ H. Schröer(Hg.). Auf den Spuren des Comenius. Göttingen.
Ders.(1992), Jan Amos Comenius: Allweisheit; Schriften zur Reform der Wissenschaften, der Bildung und des gesellschaftlichen Lebens. Neuwied/ Berlin/ Kriftel.
Ders.(1992). Opera didaktica Omnia, Amsterdam 1657. In: K. Goßmann/ H. Schröer(Hg.), Auf den Spuren des Comenius, Göttingen.
Ders(1991). Pampaedia: Allerziehung. K. Schaller(Hrsg.), Schriften zur Comeniusforschung. Bd. 20. Sankt Augustin.
Corbett, B. E.(2003). 어린이의 정원. 프뢰벨교육연구소 역. 서울: 프뢰벨.
Deuchert, N.(1987). Die Begründung der Waldorfschule in Kontext der sozialen und kuturellen Erneuerung nach den Ersten Weltkrieg. In:

Hausmann, O., (Hrsg). Pro und Contra Waldorfpädagogik. Würzburg.

Dietrich, Veit-Jakobus(1995). Johann Amos Comenius. rororo 466. Hamburg.

Eggers, Ph., Frost, U.(1993). Ermöchtigung der Schwachen: Maria Montessoris Reform des erzieherischen Verhältnisses. Menschenbilder: Festschrift für Rudolf Lassan. Frankfurt.

Forschner, M.(1977). Rousseau. München.

Fuchs, F., Waltrud, H. -P.(Hg.)(1992). Alternativen frühkindlicher Erziehung. Von Rousseau zu Montessori. Wützburg.

Grossmann, K./ Schröer, H.(Hg.)(1992). Auf den Spuren des Comenius: Texte zu leben, Werk und Wirkung. Göttingen.

Hirschberger J.(1976). Geschichte der Philosophie. Bd. 1. Freiburg.

Hildebrand, K.(1959). Platon. Berlin.

Hoffmann, F.(1985). Der enzyklopädische Impuls J. H. Alsteds und sein Gestaltwandel im Werke des J. A. Komensky. ln: Comenius; Erkennen-Glauben-Handeln. K. Schaller(Hg.). Sankt Augustin.

Hummel, G.(1982). Enzyklopädie. In: TRE Bd. 9. Berlin/ New York

Jühlke, K.(1964). Montessori und Freud. Diss. Münster.

Kallert, H./ Schleuning, E.-M.,/ Illert, (1984). Der Aufbau der kindlichen Persönlichkeit in den Entwicklungslehren von Maria Montessori und Rudolf Steiner. In: Zeitschrift der Pädagogik 30 (2).

Knoop, K./Schwab, M.(1981). Einführung in die Geschichte der Pädagogik: Pädagogen-Porträts aus vier Jahrhunderten. Heidelberg.

Kramer, R.(1977). Maria Montessori: Leben und Werke einer großen Frau. München.

Kraus G., Müller, G.(Hg.)(1978). Theologische Realenzyklopädie. Bd. 3. Walter de Gruyter/Berlin/New York.

Kugler, W.(1991). Rudolf Steiner und Anthroposophie. Köln.

Lassahn, R.(1983). Pädagogische Anthropologie: eine historische Einführung, Heidelberg.

Lassahn R.(1983). Grundriß einer Allgemeinen Pädagogik. Heidelberg.

Lenzen, D.(Hg.)(1989). Pädagogische Grundbegriffe. Bd. 1. Stuttgart.

Lindenberg, Ch. R.(1975). Waldorfschulen: Angstfrei lernen, selbst-bewußt handeln. Hamburg.

Machilek, F.(1981). Böhmische Brüder. In: TRE Bd. 7. Berlin/ New York.

Menck, P.(1993). Geschichte der Erziehung. Donauwärth.

Montessori, M.(1954). Das Kind in der Familie leben. Freiburg.

Montessori, M.(1964). Kinder, die in der Kirche leben. Freiburg.

Montessori, M.(1969). Von der Kindheit zur Jugend. Freiburg.

Montessori, M.(1979). Frieden und Erziehung. Freiburg.

Montessori, M.(1979). Spannungfeld Kind - Gesellschaft - Welt. Frei- burg.

Montessori, M.(1988). Grundlagen meiner Pädagogik. Heidelberg - Wiesbaden.

Montessori, M.(1991). Das kreative Kind. Freiburg.

Montessori, M.(1991). Die Entdeckung des Kindes. Freiburg.

Montessori, M.(1991). Schule des Kindes. Freiburg.

Montessori, M.(1995). Gott und das Kind. G. Schulz-Benesch(Hg.), Freiburg.

Montessori, M.(1995). Kinder sind anders. München.

Oswald, P. Montessoris Beitrag zu einer indirekten religiöse Erziehung. In: Katechetische Blätter 112. H. 2.

Patocka, H.(1971). Die Philosophie der Erziehung des J.A. Comenius. Paderborn.

Pestalozzi, J. H.(1981). Meine Nachforschungen über den Gang der Natur in der Entwicklung des Menschengeschlechts. A. Stenzel(Hg.). Bad Heilbrunn.

Pestalozzi, J. H.(1992). Pestalozzi über seine Anstalt in Stans: Mit einer Interpretation von Wolfgang Klafki. Weinheim und Basel.

Pohlena, M.(1978). Die Stoa: Gescheichte einer geistigen Bewegung. Göttingen.

Prange, K.(1992). Das Bild des Kindes in dem Erziehungskonzept Rudolf Steiners. In: Alternativen frühkindlicher Erziehung: Von Rousseau zu Montessori, Fuchs, B., Harth-Peter, W.(Hrsg), Würzburg.

Rang, M.(1959). Rousseaus Lehre vom Menschen. Göttingen.

Reble, A.(2002). 서양교육사. 정영근, 임상록, 김미환, 최종인 옮김. 서울: 문음사.

Röhers, H.(1991). Die Reformpädagogik: Ursprung und Verlauf unter internationalem Aspekt. Weinheim.

Röhers, H.(1991). Die Reformpädagogik und ihre Perspektiven für eine Bildungsreform. Donaewörth.

Sassmannshausen, W.(1997). 미취학 연령의 유아들을 위한 발도르프 교육. 1997년 발도르프 여름 아카데미 강의 내용 중, 발도르프교육 자료 모음집 (한국 슈타이너 교육예술협회).

Schadewaldt, W.(1944). Homer und die Homersche Frage. In: ders., Von Homers Welt und Werk. Leipzig.

Schaller, K.(Hg.)(1985). Comenius; Erkennen-Glauben-Handeln. Sankt Augustin.

Scheibe, W.(1994). Die Reformpädagogische Bewegung 1900-1932. Weinheim und Basel.

Scheid/Weidlich(Hg.)(1977). Beiträge zur Montessori-Pädagogik. Stuttgart.

Scheuerl, H.(Hg.)(1979). Klassiker der Pädagogik, Bd. 1. München.

Schipperes, H.(1978). Natur. In: Brunner, Otto; Conze, Werner; Koselleck, Reinhart(Hrsg.). Geschichtliche Grundbegriffe. historisches Lexikon zur politisch-sozialen Sprache in Deutschland. 4, Stuttgart.

Schmutzler, H. -J.(1991). Fröbel und Montessori. Freiburg.

Schulz-Benesch, G.(1980). Erträge der Forschung. Darmstadt.

Steiner, R.(1910). Theosophie: Einführung in übersinnliche Welterkenntnis und Menschenbestimmung. Leipzig.

Steiner, R.(1925). Mein Lebensgang. Dornach.

Steiner, R.(1979). Die geistig-seelischen Grundkräfte der Erziehungskunst. Dornach.

Steiner, R.(1983). Über Erziehungsfragen. In: Rudolf Steiner-Praktizierte Anthroposophie: Beiträge für ein humaneres Leben. Becker, K. E., Schreiner, H. -P.(Hrsg). Frankfurt/ M.

Steiner, R.(1984). Die Erziehung des Kindes vom Gesichtspunkte der Geisteswissenschaft. Dornach/Schweiz.

Tremp, P.(2000). Rousseaus Emile als Experiment der Natur und Wunder der Erziehung: eine Beitrag zur Geschichte der Glorifizierung von Kindheit. Hemsbach.

Wilhelm, T.(1977). Pädagogik der Gegenwart. Stuttgart.

찾 아 보 기

【인명】

【내용】

저 자 소 개

구 경 선 교수

구경선은 서울신학대학교에서 기독교교육학을 공부하고 연세대학교대학원에서 교육철학을 전공하여 석사학위를 받았다. 그 후 독일의 본 대학교(Rheinische Friedrich-Wilhelms Universität zu Bonn)에서 교육학을 전공하고 기독교교육과 심리학을 부전공하여 철학박사 학위를 받았다.
현재 서울신학대학교 보육학과 교수로 재직 중이며, 한국보육정책학회 회장과 열린유아교육학회 이사직을 맡고 있다.

유아교육사상사

-이해를 돕기 위한 역사와 사상적 접근-

초판 1쇄 인쇄 - 2008년 5월 20일
초판 1쇄 발행 - 2008년 5월 30일

저 자 — 구 경 선
발행인 — 김 의 용
발행처 — 교육아카데미
주소 — 서울시 성북구 석관동 77-37
전화 — (02) 3142-9924(代)
(02) 967-9947
팩스 — (02) 967-9948
E-mail : educa9937@naver.com
등록 — 1996년 9월 6일 No.2-2243

정가 18,000원